馬韓 墳丘墓의 起源과 發展

마한연구원 총서 2
마한 분구묘의 기원과 발전

2016년 10월 30일 초판 1쇄 인쇄
2016년 10월 31일 초판 1쇄 발행

지은이 임영진 · 林留根 · 中村大介 · 권오영 · 김낙중 · 최영주 · 성정용

펴낸이 권혁재

편집 권이지
인쇄 리치미디어

펴낸곳 학연문화사
등록 1988년 2월 26일 제2-501호
주소 서울시 금천구 가산동 371-28 우림라이온스밸리 B동 712호
전화 02-2026-0541~4
팩스 02-2026-0547
E-mail hak7891@chol.net

ISBN 978-89-5508-350-7 94910

馬韓 墳丘墓의 起源과 發展

임영진

林留根

中村大介

권오영

김낙중

최영주

성정용

학연문화사

삼국시대 마한지역을 중심으로 성행하였던 분구묘는 다른 지역에서 성행하였던 봉분묘와 구별되는 독특한 특징을 가지고 있습니다. 봉분묘가 지하에 깊은 토광을 파서 시신을 안치한 다음 그 상부에 흙을 쌓아 밀봉하는 것과 달리 분구묘는 지상에 분구를 축조하고 그 분구 내부에 시신을 담았습니다. 지리적으로 멀지 않은 중국 동부 해안지역과 일본열도에서도 분구묘가 성행한 시기가 있었습니다.

마한지역에 해당하는 경기 · 충청 · 전라지역에서는 봉분묘도 사용되었지만 황해에 인접한 지역과 영산강유역에서는 분구묘가 성행하였고 흔히 토광묘로 칭해지는 봉분묘는 내륙지역을 중심으로 성행하였습니다. 모두 마한을 이룬 세력 집단들에 의해 축조된 것으로서 봉분묘는 전통적인 것이지만 분구묘는 새로운 것입니다. 그러나 분구묘는 그 기원과 발전 과정이 잘 밝혀지지 않았습니다. 중국이나 일본의 분구묘와는 어떠한 관계를 가지고 있는지에 대해서도 알려진 바가 별로 없습니다.

마한연구원에서는 이와같은 학계의 현실을 감안하여 〈마한 분구묘의 기원과 발전〉을 주제로 2015년 초에 국제학술회의를 개최한 바 있습니다. 한국을 비롯한 중국, 일본의 전문가들이 모여 마한 분구묘의 기원과 발전 과정에 대해 본격적으로 논의해 보는 기회를 가진 것입니다. 이 책자는 국제학술회의에서 발표되고 논의된 내용을 모아 엮은 것입니다.

국제학술회의 발표문 가운데에는 『백제학보』 제14호(2015년 7월; 임영진, 권오영, 김낙중, 최영주)와 『선사와 고대』 제49호(2016년 9월; 성정용)에 논문으로 발표된 것도 있지만 아직 논문으로 발표되지 않은 것도 있어서 전문 연구자 뿐만 아니라 관심을 가진 모든 분들이 손쉽게 찾아 볼 수 있도록 토론문과 토론녹취록까지 함께 묶어 책자로 발간하게 되었습니다.

마한 분구묘의 기원과 발전에 대한 이번의 연구 성과는 충분하다고 하기는 어렵겠지만 향후 마한 사회의 형성 배경과 사회 성격 뿐만 아니라 백제와의 관계를 파악하는데 있어서도 중요한 역할을 하게 될 것으로 생각됩니다.

이와같은 성과는 마한 분구묘를 중국이나 일본의 분구묘와 서로 비교 연구할 수 있었기 때문에 얻어진 것입니다. 이러한 연구를 수행할 수 있도록 적극적으로 지원하여 주신 이낙연 지사님을 비롯한 전라남도 관계자 여러분께 깊이 감사드립니다. 또한 어려운 사정에도 불구하고 이 책을 출판하여주신 학연문화사 권혁재 사장님과 권이지 선생님을 비롯한 편집진 여러분께 감사드립니다.

2016년 10월
마한연구원장 임영진

목　차

韓·中·日 墳丘墓의 關聯性과 그 背景

林永珍 전남대학교

Ⅰ. 머리말

동서고금을 막론하고 죽은 사람을 땅에 묻는 土葬에서는 地下에 토광을 파서 묻는 것이 일반적이다. 한국의 선사 · 고대 묘제 역시 지하에 토광을 굴착하여 시신을 안치한 다음 토광만 메운 平墓나 토광 상부까지 흙을 쌓은 封墳墓가 보편적이었다. 중국의 중원지역은 선사시대 이래 지하에 토광을 굴착하는 전통이 지금까지 이어지고 있으며, 일본은 彌生時代와 古墳時代를 제외하고는 그와같은 방식이 일반적이었다고 할 수 있다.

그러나 중국 · 한국 · 일본에서는 이와 전혀 다른 무덤이 사용되었던 시기와 지역이 있었다. 중국 강남지역을 중심으로한 선사, 고대의 吳越 지역과 삼국시대 한국의 馬韓 지역, 彌生時代와 古墳時代 일본의 여러 지역에서는 地上에 분구를 축조하고 그 분구 내부에 시신을 안치하는 독특한 무덤이 성행하였다. 이들은 분구 주변에 주구를 가지고 있거나 추가장에 의한 다장이 이루어지는 등의 공통점을 가지고 있다. 이와같은 특징을 가진 무덤들을 중국에서는 土墩墓라 부르고, 한국에서는 墳丘墓라 부르며, 일본에서는 彌生時代 무덤만 墳丘墓라 부르고 있다.

한국에서는 1983년, 영산강유역권의 옹관묘가 분구형태 · 다장 등에 있어 같은 시기 다른 지역의 묘제와 달리 먼저 분구를 조성한 다음 분구를 굴착하여 옹관을 안치하는 특징을 가지고 있음이 지적되고 '선분구조성 후옹관매장'이라고 표현된 바 있다[1]. 이어 서울 가락동 · 석촌동 일대의 백제 다장묘와 영

---

1) 성낙준, 1983, 「영산강유역의 옹관묘 연구」, 『백제문화』 15, p.45.

산강유역의 옹관묘가 지상의 분구에 매장주체부를 가지고 있다는 점에서 土築墓라 칭해지면서 중국 양자강유역의 土墩墓와 관련되었을 가능성이 제기된 바 있다[2].

그 후 한국의 고분들을 封墳墓와 墳丘墓로 대별하고, 봉분묘는 중국 중원지역에서 낙랑을 통해 영남지역으로 확대된 것이고, 분구묘는 중국 요녕지역 적석묘에서 예맥의 적석총을 거쳐 호남지역으로 이어진 것으로 보는 견해가 발표되었다[3]. 한국 분구묘의 기원에 대해서는 낙랑에서 구조적 연원을 찾거나[4] 중국 전국시대 秦에서 사용되었던 圍溝墓를 주목하기도 하였다[5]. 기원에 대한 논의는 계속되고 있지만[6] 한국의 분구묘가 마한권의 대표적 묘제 가운데 하나라는 점에 대해서는 별다른 이견은 없을 것이다[7].

중국에서는 1950년대부터 강남지역을 중심으로 기존의 지하식 무덤과는 구분되는 지상식 무덤들이 간헐적으로 발굴되다가 1974년 강소성 句容에서 본격적인 발굴이 시작되었다. 가장 먼저 발굴되었던 1호묘에 대한 첫 보고에서는 '大封土墩 안에 8인의 무사 가족들이 묻힌 특수한 西周墓'라고 보고되었다[8]. 후속 발굴에서는 발굴단을 '浮山果園古墓發掘組'로 칭하고 기존의 西周墓 대신

---

2) 강인구, 1984, 『삼국시대 분구묘 연구』, 영남대학교출판부. 분구묘라는 용어는 이때 처음으로 사용되었지만 墳을 가진 모든 무덤을 칭하였기 때문에 현재 통용되고 있는 분구묘 개념과는 다르다.

3) 이성주, 2000, 「분구묘의 인식」, 『한국상고사학보』 32.

4) 성정용, 2000, 「백제 한성기 저분구분과 석실분에 대한 일고찰」, 『호서고고학』 3.

5) 呂智榮, 2002, 「中國에서 發見된 圍溝墓」, 『호남고고학보』 16.

6) 임영진, 2011, 「영산강유역권 분구묘의 특징과 몇가지 논쟁점」, 『분구묘의 신지평』, 전북대학교BK21사업단.

7) 김승옥, 2011, 「중서부지역 마한계 분묘의 인식과 시공간적 전개과정」, 『한국상고사학보』 71.

8) 南京博物院, 1977, 「江蘇句容縣浮山果園西周墓」, 『考古』 1977-5, p.340.

土墩古墓로 부르다가 중원지역의 지하식 묘제와 구분되는 점에서 '土墩墓'라고 명명하였다[9]. 浮山果園의 무덤들은 원래 현지에서 '寶寶墩'이라 칭해졌는데 첫 발굴에서는 특이한 구조의 西周墓로 보고한 다음, 두 번째 발굴에서 土墩古墓 라고 고쳐 부르다가 발굴보고서에서 土墩墓로 확정지었던 것이다.

이와 같은 명칭 변화 과정에서 공통적으로 나타나는 것은 墩이다. 중국의 墩은 평지에 흙을 쌓아 만든 상당한 규모의 土壇을 의미하며 신석기시대 湖熟 文化의 주거용 土墩이 가장 이른 시기에 해당한다. 중국에서도 墳丘라는 용어 는 사용되고 있지만 중원지역을 중심으로 지하에 설치한 매장주체부를 보호 하기 위해 지상에 설치한 墳을 가리키는 용어였기 때문에 구조적으로 크게 다 른 강남지역의 무덤에 분구라는 용어를 사용하기는 어려웠을 것이다. 그 후 강남지역 토돈묘에 대해 몇 개의 소분구를 통합하여 거대한 단일 분구를 조성 하는 특징이 밝혀진 바 있고[10], 그 기원에 대한 검토[11], 지역별 특징에 대한 검 토[12], 분기별 특징을 포함한 종합적 검토가 속속 이루어졌다[13]. 또한 추가장 이 이루어지면서 분구가 높아지거나 넓어지는 특징을 가지고 있음이 지적되 기도 하였다[14].

일본에서도 매장주체부가 지상의 분구 중에 위치한 彌生時代의 무덤을 분 구묘라 칭한다. 1964년 東京 八王子市에서 조사된 4기의 무덤들을 方形周溝墓

9)   鎭江博物館浮山果園古墓發掘組, 1979, 「江蘇句容浮山果園土墩墓」, 『考古』1979-2, p.107.
10) 劉建國, 1989, 「論土墩墓分期」, 『東南文化』1989-4·5, 南京博物院, p.108.
11) 林留根, 1996, 「論中國墓葬封土之源流」, 『東南文化』1996-4, 南京博物院.
12) 揚楠, 1999, 「商周時期江南地區土墩遺存的分區研究」, 『考古學報』1999-1.
13) 鄒厚本 主編, 2000, 『江蘇考古五十年』, 南京出版社, pp.166~183.
14) 黃曉芬, 2003, 『漢墓的考古學研究』, 岳麓書社, p.49.

라 명명한 이후[15] 성토에 의해 조성된 彌生時代의 무덤을 분구묘로 규정하였
다[16]. 성토된 분구가 확인되지 않은 무덤은 여전히 방형주구묘로 구분하는 경
향이 있지만, 방형주구묘 역시 원래는 분구를 가졌던 것으로 인정되기 때문에
분구묘로 부르는 것이 합리적일 것이다[17].

일본의 분구묘가 彌生時代의 무덤에 한해 칭해지고 있는 것은 한국의 분구
묘와 중국의 토돈묘가 시대에 구애받지 않고 구조적인 특징에 따라 칭해지고
있는 것과 다르다. 일본에서도 분구는 중국의 분구와 같은 개념으로 사용되고
있으며[18] 한국의 고분을 '墳丘先行形'과 '墳丘後行形'으로 구분하는 것은[19] 분
구와 봉분을 구분하지 않는 대표적인 예가 될 수 있을 것이다. 일본의 분구는
시대를 불문하고 지상에 축조된 墳을 칭하는 용어로 사용되어 왔기 때문에 東
京 八王子市의 분구가 삭평된 무덤들에 대해 분구묘라 부르지 못하고 方形周
溝墓라 불렀던 것으로 추정된다.

그러나 점차 분구를 가진 方形周溝墓들이 조사되어 나감으로써 彌生時代
의 그러한 무덤에 대해 분구묘라 칭하게 되었다. 하지만 비슷한 성격의 분구
를 가진 古墳時代 무덤은 전방후원분과 같은 별도의 명칭이 있을 뿐만 아니라
역사적 성격에 차이가 있기 때문에 분구묘라 칭하지 않고 있다. 방형주구묘를
포함한 일본 분구묘의 기원으로는 중국 강남지역 토돈묘가 지목된 이후[20], 秦

---

15) 大場磐雄, 1966,「方形周溝墓」『日本の考古學』Ⅲ(月報3), 河出書房.
16) 近藤義良, 1977,「古墳以前の墳丘墓-楯築遺蹟をめぐって-」『岡山大學文學部學術紀
　　要』37.
17) 都出比呂志, 1979,「前方後圓墳出現期の社會」『考古學硏究』26-3.
18) 日本考古學協會, 1990(19版),『日本考古學辭典』, 東京堂出版.
19) 吉井秀夫, 2002,「朝鮮三國時代における墓制の地域性と被葬者集團」『考古学研究』49-3.
20) 樋口隆康, 1990,「彌生文化に影響與えた吳越文化」『最新日本文化起源論 : 日本文
　　化と江南文化』, 學習硏究社.

圍溝墓 세력의 이주 가능성이 거론된 바 있으며[21] 한국의 중서부지역이나[22] 서남부지역에서[23] 찾을 필요성이 제기되기도 하였다.

필자는 마한지역을 중심으로 발전하였던 한국의 분구묘는 흔히 오월지역이라 칭해지는 중국 강남지역 토돈묘와 구조적으로 대단히 유사한 특징을 가지고 있음을 살펴본 바 있다[24]. 최근에는 방형주구묘를 포함한 일본의 분구묘 역시 한국의 분구묘나 중국의 토돈묘와 구조적으로 상통한다는 점에서 동북아시아의 광범위한 시각에서 상호 관련 가능성을 검토해 나갈 필요성을 간략하게 제기한 바 있다[25]. 이 글에서는 한국의 분구묘, 중국의 토돈묘, 일본의 분구묘를 각각 구조적인 특징을 중심으로 구체적으로 검토해 본 다음 상호 관련성에 대해 논하고 그 역사적 배경에 대해서도 살펴보도록 하겠다.

Ⅱ. 韓·中·日 墳丘墓의 構造 比較

1. 韓·中·日 墳丘墓의 構造 檢討

1) 韓國 墳丘墓의 構造 檢討

한국의 분구묘는 마한지역을 중심으로 낮은 구릉의 정상부나 완사면에 군

---

21) 俞偉超, 1996, 「方形周溝墓」, 『季刊考古學』 54.
22) 渡邊昌宏, 1999, 「方形周溝墓の源流」, 『渡來人登場』, 大阪府立彌生文化博物館.
23) 中村大介, 2004, 「方形周溝墓の成立と東アジアの墓制」, 『朝鮮古代研究』 5.
24) 임영진, 2007, 「마한분구묘와 오월토돈묘의 비교 검토」, 『중국사연구』 51, 중국사학회.
25) 林永珍, 2013, 「東北亞墳丘墓(土墩墓)構造的比較」, 『秦漢土墩墓考古發現與研究』 (秦漢土墩墓國際學術研討會論文集), 文物出版社.

집하고 있다. 평면형태는 방형·제형·원형 등이고 추가장에 의한 다장도 흔히 보인다. 축조방식에 대해서는 흔히 '선분구후매장'으로 표현되고 있는데 모든 분구묘가 그와같은 축조 순서를 갖는 것은 아니다. 필자는 마한 분구묘의 축조 과정을 다음과 같이 정리해 본 바 있다[26].

① 낮은 구릉을 선정하여 지면을 정지한다.

② 지면 위에 얕은 토광을 파서 목관이나 옹관을 안치하거나, 분구를 성토한 다음 토광을 파서 목관이나 옹관을 안치한다. 시신이 안치되는 공간에는 石床, 圍石, 燒土 등이 부가되기도 한다.

③ 목관이나 옹관을 충분히 덮을 수 있도록 성토하여 분구를 조성한다(중심분구). 분구를 성토하는 과정에서는 분구 주변을 따라 채토가 이루어지면서 자연스럽게 주구가 형성되어 독립된 분구묘가 완성된다.

④ 대형 분구묘에서는 성토시 분할 성토하거나 중심부를 남겨두고 성토하여 凹형을 이루게 한 다음 중심부에 매장주체부를 설치하는 것도 있다.

⑤ 추가장의 사유가 발생하면 다음과 같은 방식으로 추가장한다.

⑤ ⓐ 중심분구에 추가장한다(서산 부장리 4호분 등).

⑤ ⓑ 중심분구에 접하여 소분구를 조성하고 추가장한다. 추가장은 반복될 수 있으며 추가장이 종료되는 시점에서는 전체분구를 조성한다(서울 가락동 2호분 등).

⑤ ⓒ 중심분구를 水平擴張하여 추가장한다. 이 경우에는 중심분구 주변의 주구에 추가장이 이루어지기도 한다(함평 만가촌 13호분, 완주 상운리 1호분 등).

---

26) 임영진, 2007, 「마한분구묘와 오월토돈묘의 비교 검토」, 『중국사연구』 51(일부보완).

⑤ ⓓ 중심분구를 垂直擴張하여 추가장한다(나주 신촌리 9호분, 나주 복암리 3호분 등).

⑥ 기존 분구묘의 주구를 공유하면서 새로운 분구묘를 조성하는 경향이 있기 때문에 열을 이룬 분구묘군이 많다. 또한 대형 분구묘를 중심으로 중소형 분구묘가 밀집하기도 한다.

⑦ 축조와 매장 과정에서는 제사가 이루어지기도 하며, 제사용품들이 주구에 폐기되는 경우도 있다.

이상과 같은 마한 분구묘의 축조과정에서는 '선분구후매장' 뿐만 아니라 '선매장후분구'도 발생하는데 지금까지 발굴조사를 통해 확인된 분구조성과 시신매장 사이의 선후관계는 다음의 3가지로 구분해 볼 수 있다.

① 분구 성토시 중앙에 凹부를 조성한 다음 시신을 안치하고 추가 성토하여 완성한다.

② 분구를 성토한 다음 토광을 파서 시신을 안치하고 추가 성토하여 완성한다.

③ 지면에 수평면 조성 정도의 얕은 토광을 파서 시신을 안치한 다음 성토하여 완성한다.

마한 분구묘에서 관찰되는 분구조성과 시신매장 사이의 선후관계에 있어, ①과 ②는 주로 대형과 중형 분구묘에서 볼 수 있는 것으로서 '선분구후매장'의 전형이 된다. ③은 소형 분구묘를 중심으로 나타나는 것으로서 '선분구후매장'이 아니라 '선매장후분구'에 해당한다고 할 수 있다. 분구묘로 보고된 사례 가운데 성토된 분구에서 토광을 찾아볼 수 없거나 얕지만 토광을 가진 것이 있다는 점이 흔히 지적되고 있는데[27] 이는 위와같은 방식의 차이에 기인한 것

---

27) 정해준, 2014, 「충청지역 마한 분구묘의 구조와 출토유물」, 『한국고고학의 신지평』(제38회 한국고고학대회 발표요지), p.220.

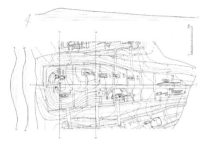

이라고 생각된다. 초축 이후 이루어지는 추가장에 있어서도 분구가 수직적으로 확장되는 경우에는 대부분 '선분구후매장'에 해당하지만 분구가 수평적으로 확장되는 경우에는 '선매장후분구'에 해당하는 것도 적지 않다.

그러나 이와같은 차이는 분구묘의 축조 과정에서 나타나는 세부적인 순서의 차이에 불과할 뿐 분구묘의 본질에서 벗어나는 것은 아니다. 모두 지상의 분구에 매장되는 분구묘의 본질을 유지하고 있는 것이다. 지면에 토광을 가진 것으로 보고된 사례를 보면, 전형적인 지하 토광이

〈그림 1〉 함평 만가촌 13호분
(전남대박물관 2004), 나주 복암리 3호분
(국립문화재연구소 · 전남대박물관 2001)

아니라 경사지에서 목관(곽)을 수평으로 안치하기 위해 L자 형태로 얕게 파내거나 낮게 성토된 분구를 되파는 과정에서 지면 아래까지 굴착이 이루어진 것일 뿐이다. 이와같은 예는 목관(곽)을 지하에 안치하기 위해 상당한 깊이로 굴착하는 토광묘의 토광과는 분명히 구분되어야 할 것이다.

'선분구후매장'으로 표현되는 분구묘의 규정에서 벗어나는 사례들이 존재한다고 보게 되는 이와같은 문제를 해소하기 위해서는 분구묘의 규정에 있어 축조순서 보다는 더욱 근본적인 특징이 제시될 필요가 있다. 보다 근본적인 특징은 매장주체부의 위치에 따른 봉분묘와의 차이일 것이므로 일단 '매장주체부가 지하의 토광이 아니라 지상의 분구에 위치하는 무덤'이라고 규정해

볼 수 있을 것이다. 시신을 안치하는 위치에 있어 지하와 지상의 차이는 단순한 지역적, 시대적 차이가 아니라 본질적인 문화 계통의 차이와 관련되어 있을 가능성이 크기 때문에 일차적인 기준이 되는 것이 바람직할 것이다. 여기에 다른 유형의 고분에서는 찾아보기 어려운 중요한 특징을 반영함으로써 보다 구체화할 필요가 있다. 수평적, 수직적 확장에 의한 추가장이 그것이다[28]. 따라서 '매장주체부가 지상의 분구에 위치하고 추가장이 이루어지면서 분구가 수평적, 수직적으로 확장되기도 하는 무덤'으로 규정하는 것이[29] 지금까지 제기되어온 오해와 혼란을 불식시키는 방안이 될 수 있을 것으로 생각된다.

마한지역 분구묘의 축조 과정은 위와 같지만 평면형태와 매장주체부는 시기와 지역에 따라 차이가 있는데 가장 늦은 시기까지 발전하였던 영산강유역에서 가장 다양한 면모를 보여주고 있다. 영산강유역 분구묘의 평면형태는 방형-제형-(장)방대형-원형으로 변하고, 매장주체부는 목관-목곽-옹관-석실로 변한다. 이 두가지 변수는 서로 대응하는 경향을 보여주기 때문에 크게 보아 方形木棺墳丘墓-梯形木槨墳丘墓-(長)方臺形甕棺墳丘墓-圓形石室墳丘墓로 변화하였다고 할 수 있을 것이다[30].

2) 中國 土墩墓의 構造 檢討

중국 강남지역을 중심으로 성행하였던 토돈묘는 그 기원이 강남지역 신석기시대 崧澤文化나 良渚文化의 주거용 土墩에 있는 것으로 보고 있다[31]. 같은

28) 임영진, 1997, 「영산강유역 이형분구 고분 소고」, 『호남고고학보』 5, p.29.
29) 임영진, 2014, 「마한 분구묘 사회의 조사연구 성과와 과제」, 『한국고고학의 신지평』 (제38회 한국고고학대회 발표요지), p.157.
30) 임영진, 2002, 「영산강유역권의 분구묘와 그 전개」, 『호남고고학보』 16.
31) 陣元甫, 1992, 「土墩墓與吳越文化」, 『東南文化』 1992-6, 南京博物院.

시기 중원지역에서는 지하에 토광을 파고 목관이나 목곽을 이용하여 시신을 안치하되 지상에는 아무런 시설을 하지 않은 平墓가 사용되고 있었다.

중국에서 매장주체부의 위치에 따라 무덤을 구분하는 것을 보면 '墳墓一體形'과 '墳墓分離形'으로 대별하는 경향이 있다[32]. 즉 매장주체부를 墓라 하고 이를 밀봉하는 시설물을 墳으로 규정하고, 분묘일체형은 지상의 분구 중에 매장주체부가 설치된 것으로서 강남지역의 토돈묘가 대표적이고, 분묘분리형은 지하 토광에 매장주체부가 안치되고 지상은 봉분으로 밀봉되는 것으로서 중원지역의 전통적인 목곽묘나 전실묘가 대표적인 것이다. 여기에 '山陵形'을 추가하기도 하지만 이는 자연 산세를 이용하여 무덤을 조성한 것으로서 帝王陵에서나 찾아볼 수 있는 특수한 것이기 때문에 동일한 기준에서 논하기는 어렵다.

〈그림 2〉 江蘇 句容 東邊山 D1,
句容浮山果園 D29(南京博物院 2009)

중국 강남지역의 토돈묘는 대부분 비교적 낮은 구릉의 정상부에 위치하고 있다. 평면형태는 원형이나 타원형이 일반적이고 매장주체부는 크게 두가지 유형으로 구분된다. 하나는 棺·槨을 가진 것이고 다른 하나는 室을 가진 것이다. 전자는 일반적인 토돈묘에 해당하고 후자는 목실토돈묘나 석실토돈묘로 구분할 수 있는데 후자는 횡혈식에 속하므로 이

---

32) 黃曉芬, 2003, 『漢墓的考古學研究』, 岳麓書社, p.170.

글에서는 다루지 않도록 하겠다.

전자는 다시 두가지로 구분되는데 하나는 대나무 · 목재 · 점토로 관 · 곽을 만든 것이고, 다른 하나는 관 · 곽이 분명하지 않은 것이다. 관 · 곽이 분명하지 않은 경우에는 바닥에 돌을 깔거나[石床] 돌을 돌려서[圍石] 시신을 안치하는 예도 보인다[33]. 매장주체부의 수효에 따라서는 一墩一墓와 一墩多墓로 구분되는데, 일돈일묘는 가장 먼저 출현하여 지속되었으며, 일돈다묘는 서주 중기에 출현하여 북부에서 성행하였던 것으로 알려지고 있다. 중국의 토돈묘는 전국시대 초에 소멸되는 것으로 보아 왔지만 최근에는 前 · 後漢과 六朝時代 토돈묘도 조사되고 있다.

중국 토돈묘의 구조는 시기와 지역에 따라 세부적인 차이가 있지만 필자가 파악하고 있는 일반적인 축조 과정을 정리해 보면 다음과 같다[34].

① 지면을 정지한다.

② 정지한 지면에 시신을 안치하고 성토하거나, 지면에 약간 성토한 다음 토광을 파고 목관 · 석상 · 위석 · 소토를 부가하여 시신을 안치한다.

③ 추가 성토하여 분구를 완성한다(중심분구, 一墩一墓).

④ 추가매장시에는 기존의 중심분구 가장자리에 토광을 파고 추가장해 나가거나, 중심분구를 수평확장 또는 수직확장하여 시신을 안치한다(一墩多墓).

⑤ 분구 성토시 분할 성토하거나, 토사 채취를 위한 水塘이 인근에 형성되며 분구 주위에 주구가 형성되기도 한다.

⑥ 군집할 경우에는 연접하지 않더라도 열을 이루는 경향이 있다.

---

33) 黃曉芬, 2003, 『漢墓的考古學硏究』, 岳麓書社, pp.171-172.
34) 임영진, 2007, 「마한분구묘와 오월토돈묘의 비교 검토」, 『중국사연구』 51, 중국사학회 (일부보완).

⑦ 한대 토돈묘 가운데에는 凹형으로 성토한 다음 중심부에 매장주체부를 설치한 것도 있다.

⑧ 축조 과정에서는 제사가 이루어지기도 하며, 제사용품들이 분구에 매납 되는 경우도 있다.

3) 日本 墳丘墓의 構造 檢討

일본 九州에서는 彌生時代 전기부터 繩文時代의 지하식 묘제에서 벗어나서 새로이 지상식 분구묘가 축조되기 시작하며, 빠른 속도로 전국으로 파급되어 나갔다. 일본의 분구묘는 평면 형태가 원형과 방형으로 구분되고, 조성 방식에 따라 평지에서 주변에 도랑을 파고 성토한 것은 周溝墓, 구릉지에서 주변의 생토를 깎아낸 것은 臺狀墓로 구분하기도 한다. 또한 지역에 따라, 시대에 따라, 계층에 따라 여러 가지 차이를 보여주는데 초기에는 단장묘가 주류를 이루다가 점차 다장묘로 발전하는 경향을 보여준다.

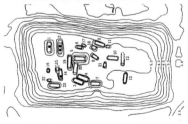

〈그림 3〉 大阪 爪生堂 2호, 大阪 加美 Y-1호(椙山林繼·山岸良二編 2005)

일본 분구묘의 규모는 彌生時代 전기부터 중기 전엽까지는 한변의 길이가 5~10m 정도이지만, 중기 중엽부터 후엽에는 한변의 길이가 15m를 넘는 것들이 출현하였다. 전기부터 중기 전엽까지는 단인장이 기본이지만 중기 중엽부터 후엽까지는 다인장이 중심이 되며, 중기 후엽에서 후기 전엽 사이에는 대형묘들이 공동묘지에서 분리되어 마을과 떨어진 지점에서 독립된 묘역을 가지고 특정 개인이나 소수에 한정되어 축조되기 시작하였다.

　매장주체부 주위나 분구 주위에서 제사용 토기가 발견되고 있어 축조시 제사가 이루어졌음을 알 수 있다. 이 가운데 기대에 항아리를 얹은 의례용 토기는 대형화, 장식화되어 특수기대로 불리고 있다. 점차 대형 분구묘에 부가되었던 돌출부가 대형화되어 전방후원분이 되면서 古墳時代로 전환하는 것으로 알려져 있다. 이와 병행하여 특수기대는 埴輪으로 발전하고, 매장주체부가 대형화하며, 부장품이 풍부해진다.

　일본 彌生時代 분구묘의 축조 과정을 정리해 보면 다음과 같다.

① 지면을 정지한다.

② 지면 위에 목관이나 옹관을 안치하고 성토하거나, 분구를 약간 성토한 다음 토광을 파서 목관이나 옹관을 안치한다. 분구 성토시 주변에서 채토가 이루어지면서 주구가 형성되는 것이 일반적이다.

③ 추가매장시에는 분구에 토광을 파서 추가장한다. 대형 목관은 일정한 간격을 유지하지만 중소형 목관이나 옹관은 상하로 중복된 경우도 있다.

④ 기존 분구묘의 주구를 공유하면서 새로운 분구묘를 조성하는 경향이 있기 때문에 열을 이룬 분구묘군이 많다. 또한 대형 분구묘를 중심으로 중소형 분구묘가 밀집하기도 한다.

⑤ 서일본의 대형 분구묘 가운데에는 凹형으로 성토한 다음 중심부에 매장주체부를 설치한 것도 있으며, 분할성토가 이루어지기도 한다.

⑥ 축조 과정에서는 제사가 이루어지기도 한다.

⑦ 彌生時代 분구묘는 古墳時代 전방후원분으로 발전하면서 새로이 주형목관, 석곽, 석실 등이 매장주체부를 이룬다.

2. 韓 · 中 · 日 墳丘墓의 構造 比較

〈그림 4〉 서울 석촌동 87-2호(김원용 외 1989),
江蘇 句容 寨花頭 A1호(國家文物局 2005)

한국의 분구묘는 그 기원이 밝혀지지 않은 채 마한지역에서 성행한 것으로 알려져 있지만 지상 분구 중의 매장시설 · 다장 · 분구확장 · 주구 · 石床 · 圍石 등 여러 가지 면에서 중국 강남지역의 토돈묘와 구조적으로 상통한다. 예를 들면, 서울 석촌동 87-1 · 2호 위석분구묘는 매장주체부의 바닥을 잔자갈로 깔아

石床을 조성하였는데35) 이와같은 석상은 江蘇 句容 寨花頭 A1号, 丹徒 烟墩山 2號墩 등 중국 土墩墓에서 찾아볼 수 있다36).

서울 가락동 2호분에서는 4기의 매장주체부가 각각 독립된 소분구를 가지고 있다가 마지막에 하나의 분구로 통합되었을 가능성을 보여주고 있는데37) 이는 몇 개의 소형 토돈묘를 통합하여 거대한 단일 토돈묘로 만들거나38) 추가장이 이루어지면서 분구가 높아지고 넓어지기도 하는39) 중국 토돈묘와 상통하는 것이다.

그러나 세부적으로 보면 한국 분구묘와 중국 토돈묘는 차이점도 가지고 있다. 한국의 분구묘에서 대부분 확인되고 있는 주구는 중국에서는 浙江 紹興

---

35) 金元龍 · 任孝宰 · 林永珍, 1989,『서울 石村洞 1 · 2號墳』, 서울대학교박물관.

36) 黃曉芬, 2003,『漢墓的考古學硏究』, 岳麓書社, p.46.

37) 尹世英, 1974,「可樂洞 百濟古墳 1 · 2號墳 發掘調査略報」『考古學』3.

38) 劉建國, 1989,「論土墩墓分期」『東南文化』1989-4 · 5, 南京博物院, p.108.

39) 黃曉芬, 2003,『漢墓的考古學硏究』, 岳麓書社, p.49.

印山王陵[40]과 같은 거대한 토돈묘에서는 확인되지만 소규모 토돈묘에서는 찾아보기가 쉽지 않다. 소규모 토돈묘는 주로 인접지에 水塘을 가지고 있기 때문에 주구는 공통적인 특징이라고 말하기 어렵다. 한국의 분구묘에서 공통적으로 찾아볼 수 있는 주구가 중국 강남지역 토돈묘에서는 흔히 찾아보기 어렵다는 점에서 주구를 갖추고 있는 전국시대 秦의 圍溝墓를 한국 분구묘의 기원으로 보기도 하지만[41] 秦의 위구묘는 매장주체부가 깊은 토광에 위치하고 위구는

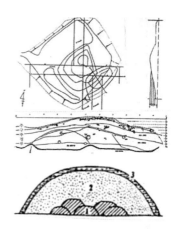

〈그림 5〉 서울 가락동 2호
(윤세영 1974), 중국 토돈묘
모식도(劉建國 1989)

그보다 훨씬 얕으면서 몇기의 무덤을 둘러싸거나 몇 개의 묘지를 둘러싼 경계 역할을 하기 때문에 隍 혹은 兆로 부르기도 하는 만큼[42] 분구묘의 주구와는 구분되어야 할 것이다.

한국의 분구묘와 중국의 토돈묘는 구조적으로 차이나는 점이 없지 않고, 지리적으로 황해를 사이에 두고 멀리 떨어져 있으며, 시기적으로도 차이가 있기 때문에 상호 직접적인 관련 가능성을 상정하기는 쉽지 않다. 그러나 최근 중국 절강성 북부에서 한~육조시대 토돈묘가 조사되면서 시기적인 차이는 줄어들고 있으며[43] 구조적인 차이는 지역적 특색으로 볼 수 있기 때문에 양자의

40) 浙江省文物考古研究所·紹興縣文物保護管理局, 2002, 『印山越王陵』.
41) 呂智榮, 2002, 「中國에서 發見된 圍溝墓」, 『湖南考古學報』 16, 호남고고학회.
42) 黃曉芬, 2003, 『漢墓的考古學研究』, 岳麓書社, p.185.
43) 胡繼根, 2011, 「전·후한, 육조 토돈묘의 성인과 특징」, 『호남문화재연구』 10, 호남문화재연구원.

관련 가능성을 부정하기는 어려울 것 같다. 전남 고흥 동호덕고분은 남해안식으로 구분되는 세장한 석실을 가지고 있는데[44] 그와같은 구조를 가진 석실은 중국 절강성 東陽市 祥湖村 등지에서도 찾아볼 수 있고[45] 양자간의 유사성은 중국학자에 의해서도 인정되고 있다[46]. 향후 발굴조사가 이루어지면 양자의 관련 가능성에 대한 구체적인 검토가 가능해 질 것이다.

한국의 분구묘와 중국의 토돈묘가 관련되었을 가능성은 몇가지 유물의 비교를 통해서도 타진해 볼 수 있다. 동사는 시기적으로 분구묘보다 앞서는 것이지만 마한지역을 중심으로 출토되고 있는데 중국 양자강유역에서 성행하였던 것이다[47]. 마한의 대표적 기종이라고 할 수 있는 양이부호를 중국 강서지역 후한대 평저양이호가 충남 서부지역에 수용되었던 것으로 보는 견해도 있는데[48] 이는 직접적인 교류라기보다는 낙랑을 통한 간접적인 교류에 의한 것으로 보고 있지만 당시 마한과 중국 강남지역과의 관계를 살펴볼 수 있는 자료가 될 수 있을 것이다. 鳥形土器 역시 중국과의 관계가 엿보인다. 강소성 邳州 에서 출토된 조형토기는[49] 한국 조형토기 뿐만 아니라 일본 조형토기의 기원과 관련될 것으로 추정된다. 경기도 하남시 역사박물관이 소장하고 있는 경질 광구호는 한국에서 찾아보기 어려운 것으로서 기형과 문양 등에 있어 중국

　　胡繼根, 2013, 「중국 한대 토돈묘」, 『전남지역 마한제국의 사회성격과 백제』(2013년 백제학회 국제학술대회 논문집).

44)　임영진, 1997, 「전남지역 석실봉토분의 백제계통론 재고」, 『호남고고학보』 6.

45)　安志敏, 1995, 「浙江瑞安, 東陽支石墓的調査」, 『考古』 1995-7.

46)　毛昭晰, 2000, 「古代 中國 江南地域과 韓半島」, 『地方史와 地方文化』 3-1, 역사문화학회.

47)　豊州, 1988, 「考古札記(三)」, 『東南文化』 1988-3 · 4, 南京博物院, p.110.

48)　김종만, 1999, 「마한지역 출토 양이부호 소고」, 『고고학지』 10.

49)　梁王城 출토품이며, 2005년 2월, 江蘇省 徐州博物館 전시실에서 실견하였음.

〈그림 6〉 천안 아산 밝지므레(충남역사문화연구원 2011),
중국 徐州博物館(필자촬영), 일본 北九州市立博物館(필자촬영)

토돈묘 출토품과 통하는 것이다[50].

경기도 파주 운정지구와 인천 운
남동 등지에서 출토된 깔대기 형태
를 가진 이형토기는 넓은 쪽이 위,
좁은 쪽이 아래라고 상정되어 제의
와 관련된 것으로 추정되고 있다
[51]. 필자가 보기에는 넓은 쪽이 아
래이고 좁은 쪽이 위일 가능성이

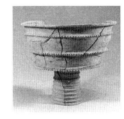

〈그림 7〉 이형토기(경기문화재연구원 2009),
중국 鼓座(浙江德淸博物館 필자촬영)

높으며 좁은 상부 쪽에 장대와 같은 것을 꼽아 무엇인가를 지탱하는데 사용된
것이 아닌가 생각된다[52]. 중국 江蘇省 無錫市 鴻山越墓에서 출토된 토기도 이
와 흡사한데 鴻山越墓 출토품은 鼓座로 알려져 있다[53].

일본의 분구묘 역시 기본적인 구조에 있어서는 중국이나 한국의 분구묘와
다른 점을 찾아보기 어렵다. 매장주체부가 지상에 성토된 분구 중간에 위치하

50) 임영진, 2007,「마한분구묘와 오월토돈묘의 비교 검토」,『중국사연구』51.

51) 경기문화재연구원·경기도박물관, 2009,『경기 발굴 10년의 발자취』(도록).

52) 임영진, 2007,「마한분구묘와 오월토돈묘의 비교 검토」,『중국사연구』51.

53) 南京博物院·江蘇省考古研究所·無錫市錫山區文物管理委員會, 2007,『鴻山越墓』,
文物出版社.

는 점은 가장 큰 공통점으로서 매장주체부가 지하의 토광에 위치하는 일반적인 봉분묘와는 큰 차이를 갖는다. 동일한 분구에 추가장에 의한 다장이 이루어지는 것도 마찬가지 특징이다. 일본에서는 분구묘들이 밀집하는 한편 연결식, 연접식, 결합식 등으로 열을 짓는 경향이 있는데[54] 大阪 加美, 東京 豊島馬場 등이 대표적인 예가 될 수 있을 것이다[55]. 이와같이 분구묘들이 열을 지어 군집하는 현상은 중국과 한국에서도 나타나는 공통적인 특징이다.

한·중·일 삼국에서 성행하였던 분구묘의 구조적인 특징들을 요약해 보면 <표 1>과 같다. 황해를 사이에 둔 동북아 삼국 사이에서 시기적으로 연결될 뿐만 아니라 구조에 있어서나 출토유물에 있어 공통적인 특징을 가진 무덤들이 존재함을 알 수 있다. 따라서 계통적으로 서로 무관하다고 말하기 어려울 것이므로 상호 관련 가능성과 그 배경에 대한 구체적인 검토가 필요할 것이다.

〈표 1〉 한·중·일 분구묘(토돈묘) 비교표

	중국 土墩墓	한국 墳丘墓	일본 墳丘墓
分布地域	東南部 吳越地域	中西南部 馬韓 · 百濟地域	全地域
立地	낮은 丘陵	낮은 丘陵	낮은 丘陵
墳丘形態	圓形, 楕圓形, 長方形	方形, 梯形, 圓形	圓形, 方形, 四隅突出形
附屬施設	周溝 혹은 水塘	周溝	周溝
埋葬施設	木棺, 石床, 圍石, 燒土	木棺, 甕棺, 石床, 圍石, 燒土	木棺, 甕棺, 石槨, 石室
葬制	單葬, 追加葬에 의한 多葬	單葬, 追加葬에 의한 多葬	單葬, 追加葬에 의한 多葬
構造特徵	墳丘擴張	墳丘擴張(수평, 수직)	墳丘連接
出土遺物	印文陶, 原始靑瓷	黑色磨研土器, 二重口緣土器, 環玉	短頸壺
築造時期	良猪文化~六朝	三國時代	彌生時代

---

54) 福田聖, 2000,『方形周溝墓の再發見』, 同成社, p.140.
55) 椙山林繼 · 山岸良二編, 2005,『方形周溝墓研究の今』, 雄山閣, p.136.

Ⅲ. 韓·中·日 墳丘墓의 起源論 檢討

한·중·일 분구묘의 구조 비교를 통해 한·중·일 분구묘들이 서로 관련되었을 가능성을 배제하기 어렵다는 것을 알 수 있었다. 그동안 한국이나 일본 분구묘의 기원을 논하면서 시간적으로나 내용적인 면에서 중국의 묘제를 주목하고 관련 가능성을 거론한 예들이 적지 않다. 따라서 한·중·일 분구묘의 기원에 대한 그간의 논의를 먼저 살펴 본 다음 상호 관련성 여부에 대해 논해보도록 하겠다.

1. 中國 土墩墓의 起源論 檢討

중국의 토돈묘는 공간적으로 강소성 남부와 절강성 북부 등 太湖를 중심으로한 강남지역이 중심지이고, 시간적·문화적으로는 吳越文化의 대표적인 묘제로 알려져 있다[56]. 그 기원에 있어서는 지하의 습기를 피하기 위한 방안으로 지상에 분구를 축조하여 시신을 안치한 것으로 보는 견해에 대해 이견이 없다고 할 수 있다. 토돈묘의 기원이 되었던 湖熟文化 토돈이 평지의 습기를 피하기 위해 성토된 주거 공간이었던 점과 상통한다. 이와같은 주거용 토돈은 아마도 신석기시대에 해당하는 湖熟~良猪 문화 시기의 전세계적인 해수면 상승으로 인해 지하수위가 올라감에 따라 오랜 기간에 걸쳐 자연스럽게 土墩을 축조하여 거주하였던 것일 것이며, 기존의 지하식 무덤 대신 지상식 土墩 무덤도 만들어 나갔을 것이다.

---

56) 陣元甫, 1992, 「土墩墓與吳越文化」, 『東南文化』 1992-6, 南京博物院.

중국 신석기시대에 강남지역에서 시작되었던 토돈묘는 점차 평묘를 쓰던 중원지역에 영향을 끼침으로써 西周 시기에는 중원지역에서도 지면 위에 봉분을 축조하기 시작하였던 것으로 알려져 있다[57]. 최근 조사된 자료에 따르면 중국 토돈묘의 분포 범위는 남으로는 광동성, 북으로는 산동성에 이르며, 축조 시기는 六朝에 이르고 있다[58].

중국의 토돈묘가 전통적인 강남지역에서 벗어나서 육조시대에 이

〈그림 8〉 浙江 嘉興 토단, 余抗 瑤山 토돈
(浙江省文物考古硏究所編 2012)

르기까지 주변지역으로 파급되는 것은 중국 내부의 사회 변화 속에서 강남지역 주민들이 이주하였기 때문일 가능성이 높다. 그리고 이와같은 파급은 중국 내부에 국한되고 만 것이 아니라 한국과 일본 분구묘의 출현 배경과도 무관하지 않을 것으로 추정된다.

2. 韓國 墳丘墓의 起源論 檢討

한국에서는 경기 · 충청 · 전라에 걸친 마한권의 해안지대를 중심으로 성행하였던 분구묘의 기원 문제가 중요한 관심사가 되어 왔다. 1990년대 중반 이

---

57) 林留根, 1996, 「論中國墓葬封土之源流」, 『東南文化』 1996-4, 南京博物院.
58) 胡繼根, 2011, 「前 後漢, 六朝 土墩墓의 成因과 特徵」, 『호남문화재연구』 10, 호남문화재연구원.; 李暉達, 2011, 「試論浙江漢代土墩遺存」, 『東南文化』 2011-3, 南京博物院.

후 조사 자료가 급증하면서 기원 문제와 직결된 출현 시기 문제부터 적지 않은 논의가 이루어졌다.

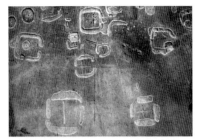

충남 보령 관창리의 주구에서 출토된 송국리형토기 · 점토대토기 · 두형토기 등을 통해 기원전 3세기에 해당할 가능성이 암시되기도 하였고[59], 전남 영광 군동에서 조사된 주구가 부가된 전통적인 토광묘는 이미 주변지역에서 분구묘가 사용되고 있었음을 말해준다고 보고 출토된 흑도장경호로 미루어 늦어도 기원전 1세기경에는 전남 일원에 분구묘가 축조되고 있었던 것으로 보는 견해도 있다[60]. 전북지역에서는 적어도 기원전 2세기를 전후한 시기에 시작되었다고 보고 있다[61].

〈그림 9〉 보령 관창리(윤세영 · 이홍종 1997), 영광 군동(최성락 외 2001), 곡성 대평리(영해문화유산연구원 2012)

그러나 여전히 모두가 기원전으로 인정할 수 있는 보다 확실한 자료가 부족한 상황이기 때문에 2세기 중후반경의 서천 예천동 18호를 가장 이른 것으로

59) 윤세영 · 이홍종, 1997, 『관창리 주구묘』, 고려대학교 매장문화재연구소.

60) 임영진, 2001, 「1-3세기 호남지역 고분의 다양성」, 『문화재연구 국제학술대회 발표논문 제10집』, 국립문화재연구소.

61) 이택구, 2014, 「전북지역 마한 분구묘의 구조와 출토유물」, 『한국고고학의 신지평』(제38회 한국고고학대회 발표요지), p.266.

보기도 한다[62].

이와같은 연대론과 함께 한국 분구묘의 기원에 대해서는 요녕지역 적석묘에서 예맥의 적석총을 거쳐 호남지역으로 이어진 것으로 보는 견해[63], 낙랑고분의 성토 분구가 영향을 끼쳤다는 견해[64], 秦 圍溝墓가 기원이 되었을 가능성을 제시한 견해[65], 추가장에 의한 다장과 주구의 존재 등 여러 가지 면에서 중국 강남지역 토돈묘와 관련되었을 가능성이 높다는 견해[66] 등이 제기된 바 있다. 최근에는 주구토광묘가 경기 충청지역에서 시작된 이후 토착 사회에 영향을 끼쳐 분구묘의 등장을 가져왔던 것으로 보는 견해[67], 주구토광묘와 분구묘는 모두 전통적인 토광묘가 서로 다른 방향으로 발전한 것이라는 견해[68] 등이 제기되었다.

한편 진주 옥방 8지구를 비롯하여 춘천 천전리, 서천 오석리, 천안 운전리, 사천 이금동 등지에서 조사된 주구를 갖춘 청동기시대 석관묘에 대해 주목하기도 한다. 그러나 분포권에 있어 서로 다를 뿐만 아니라 구조적으로나 시간적으로 연결된다고 보기 어렵기 때문에 분구묘와 구분되어 구획묘라 칭해지기도 한다.

최근에는 광주 외촌과 곡성 대평리에서 조사된 청동기시대 주구를 가진 무덤이 석관묘와 다르면서 시간적 간격을 해소해 줄 수 있는 자료로 주목되고

62) 최봉균 · 임종태 · 강모영 · 이수현 · 천윤정, 2012, 『서산 예천동 유적』, 백제문화재연구원.
63) 이성주, 2000, 「분구묘의 인식」, 『한국상고사학보』 32.
64) 성정용, 2000, 「백제 한성기 저분구분과 석실묘에 대한 일고찰」, 『호서고고학』 3, p.9.
65) 呂智榮, 2002, 「中國發現的圍溝墓」, 『동아시아의 주구묘』, 호남고고학회.
66) 임영진, 2007, 「마한분구묘와 오월토돈묘의 비교 검토」, 『중국사연구』 51.
67) 이남석, 2011, 「경기 · 충청지역 분구묘의 검토」, 『분구묘의 신지평』, 전북대학교.
68) 권오영, 2015, 「마한 분구묘의 출현 과정과 조영 집단」, 『마한 분구묘의 기원과 발전』 (마한연구원 국제학술회의 발표자료집), p.89.

있다. 광주 외촌에는 삼국시대 주거지가 분포하는 북쪽 경사면에 기원전 4~3세기대의 유경식석검이 출토된 3호 토광묘에 눈썹형 주구가 부가되어 있는데[69] 주구석관묘의 주구와는 다르며 봉분이나 분구의 존재를 암시하지만 향후 여러 가지 논의가 필요하다고 보고 있다[70]. 곡성 대평리에서는 정연하게 주구를 갖춘 토광묘 27기가 조사되어 청동기시대, 초기철기시대, 원삼국시대로 구분되었으며, 주구토광묘가 전남 동부 내륙지역에서 발전하는 과정을 보여주는 것으로 보고 있다[71]. 모두 분구묘의 기원 문제를 논하는데 있어 중요한 자료이며, 마한 분구묘가 청동기시대 구획묘에서 발전하였을 가능성을 제시하고 있다. 하지만 청동기시대 구획묘들은 전형적인 분구묘의 중심 분포권이라고 할 수 있는 서해안권과는 멀리 떨어진 지역에서 확인되고 있기 때문에 분구묘의 기원과 관련된 적극적인 자료로 이용하기에는 어려움이 남아 있다.

그러므로 현재까지의 자료에 근거하는 한 한국의 분구묘는 가장 중요한 구조적인 면뿐만 아니라 분포지역이나 시기적인 면에 있어 중국 토돈묘와 관련되었을 가능성이 높다고 보는 것이 합리적이라고 생각된다.

3. 日本 墳丘墓의 起源論 檢討

일본 분구묘의 기원에 대해서는 최근 지석묘가 성행하였던 한국의 서남부 지역에서 파급되었을 가능성이 제기되기도 하는 등[72] 여러가지 논란이 계속되

---

69) 호남문화재연구원, 2005, 『光州 外村遺蹟』, pp.47-48쪽.

70) 한옥민, 2014, 「전남지역 마한 분구묘 사회의 연구 성과와 과제」, 『한국고고학의 신지평』(제38회 한국고고학대회 발표요지), p.302.

71) 영해문화유산연구원, 2012, 『곡성 대평리유적』, pp.368-369쪽.

72) 中村大介, 2004, 「方形周溝墓の成立と東アシアの墓制」, 『朝鮮古代研究』5.

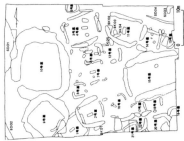

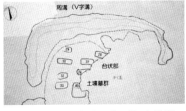

〈그림 10〉 東京 宇津木向原(椙山林繼·山岸良二編 2005), 兵庫 東武庫(山田淸明編, 1995), 福岡 東小田峰 1호 (九州歷史資料館 2008년 渡來人 특별전 전시패널, 필자촬영)

고 있지만[73] 일반적으로 彌生時代 전기 전반에 九州 북부에서 방형으로 출발한 이후 畿內지역을 거쳐 전국적으로 파급되는 것으로 알려져 있다[74]. 그 과정에서 山陰·北陸 지방에서는 四隅突出墓가 유행하였고, 山陽·四國·近畿남부·關東지방에서는 1-2개의 돌출부가 붙은 원형묘가 유행하였으며, 近畿북부·東海지방에서는 한쪽에 돌출부가 있는 방형묘가 나타나는 등 지역적 차이도 보인다. 畿內地域에서는 방형 분구묘가 군집을 이룬 상태로 조사되는 경우가 많다.

일본 분구묘의 기원에 대해서는 가장 먼저 중국 토돈묘가 거론된 바 있다[75]. 또한 중국 동북지역 紅山文化의 方墳形積石塚과 원통형토기가 일본 고분의 분구나 埴輪과 상통하는 점에서 흥미롭다는 언급도 있었다[76]. 그 후 秦 위구묘 축

---

73) 中村大介, 2015, 「日本における墳丘墓(周溝墓)の起源と發展」, 『마한 분구묘의 기원과 발전』(마한연구원 국제학술회의 발표자료집).

74) 和田晴吾, 2002, 「일본열도의 주구묘」, 『동아시아의 주구묘』, 호남고고학회.

75) 樋口隆康, 1990, 「彌生文化に影響與えた吳越文化」, 『最新日本文化起源論 : 日本文化と江南文化』, 學習硏究社.

76) 王巍, 1993, 『中國からみた邪馬台國と倭政權』, 雄山閣.

조인의 이주 가능성이 제기되었다가[77] 전국시대 燕의 옹관묘가 한반도를 경유하여 일본열도에서 위구묘와 결합하였을 가능성도 제기된 바 있다[78].

일본 분구묘의 기원을 한국으로 보는 견해도 있는데 중서부지역 도래인에 의해 九州에 도입되어 近畿로 확산되었거나 九州와 近畿로 각각 도입되었을 가능성이 제기된 바 있고[79], 보령 관창리 분구묘들이 기본적인 구조에 있어 일본 초기의 분구묘들과 상통할 뿐만 아니라 兵庫 東武庫 유적[80]을 비롯한 일본 초기의 분구묘에서 송국리 계통의 토기들이 출토되고 있다는 점 등에서 일본 분구묘의 기원은 한국, 특히 중서부 마한권의 분구묘에 있을 가능성을 배제하기 어렵다고 보는 견해도 있다[81].

일본 분구묘의 기원 문제에 대해 이와같이 다양한 견해들이 제기되는 이유는 일본 분구묘들이 시간적으로, 공간적으로 다양한 면모를 보여주기 때문일 것이다. 다른 한편으로는 중국이나 한국에서 각각 연관성을 찾아 보려고 하였을 뿐 중국과 한국을 포괄하여 광범위한 관점에서 검토할 기회가 적었기 때문이 아닌가 생각되기도 한다.

---

77) 俞偉超, 1996, 「方形周溝墓」, 『季刊考古學』 54.
78) 俞偉超 · 茂木雅博, 2001, 「中國と日本の周溝墓」, 『東アジアと日本の考古學』 I, 同成社.
79) 渡邊昌宏, 1999, 「方形周溝墓の源流」, 『渡來人登場』, 大阪府立彌生文化博物館.
80) 山田淸明編, 1995, 『兵庫縣文化財調査報告』 150冊, 兵庫縣敎育委員會.
81) 渡辺昌宏, 2002, 「方形周溝墓の源流」, 『渡來人登場』, 大阪府立彌生文化博物館.; 이홍종, 2002, 「<日本列島의 周溝墓(和田晴吾)>에 대한 토론요지」, 『동아시아의 주구묘』, 호남고고학회.

IV. 韓·中·日 墳丘墓의 聯關性 檢討

중국 토돈묘의 기원에 대해서는 별다른 이견이 없다. 한국과 일본 분구묘의 기원에 대해서는 자체 발생설과 외부 기원설이 있지만 각각 적지 않은 문제점들을 가지고 있으며 모두가 인정할만한 견해는 찾아보기 어렵다. 한국과 일본 분구묘가 자체 발생한 것으로 본다면 왜 기존의 묘제와는 달리 지상에 분구를 축조하여 시신을 안치하게 되었는지를 설명할 수 있어야 하겠지만 아직 그와 같은 견해는 찾아보기 어렵다. 한국과 일본 분구묘의 기원 문제는 자체 발생설로 해결되기 어렵기 때문에 외부에 기원이 있을 가능성에 무게를 두고 검토하는 것이 좋을 것으로 생각된다.

한국과 일본 분구묘의 외부 기원설 역시 해결되어야 할 과제를 적지 않게 안고 있지만 중국의 토돈묘까지 포함하여 삼국의 관련 자료들을 동일한 관점에서 검토해 보면 각각의 문제점들이 어느 정도 해소될 수 있다고 생각된다. 앞에서 검토해 본 바와 같이 한·중·일 분구묘는 구조적으로 대단히 유사하기 때문에 상호 관련성을 배제하기 어려운데, 시기적으로 중국 분구묘가 가장 이르면서 황해를 사이에 두고 가장 가깝다고 할 수 있는 한·중·일 근접 지역에서 성행하였던 만큼 중국의 토돈묘가 한국과 일본 분구묘의 기원이 되었을 가능성을 상정하는 것은 무리한 일이 아닐 것이다.

중국 토돈묘가 한국과 일본 분구묘의 등장에 영향을 끼쳤다면 구체적으로 어떠한 과정에서 어떠한 방식으로 영향을 끼쳤을 가능성이 있는지를 검토해 볼 필요가 있을 것이다. 이 문제에 대해서는 한국과 일본에서 자발적으로 중국 토돈묘를 수용하였을 가능성과 중국 토돈묘 집단의 이주 가능성으로 나누어 살펴보도록 하겠다.

1. 韓國과 日本에서 직접 中國 土墩墓를 도입하였을 가능성 검토

한국과 일본의 주민들이 중국 토돈묘를 도입하였을 가능성에 있어서는, 중국 토돈묘가 선행하기 때문에 시간적인 면에서는 성립할 수 있다. 그동안 중국 토돈묘의 소멸시기를 전국시대초로 보아왔기 때문에 시간적인 면에서 연결될 가능성이 낮을 것으로 보았지만 최근 진한시대 뿐만 아니라 육조시대 토돈묘도 조사되고 있기 때문에 시간적인 연결 가능성은 충분하다고 할 수 있다.

그러나 당시 한국과 일본의 주민들이 주도적으로 중국 토돈묘를 도입하기 위해서는 중국 현지에서 토돈묘의 존재와 장점을 인식하여야 할 것이며 기존의 묘제 대신 중국의 토돈묘를 도입하게 된 이유가 있어야 할 것이다. 또한 한국과 일본의 주민들이 중국 토돈묘를 접하기 위해서는 현지를 방문하지 않으면 안될 것이므로 이를 입증해야 할 것이다.

한국의 경우 고고학적으로 중국 방문 가능성을 직·간접적으로 입증할 수 있는 대표적인 자료는 중국 도자기일 것이며 최대 서진대까지는 올려 볼 수 있을 것이다[82]. 이는 문헌 기록에 3세기 중엽경부터 마한에서 중국에 사신을 파견하였다는 직접적인 기사가 나오기 시작하는 점과도 상통한다. 하지만 한국의 주민들이 중국 방문을 통해 토돈묘를 도입하였을 가능성은 시기적으로 3세기를 소급하기 어려울 것이다. 물론 청동기시대 동사나 도씨검 등을 통해서도 중국과의 관련성을 추정해 볼 수 있지만 이는 직접 중국을 방문하여 입수한 것으로 보기는 어려울 것이다. 설사 직접 중국을 방문하여 입수하였다고 하더라도 기존의 묘제를 대신해서 중국의 토돈묘가 도입, 보급된 배경을 해명하는 것은 쉬운 일이 아닐 것 같다. 기존의 전통적인 토광묘에 낮은 봉토가 조

---

82) 임영진, 2012, 「중국 육조자기의 백제 도입 배경」, 『한국고고학보』 83.

성되면서 주구가 굴착되었을 가능성은 어느 정도 설명할 수 있겠지만 지상의 분구에 시신을 안치하게 된 이유를 밝혀 주기는 어려울 것이다.

일본의 경우 고고학적으로 중국 방문 가능성을 직·간접적으로 입증할 수 있는 자료는 한국의 경우보다 충분하지 못하다. 오히려 문헌자료의 경우 후한 광무제때 중국과 교섭하였던 직접적인 기사가 있지만 시기적으로 1세기에 해당할 뿐이다. 설사 그보다 이른 시기에 중국 방문이 이루어졌다고 하더라도 기존의 묘제를 대신해서 중국의 토돈묘가 도입, 보급된 배경이 해명되어야 할 것이지만 이는 한국의 경우와 마찬가지로 어려운 일이 아닐 수 없다.

일본의 경우에는 한국의 분구묘가 파급되었을 가능성도 있겠지만 한국의 분구묘가 일본의 분구묘에 선행하였던 증거가 없기 때문에 수용하기 어렵다. 일본 분구묘가 한국 서남부지역의 지상식 지석묘에 기원을 두었을 가능성이 제기된 바 있지만 그 견해에서는 왜 近畿 지역에서 분구묘가 시작되었다고 보는지에 대해 충분한 해명이 이루어 질 필요가 있을 것이다.

2. 中國 土墩墓 집단의 韓國과 日本 이주에 따른 파급 가능성 검토

중국 토돈묘 집단이 한국과 일본으로 이주함으로써 분구묘가 파급되었을 가능성에 있어서는 중국 토돈묘가 선행하기 때문에 시간적인 면에서는 성립할 수 있다. 그러나 중국 토돈묘 집단의 이주 가능성이 입증되기 위해서는 중국 내부에서 토돈묘 집단이 이주하게 된 구체적인 배경이 밝혀져야 할 뿐만 아니라 한국과 일본에서 정착할 수 있는 여건이 설명되어야 할 것이다.

중국 내부의 배경 문제에 있어서는 자연환경의 변화에 따른 경제적 어려움으로 인한 이주, 정치·사회적 혼란, 양자의 복합 등 크게 3가지 가능성으로 나누어 볼 수 있을 것이다. 또한 각각 중국의 토돈묘가 한국과 일본으로 독립적으로 파급되어 서로 다른 방향으로 발전하였을 가능성과 중국의 토돈묘가 먼저 한국으로 파급된 다음 다시 일본으로 파급되었을 가능성으로 구분해 볼 수 있을 것이다. 이 가운데 후자에 대해서는 앞에서 검토한 바와 같이 한국의 분구묘가 일본으로 파급되었을 가능성을 찾아보기 어렵기 때문에 중국의 토돈묘는 한국과 일본으로 각각 파급되어 발전하였을 가능성이 더 높다고 보아야 할 것으로 생각된다.

중국 토돈묘 집단의 한국과 일본으로의 이주에 따라 분구묘가 출현하였다면 이를 촉발하였던 중국 내부의 배경 문제를 살펴볼 필요가 있겠는데 이에 대해서는 다음과 같이 3가지 가능성으로 나누어 볼 수 있을 것이다.

첫째, 자연환경의 변화에 따른 경제적 어려움으로 인한 이주 가능성이며, 먼저 그 시기를 검토해 보아야 할 것이다. 현재 한국 분구묘의 시작 시기에 대해서는 이견이 남아 있다. 일본 분구묘의 시작 시기에 대해서도 논란이 있지만 彌生時代 전기에 해당한다는 점에 있어서는 이견이 없으므로 기존의 연대관에 따라 기원전 2세기를 수용하도록 하겠다. 따라서 이를 중심으로 중국의 자연환경을 살펴보면[83], 춘추전국시대는 전반적으로 온난다습한 편이었는데『여씨춘추』와 같은 문헌기록에 따르면 중원지역에서는 복사꽃이 피는 시기, 제비가 오는 시기, 매미가 우는 시기 등이 각각 현재보다 1개월 가량 빠르며 당시 연평균 기온이 섭씨 약 1.5도 정도 더 높았던 것으로 추산되고 있다. 秦 대는 조금 한랭한 기후였지만 전국시대에 비해 섭씨 1도 정도 낮았던 만큼 현재보다는 더 높았다고 할 수 있다. 漢 대에는 많은 문헌자료들을 통해 기온이 회복되었음을 알 수 있는데 전한 전기와 중기의 연평균 기온이 오늘날보다 섭씨 1.5도 정도 높았던 것으로 추산되고 있다. 그러나 전한 말, 성제 건시 4년(기원전 29년) 이후 중국의 기

---

83) 劉昭民 지음, 박기수 · 차경애 옮김, 2005,『기후의 반역』(원제 中國歷史上氣候之變遷), 성균관대학교출판부, pp.101~133.

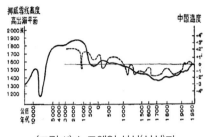

〈그림 11〉 노르웨인 설선(실선)과
중국 평균기온(점선)의 변화(蘭可禎 1972)

후는 점차 한랭해지면서 소빙하기로 접어들었다. 이는 수 많은 문헌기록 뿐만 아니라 화분 분석을 통해서도 입증되었는데 전한 말기 이후 隋의 통일이 이루어지기 전까지 지금보다 섭씨 0.5~1.0도 정도 낮았을 뿐만 아니라 가뭄도 심하였던 것으로 밝혀졌다. 이와같은 환경 변화 속에서는 생계 유지를 위해 주민의 이주가 불가피하였을 것이며 대표적인 예로는 북방 민족의 중원지역 진출을 들 수 있을 것이다.

둘째, 정치 사회적 혼란에 따른 이주 가능성이며, 정권 교체나 정복에 따른 주민 이주가 대표적이면서 기타 특별한 정책적인 이주도 있을 것이다. 그러나 전국시대 이후 隋 통일에 이르기까지의 정치·사회적 혼란은 대부분 자연환경의 악화에 따른 민중 봉기와 정권 몰락이었으므로 앞에서 거론하였던 자연환경의 변화 문제와 무관하지는 않을 것이다. 기타 특별한 정책적인 사례로는 徐福으로 대표되는 秦의 대규모 해외파견 사실을 들 수 있을 것인데[84] 秦의 갑작스런 멸망으로 인하여 귀국 대신 현지 정착을 선택한 사람들이 적지 않았을 것이다.

---

84) 『史記』권6 秦始皇本紀 : 齊人徐市等上書言 "海中有三神山, 名曰蓬萊, 方丈, 瀛洲, 僊人居之. 請得齋戒, 與童男女求之." 於是遣徐市發童男女數千人, 入海求僊人
『史記』권118 淮南衡山列伝 : 又使徐福入海求神異物, 還爲僞辭曰 : 「臣見海中大神, 言曰 : 「汝西皇之使邪」臣答曰 : 「然.」「汝何求?」曰 : 「願請延年益壽藥.」神曰 : 「汝秦王之禮薄, 得觀而不得取.」卽從臣東南至蓬萊山, 見芝成宮闕, 有使者銅色而龍形, 光上照天. 於是臣再拜問曰 : 「宜何資以獻?」海神曰 : 「以令名男子若振女與百工之事, 卽得之矣.」秦皇帝大說, 遣振男女三千人, 資之五穀種種百工而行. 徐福得平原廣澤, 止王不來.

셋째, 자연환경의 변화에 따른 경제적 어려움과 정치·사회적 혼란 등의 복합적인 배경이다. 특히 주목되는 이주 가능성으로는 후한 말의 사회 혼란과 북방민족의 남하에 따른 한족들의 강남지역 이주를 들 수 있을 것이다. 한국의 분구묘는 2세기 중엽 이후 급증하는 현상을 보여주고 있는데 아직 그 배경이 명확하지 못하지만[85] 시기적으로 중국 환제(146~167)와 영제(167~189) 시기와 무관하다고 보기는 어려울 것 같다. 이 시기는 계속되는 한랭한 기후와 오랜 가뭄으로 기근이 심하였을 뿐만 아니라 184년부터는 황건적으로 인하여 사회가 무척 혼란하였던 시기이며 결국 220년에 후한이 멸망하게 되었던 만큼 사회 혼란에 따른 주민의 이주는 불가피하였을 것이다.

V. 韓·中·日 墳丘墓 關聯性의 歷史的 背景

지금까지 살펴본 바와 같이 한·중·일 분구묘의 관련성은 부인하기 어려울 것이다. 그렇다면 여러 가지 가능성 가운데 한국이나 일본 분구묘의 출현을 야기하였던 역사적 배경은 무엇일까? 아마도 한국이나 일본 분구묘의 출현을 야기하였던 역사적 배경은 특정 시기의 특정 사건과 관련되었을 가능성이 높겠지만 그것이 일회성으로 끝나지 않고 시차를 가진 다른 계기에 의해 파상적으로 이루어졌을 가능성도 배제하기는 어려울 것이다.

한국의 분구묘는 마한권의 대표적인 묘제에 속하는 것으로 알려졌지만 그

---

85) 서현주, 2014, 「충청지역 마한 분구묘 사회의 연구 성과와 과제」, 『한국고고학의 신지평』(제38회 한국고고학대회 발표요지), p.249.

동안 충청·호남권을 중심으로 조사될 뿐이었다. 최근 경기 서부지역에서도 상당수가 조사되었는데 대부분 단장묘인 점이 다르지만 마한의 공간적 범위가 한강 일대까지 포함됨을 알 수 있게 하며[86] 다른 지역과 차별화된 지역 문화상이 찾아짐으로써 마한 제소국 문제에도 접근해 볼 수 있게 하였다[87]. 경기지역에서 조사되고 있는 이른 시기의 분구묘들은 아산만권 분구묘들과 함께 한국의 분구묘들이 중국 산동반도에서 경기만, 혹은 아산만쪽으로 이주하였던 토돈묘 축조 집단에 의해 시작되었을 가능성을 배제할 수 없게 하고 있다[88]. 인천 운북동유적을 비롯한 한강 하류권의 유적들 가운데에는 기원전 1세기경부터 낙랑군이 아닌 지역에 출자를 둔 漢人 관련 유적이 있으며 몇몇 유적에서 출토되고 있는 백색토기는 중국 산동지역에서 제작된 것일 가능성이 높다고 보는 견해와[89] 경기지역 분구묘에서 출토되는 낙랑계 유물은 백색옹 위주인데 이는 심발과 단경호 세트가 중심을 이루는 중부지역 낙랑토기 출토유적과는 구별된다는 견해는[90] 이와 무관하지 않을 것이라고 생각된다. 향후 보다 앞서는 시기의 분구묘나 중국 관련 자료들이 조사될 가능성을 기대해 볼 수 있을 것이다.

일본 분구묘의 기원 문제 역시 한국 분구묘의 기원 문제와 마찬가지로 고

---

86) 김기옥, 2014, 「경기지역 마한 분구묘의 구조와 출토유물」, 『한국고고학의 신지평』(제38회 한국고고학대회 발표요지), p.194.

87) 조가영, 2014, 「경기지역 마한 분구묘 사회의 연구 성과와 과제」, 『한국고고학의 신지평』(제38회 한국고고학대회 발표요지), p.212.

88) 임영진, 2014, 「마한 분구묘 사회의 조사연구 성과와 과제」, 『한국고고학의 신지평』(제38회 한국고고학대회 발표요지).

89) 정인성, 2012, 「한강 하류역의 한식계 토기」, 『중부지역 원삼국시대 외래계 유물과 낙랑』(제9회 매산기념강좌), 숭실대학교박물관, p.88.

90) 이나경, 2013, 「중부지역 출토 낙랑계토기 연구」, 서울대학교 석사학위논문.

고학 자료를 토대로 역사적인 배경을 거론하기는 어려운 실정이다. 그러나 일본의 분구묘는 전 열도에 걸쳐 비교적 많은 조사가 이루어진 바 있고, 그 가운데 彌生時代 전기에 해당하는 비교적 이른 시기의 분구묘들이 福岡縣 東小田峰 1호분을 비롯한 九州 지역에 분포하고 있다는 점이 주목된다[91]. 전 열도에 걸쳐 갑자기 성행하였던 일본의 분구묘는 기존 繩文時代 묘제와 무관하기 때문에 외부에 기원이 있을 가능성이 높을 것이다. 당시 한국은 세형동검문화가 발전하는 시기였지만 세형동검문화는 분구묘와 관련된 것은 아니다. 중국은 秦의 통일과 秦漢 교체에 따른 사회 혼란 시기에 해당하며, 徐福이 파견되었던 시기이다. 현재 한국의 경남 거제도와 제주도 정방폭포에 서복과 관련된 전설이 있고, 중국에는 산동 琅邪台를 비롯하여 13곳, 일본에는 九州 佐賀市를 비롯하여 20여곳에 서복과 관련된 설화와 지명이 남아 있는데[92] 이는 문헌에 기록되어 있는 서복 활동과 관련된 것임을 부인하기 어려울 것이다. 진시황의 명에 따라 서복의 인솔하에 삼천여명이 2차에 걸쳐 파견되었는데 출항지는 산동반도일 가능성이 높다. 따라서 파견된 사람들 가운데에는 산동지역 출신이거나 오월지역에서 산동지역으로 이주한 사람들이 적지 않았을 것으로 추정된다. 2차에 걸쳐 파견되었던 서복 일행 가운데에는 秦의 멸망으로 인해 파견지에 그대로 정착하였던 사람들이 상당수에 달하였을 것이다.

중국 산동반도에서 황해를 횡단하는 항해로가 개척된 시기에 대해서는 연

---

91) 福岡縣 東小田峰 1호분에 대해서는 구조적으로 분구묘와 다를 뿐만 아니라 시기에 있어서도 기원전 5~4세기로 보는 견해도 있는데(中村大介, 2015, 「日本における墳丘墓(周溝墓)の起源と發展」『마한 분구묘의 기원과 발전』(마한연구원 국제학술회의 발표자료집), 66쪽) 구조에 있어서는 분구묘의 범주에 속하는 것으로 볼 수 있고 시기에 있어서는 彌生時代 연대관의 차이일 뿐 전기에 속하는 것으로 보는 점에서는 동일하다.

92) 羽田武榮·廣岡純, 2000, 『徐福傳說』, 三五館, p.176.

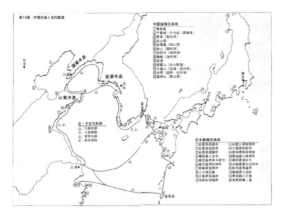

<그림 12> 한·중·일 徐福 전승지와 고대항로
(羽田武榮 · 廣岡純 2000)

구자에 따라 서로 다른 견해를 보여주고 있지만 양자강유역에서 성행하였던 동사가 마한권을 중심으로 출토되는 사실은 황해를 통한 직접적인 도입 가능성을 말해줄 수 있을 것이다[93].

이른 시기 황해를 통한 한-중 교류가 쌍방향이 아니라 단방향이었다고 하더라도 양자강유역에서 흑산도 방향으로의 해로는 일찍부터 알려졌을 가능성이 높다[94]. 전북 완주 상림리를 비롯하여 마한권에서 출토된 桃氏劍 역시 황해를 직항해서 강남지방과 교역이 이루어진 사실을 말해주는 것으로 이해되고 있다[95].

산동반도에서 황해를 횡단하여 옹진반도 쪽으로 직접 항해하였다면 그에 필요한 선박이 확보되어야 할 것이며 항해 방법에 있어서도 새로운 기술이 적용되어야 할 것이다. 중국 선박 발달사를 보면 춘추시대에 帆船 뿐만 아니라 노꾼이 50인에 달하였던 선박이 있었으며[96] 전국시대에 司南이 사용되고 있

---

93) 임영진, 2007, 「마한분구묘와 오월토돈묘의 비교 검토」, 『중국사연구』 51.

94) 문안식, 2014, 「백제의 해상활동과 신의도 상서고분군의 축조 배경」, 『전남 서남해지역의 해상교류와 고대문화』, 전남문화재연구소.

95) 권오영, 1988, 「고고자료를 중심으로 본 백제와 중국의 문물교류」, 『진단학보』 66.

96) 王冠倬編著, 2000, 『中國古船圖譜』, 三聯書店, p.45.

었기 때문에[97] 늦어도 秦에서는 기존의 연안항로에서 벗어나 황해를 횡단할 수 있었던 것으로 보인다. 秦에서는 통일된 국력에 걸맞는 새로운 선박의 건조도 이루어졌을 것으로 보이는데 前漢 무제때는 높이가 10丈이 넘는 배를 건조한 바 있다[98]. 국가의 지원을 받은 서복의 활동은 그와같은 선박과 항해 기술을 바탕으로 이루어질 수 있었던 것이라고 보아야 할 것이다. 설사 여전히 황해 횡단이 불가능해서 전통적인 연안항로를 따라 요동반도를 경유하였다고 하더라도 당시 서북한 지역에는 고조선 세력이 자리잡고 있었기 때문에 어느 정도 거리를 두고 내려오다가 경기만 쯤부터는 비교적 안전하게 정박해 나가면서 일본까지 항해해 나갈 수 있었을 것으로 추정된다.

산동반도에서는 황해 연안을 따라 日東高速公路가 건설되는 과정에서 많은 무덤들이 발굴되었다. 그 가운데에는 구조적으로 강남지역 토돈묘와 상통하여 '墩式封土墓'로 불리는 西漢~魏晉時代 토돈묘들이 많이 있다[99]. 대표적인 예로는 山東 膠州市 趙家庄 유적을 들 수 있다[100]. 이 유적에는 평면 타원형 혹은 방형 분구가 확인된 토돈묘 14기가 분포하는데 2005년 고속도로공사 시에 산동성문물고고연구소 · 청도시문물국 · 교주시박물관에서 7기를 발굴한 바 있다. 크게 2가지 유형으로 구분되는데, 1유형은 구릉 위에 토축 기단을 조성하고 그 위에 분구를 조성하여 매장하며 기단을 확장하면서 추가 매장한 다음 마지막에는 전체를 덮는 분구를 조성하는 특징을 가지고 있고, 2유형은 기

---

97) 전국시대『鬼谷子』와 후한『論衡』에 소개되어 있다.
98) 白壽彝, 2007,『中國交通史』, 團結出版社, pp.96-97.
99) 鄭同修, 2013,「山東沿海地區漢代墩式封土墓有關問題深討」,『秦漢土墩墓考古發現與研究』(秦漢土墩墓國際學術研討會論文集). 文物出版社.
100) 王玉富 · 李文胜 · 王磊, 2006,「山東膠州市趙家庄漢代墓地的發掘」,『2005中國重要考古發現』, 文物出版社, pp.110~113.

본적으로 1유형과 다를 바 없지만 초축시 먼저 지면에 토광을 파서 매장하는 점이 다르다. 1호는 동서장축 평면 梯形 분구를 가지고 있으며 너비 2.5~3.5m, 깊이 0.46~1m 크기의 '界溝'[주구가 확인되었다. 3호 토돈묘에서도 주구가 확인되었으며, 5호 토돈묘에서는 32기의 매장주체부가 확인되었는데 일부는 중복되어 있다. 7기의 토돈묘에서는 73기의 매장주체부가 확인되었는데 대부분 漢 대에 속하지만 일부 魏晉 대에 해당하는 것도 있다. 각 토돈묘는 사회적으로 안정된 가족묘지로 추정되는데, 5호분 18호 목관에서 출토된 '王何之印' 銅印章은 5호분이 왕씨 가족묘임을 말해주고 있다. 출토된 원시청자들은 기종, 형태, 유색, 태토 등으로 보아 강남지역에서 유입된 것으로 추정되고 있다.

산동반도에서 확인된 토돈묘들은 주로 日照市 海曲, 膠南市 河斗, 沂南縣 宋家哨 등 동남부 해안지역에 집중되어 있을 뿐만 아니라 膠州市 趙家庄 유적 출토 원시청자가 강남지역과 직결되는 것으로 밝혀진 만큼 그 기원이 강남지역 토돈묘에 있을 가능성이 높다고 보아야 할 것이다. 특히 膠州市 趙家庄 1호 토돈묘는 분구 주위에 주구를 가지고 있고, 분구 평면 형태가 동쪽이 좁고 서쪽이 넓은 梯形을 띠고 있으며, 13기의 매장주체부가 확인되는 점 등이 주목된다. 필자는 20여년전 함평 만가촌 梯形 분구묘를 조사하면서 분구의 수평적 확장에 의한 것일 가능성을 제기한 바 있는데[101] 실제로 영산강 유역권에서는 수평적 확장에 의해 제형 분구묘가 형성되거나 대형화된 예가 적지 않음이 확인된 바 있다. 또한 원래 제형으로 축조되었던 것도 적지 않게 확인되었는데 모두 추가장에 의한 다장이 이루어진 것인 만큼 초축시부터 추가장에 의한 다장을 염두에 두고 그렇게 축조되었을 가능성이 높

---

101) 임영진, 1997, 「영산강유역 이형분구 고분 소고」, 『호남고고학보』 5.

을 것이다. 膠州市 趙家庄 1호 토돈묘는 수평적, 수직적 확장이 이루어지면서 梯形을 띠게 된 중국의 대표적인 예가 될 수 있을 것이다.

한국 분구묘의 출현 시기에 대해서는 논란이 남아 있지만 성행 시기는 2세기 중엽 이후로서 후한 말기에 해당한다. 특히 환제와 영제 시기에는 '韓과 濊가 강성하여 군·현이 제

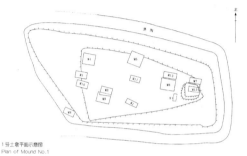

<그림 13> 山東 趙家庄 9호, 1호 토돈(國家文物局 2005)

대로 통제하지 못하니 많은 백성들이 韓國으로 유입되었다'고 하였으며[102] 황건의 난 역시 20여년 지속되면서 국가의 통제가 어려웠던 만큼 이와같은 사회 혼란 속에서 황해를 건너온 이주민들이 상당수에 달하였을 가능성을 배제하기 어려울 것이다.

그러나 한국 분구묘의 확산에 있어 반드시 주민의 이주가 수반된 것인지 혹은 단순한 묘제의 파급에 의한 것인지 아니면 양자가 복합된 것인지 등에 대해 시간적, 공간적으로 보다 구체적인 연구가 이루어질 필요가 있을 것이다. 전북 고창 일대를 포함한 전남지역에는 지석묘가 밀집되어 있고 분구묘 역시

---

102) 『삼국지』 위지동이전 한조.

다른 지역보다 늦은 시기까지 지속되고 있는데, 이 지역에서는 분구묘 이외에는 기존의 수 많은 지석묘를 대체할 수 있는 다른 묘제를 찾아보기 어려울 뿐만 아니라 지석묘 군집지역과 3~5세기 고분·주거지 밀집지역을 비교해 보면 13개 정도의 소권역에서 일치하기 때문에 지석묘 축조인들이 분구묘를 수용하여 발전시켜 나갔을 가능성이 높다고 할 수 있을 것이다. 아마도 농경을 기반으로 하였던 지석묘 사회가 기원전후경부터 수세기에 걸친 세계적인 기후악화로 인해 위축되었다가 3세기경부터 시작된 온난한 환경 속에서 새로운 사회로 발전하면서 이미 다른 지역에서 확산되고 있었던 분구묘가 수용되었을 가능성이 높지 않을까 생각되는데, 구체적으로는 전북지역일 가능성이 높을 것이다[103].

그러나 전남지역과 다른 배경으로 축조가 시작되었던 지역도 있을 것이다. 경기지역에서는 대부분의 분구묘들이 서해안을 따라 분포되어 있는데 서울 석촌동 일대에는 가락동 1·2호분을 비롯한 상당한 규모의 분구묘군이 형성되어 있기 때문에[104] 분구묘 축조 집단이 서해안지역에서 한강을 따라 들어왔을 가능성이 높을 것이라고 생각된다. 충청지역에서는 분구묘 집단이 서산지역을 중심으로 늦게까지 강한 지역권을 형성했지만 초기에는 금강을 따라 내륙지역까지 확산되었던 것으로 보며[105] 전북지역 분구묘 역시 물과의 관련성이 깊다는 점에서 마한 분구묘 축조 집단이 농경 뿐만 아니라 수계를 이용한

103) 최완규, 1996, 「주구묘의 특징과 제문제」, 『고문화』 49, p.131.
104) 임영진, 2013, 「백제, 누가 세웠나 - 고고학적 측면」, 『백제, 누가 언제 세웠나』, 한성백제박물관.
105) 이택구, 2014, 「전북지역 마한 분구묘의 구조와 출토유물」, 『한국고고학의 신지평』 (제38회 한국고고학대회 발표요지), p.254.

해상 진출과 관련되었다고 보고 있다[106].

한국의 분구묘가 경기·충청·전라에 걸친 마한지역에서 먼저 서부 해안지역을 따라 확산되는 경향을 보이는 것은 마한권의 분구묘가 해양을 통한 이주에 의해 시작된 다음 점차 내륙으로 확산되었을 가능성을 말해줄 것이다. 만약 중국에서 토돈묘를 사용하는 주민들이 마한 전지역에 걸쳐 이주하였다면 중국 토돈묘에서 출토되는 유물들이 여러 지역에서 보여야 할 것인데 현재까지는 조형토기, 이형토기, 백색토기 등 특수한 토기가 일부지역에 국한되는 것 같다. 이는 당시 이주민들의 세력 규모와 성격, 이주지역 등을 말해주는 것이 아닌가 생각된다. 강력한 세력자를 중심으로 대규모 집단이 이주하였다면 서로 직결되는 유물들이 상당수 출토되었을 것이지만 서로 직결되는 유물들을 찾아보기 어려운 이유는 소규모 집단의 간헐적 이주가 중심을 이루면서 기존 마한 세력권으로는 크게 파급되지 못하였기 때문일 것이다.

일본에서는 大阪 加美 1호 분구묘에서 출토된 3세기 중엽 경에 해당하는 단경호가 당시 일본에서는 생산되지 않았던 토기임이 분명하기 때문에 한국에서 유입된 것으로 추정되고 있다. 加美 1호 분구묘 출토 단경호는 기형·크기·문양·소성상태 등 여러 요소를 감안하여 보면 전남 함평 만가촌 7호분 출토품이나 장흥 상방촌 B유적 출토품과 유사하기 때문에 그 기원은 한국 서남부 지역일 것으로 보는 것이다[107]. 또한 古墳時代에 해당하는 大阪 長原古墳群에서는 200여기에 이르는 방형분이 확인되어 彌生時代 분구묘 전통이 지속되고

---

106) 정해준, 2014, 「충청지역 마한 분구묘의 구조와 출토유물」, 『한국고고학의 신지평』 (제38회 한국고고학대회 발표요지), p.222.

107) 寺井誠, 2011, 「加美遺蹟 '陶質土器'のふるさと」, 『なにわの考古學30年の軌跡』, 大阪歷史博物館.

있음을 알 수 있는데 2~3기 단계에 분구묘의 수가 급증하면서 한국계 토기들이 출토되고 있는 점에서 한국의 도래인과 관련되었을 가능성이 높다고 보고 있다[108]. 그러나 일본의 분구묘 역시 처음에는 한국 분구묘와 마찬가지로 중국 토돈묘 축조 집단이 山東에서 한반도 중서남해안을 경유하여 九州 북부로 이주함으로써 시작되었다가 점차 한국 중서부지역에서 이주하였던 마한 세력에 의해 확산이 가속되었을 가능성이 있을 것으로 추정된다.

중국 토돈묘의 중심지인 강남지역과 직결되는 오월의 역사를 보면 단순하지 않다. 특히 월은 한때 황해 연안을 따라 산동지역으로 진출한바 있으며, 산동 琅邪가 도읍이었을 가능성도 제기되고 있다. 淮南子 帝俗訓에 '오랑캐들은 말을 잘 다루고 월인들은 배를 잘 다룬다'고 했고, 越絕書 記地傳에서는 '(월인들이) 배를 모는 것이 마치 바람이 날리는 것처럼 빠르기 때문에 쫓아가기가 어렵다'고 한 바와 같이[109], 고대 월인들은 해양을 통한 주변지역과의 교류가 용이하였을 것이고, 불가피한 상황에서 고향을 떠나 주변지역으로 이주한 세력들도 존재하였을 것이다. 秦에 의한 중국 통일 과정에서 일부는 산악지대로 이주하여 山越이라 불리면서 살기도 하였지만[110], 오월지역 주민들은 해양활동에 익숙하였던 만큼 산동반도나 한반도를 거쳐 일보열도로 이주하였을 가능성이 높고, 직접 일본열도로 이주하였을 가능성도 배제하기 어려울 것이다[111].

108) 京嶋覺, 1997,「初期群集墳の形成過程」『立命館大學考古學論集』Ⅰ.
109) 毛昭晰, 2000,「古代 中國 江南地域과 韓半島」『地方史와 地方文化』3-1, 역사문화학회.
110) 周潤墾 · 王書敏 · 張浩林, 2005,「宁鎮地區土墩墓的族屬」『中國文化遺産』10, 中國文物報社.
111) 大林太良編, 1986,『海をこえての交流』(日本の古代3), 中央公論社.

Ⅵ. 맺음말

중국의 토돈묘, 한국의 분구묘, 일본의 분구묘는 구조적으로 상통하고, 공간적으로 황해를 사이에 둔 인접 권역에 분포하기 때문에 상호 무관하다고 보기어렵다. 한국과 일본의 분구묘가 중국의 토돈묘와 마찬가지로 각각 독립적으로 발생했을 가능성을 완전히 배제하기는 어렵지만 한국과 일본의 분구묘가 중국과 무관하게 출현한 것이라면 중국의 토돈묘가 신석기시대 주거용 토돈전통 속에서 점차 무덤으로 사용되었음이 밝혀진 것처럼 한국과 일본에서도독자적인 발생 과정이 설명되어야 할 것이다.

중국 토돈묘는 발생시기가 기원전 20세기 이전까지 올라가고 있지만 한국과 일본의 분구묘는 기원전 2세기 이전까지 올라갈 가능성이 높지 않고 자체발생 가능성도 입증하기 어렵기 때문에 직접적이든 간접적이든 중국 토돈묘에 기원을 두었을 가능성이 높다고 보는 것이 합리적일 것이다. 한국과 일본의 분구묘가 중국 토돈묘에 기원을 두었다면, 중국의 자연환경 변화에 따른경제적 난관, 정치 · 사회적 혼란, 양자의 복합 등 여러 가지 배경에서 주민의이주가 이루어짐으로써 파급이 이루어졌을 가능성이 높을 것이다.

이 글에서 필자는 그동안 논란이 많았던 한국과 일본 분구묘의 기원에 대한 문제를 새로운 각도에서 중국 토돈묘에 있을 가능성를 중심으로 조망해 보았는데 여전히 해결해야 할 과제는 적지 않다. 중국 토돈묘 축조 세력의 이주가능성이나 중국 토돈묘의 영향을 입증하기 위해서는 시간적으로나 내용적으로 두 지역을 연결할 수 있는 고고학 자료들이 충분히 제시되어야 할 것이지만 구조적인 유사성을 제외하면 그렇지 못하다. 하지만 이는 토돈묘를 쓰는이주민의 세력 규모나 성격에 따른 파급력과 관련되었을 가능성이 높을 것이며, 중국 산동지역 토돈묘들이 최근에야 조사되기 시작하였다는 점도 한 원인이 될 수 있을 것이므로 향후의 조사 성과를 기다려 볼 필요가 있을 것이다. 또한 한국 분구묘의 각 지역별 발전 과정의 차이[112], 분구는 잘 남아있지만 매장주체부가 확인되지 않은 이유[113], 각 시대별 사회 성격의 차이, 특히 해안지대를 중심으로 발전하였던 정치적, 문화적, 경제적 배경 등 해결되어야 할 과제가 많이 남아 있다.

이와같은 문제를 해결하는데 있어서도 한국을 비롯하여 중국과 일본 등 동북아시아의 폭 넓은 시각에서 비교 검토가 필요할 것이다. 최근 중국에서는 육조시대까지 토돈묘가 확인되면서 그동안 전국시대를 하한으로 규정하였던 기존의 토돈묘와 구분하여 분구묘로 명명할 필요가 있다는 견해가 나온 바 있는데[114] 이는 중국 토돈묘를 시간적, 공간적, 내용적으로 보다 거시적인 시각에서 한국과 일본의 분구묘와 함께 연구해 나갈 필요성이 있음을 강조한 견해일 것이므로 향후 중국 연구자들에 의한 상호 관련성 연구도 활발히 이루어질 것으로 생각된다.

---

112) 오동선, 2014, 「전남지역 마한 분구묘의 구조와 출토유물」, 『한국고고학의 신지평』(제38회 한국고고학대회 발표요지), p.285.

113) 박영민, 2014, 「전북지역 마한 분구묘 사회의 연구 성과와 과제」, 『한국고고학의 신지평』(제38회 한국고고학대회 발표요지), p.280.

114) 楊楠, 2013, 「土墩墓及其相關槪念之辨析」, 『東南文化』 235, 南京博物院, p.39.

中国土墩墓的起源发展与影响

중국 토돈묘의 기원과 발전

林留根 中国 江蘇省考古研究所

I. 土墩墓的发现与命名

土墩墓是青铜时代江南地区的一种特殊的埋葬方式, 主要分布在苏南, 皖南, 浙江, 福建, 上海等长江下游地区. 土墩墓的发现可以追溯到20世纪50年代, 江苏的考古工作者在太湖沿岸和宁镇地区发现了土墩内的石构建筑, "有坟堆而无墓穴"以及"硬陶与釉陶"土墩遗存. 1954~1955年在无锡荣巷墙门, 华利湾发现了"硬陶与釉陶"共存的古墓, 发掘了丹徒大港烟墩山一号墓, 1957, 在江宁县东善镇附近也发现了"印纹陶古墓"遗存, 发掘者注意到了这类葬俗特殊的遗存具有"硬陶与釉陶"共存, 且有土坑的特点, 但囿于当时的条件, 对这类特殊形制和内涵的墓葬并不认识. 但对这类遗存进行了讨论, 拉开了探索土墩遗存的序幕[1]. 1974年, 江苏省的考古工作者对句容县浮山果园, 高淳县顾陇及永宁等地的土墩遗存进行了较大规模的发掘, 初步揭示了这类遗存的基本情况, 并在发掘报告中将这类"不挖墓坑, 平地掩埋, 平地起坟"的遗存称之为"土墩墓"[2]. 这种墓有坟丘而无墓穴, 利用丘陵地带的山冈或平原上的高地, 在地面上安置

---

1) 魏百龄等,「无锡华利湾墓清理简报」『文物参考资料』, 1956年 第12期 ; 朱江,「江苏南部"硬陶与釉陶"遗存清理」『考古通讯』, 1958年 第5期 ; 陈福坤,「江苏江宁县发现"印纹硬陶"古墓」『考古通讯』, 1858年 第4期 ; 江苏省文管会,「江苏丹徒烟墩山 出土的古代青铜器」『文物参考资料』, 1955年 第5期,「江苏丹徒烟墩山西周墓及附葬坑出土的小器物补充材料」『文物参考资料』, 1956年 第1期 ; 苏州博物馆,「江苏苏州浒墅关真山大墓的发掘」『文物』, 1996年 第2期.

2) 南京博物院,「江苏句容浮山果园西周墓」『考古』, 1977年 第5期 ; 镇江博物馆,「江苏句容浮山果园土墩墓」『考古』, 1979年 第2期 ; 南京博物院,「江苏句容浮山果园土墩墓」『文物资料丛刊』, 第六辑 ; 镇江博物馆,「江苏句容浮山果园土墩墓」『考古』, 1979年 第2期 ; 南京博物院,「江苏句容浮山果园土墩墓」『文物资料丛刊』, 第六辑 ; 南京博物院,「江苏高淳县顾陇永宁土墩墓发掘简报」『文物资料丛刊』, 第六辑.

死者和随葬器物, 然后堆积起未经夯打的馒头状土墩, 每个墩内埋一墓或埋几座甚至十几座墓. 随后, 江苏, 安徽, 浙江的考古工作者对土墩墓的考古也做了大量的工作. 经过发掘的土墩墓已有数百座. 多年来, 对土墩墓的分布范围和规律, 内涵特征, 文化渊源, 年代分期, 区域特点等问题进行了广泛而深入的探讨. 对土墩墓与湖熟文化, 马桥文化和吴越文化的关系等问题都进行了深入的探索. 因其文化特征明显有别于其他类型的墓葬遗存, "土墩墓"这一概念从此在考古学界得到了广泛的认可和使用.

新世纪以来, 土墩墓的发掘与研究取得了突破性的进展. 一方面, 江南地区商周时期土墩墓的发掘, 尤其是浙江杭嘉湖地区和江苏宁镇地区土墩墓的大规模发掘, 极大地丰富了商周时期土墩墓的资料和内涵. 另一方面, 在浙江北部的杭嘉湖地区, 山东的东南沿海地区, 安徽广德, 湖南北部的沅江下游地区等, 先后发现了一批年代为秦汉时期的类似土墩墓的墓葬遗存, 是前所未知的秦汉时期的一种墓葬类型. 学术界称其为"秦汉土墩墓"或"坟丘墓". 随着20世纪后期以及21世纪以来考古材料的不断增加, 研究者们对土墩墓的特征有了进一步的认识, 并对土墩墓的概念提出了不同的见解. 它们不仅涉及土墩墓涵盖的时空范围, 土墩墓埋葬方式的来龙去脉以及土墩墓的文化性质等方面的问题.

Ⅱ. 中国土墩墓研究的三个阶段

土墩墓自上个世纪70年代发现以来, 其研究呈现出一个动态的发展过程, 大致可分为三大阶段.

第一阶段: 1974年至2000年. 这一阶段, 对土墩墓的分布规律, 形制结构, 特

点, 时代和文化内涵进行了充分的研究. 土墩墓一般分布在丘陵山脊或岗阜高地之上, 平地上也有不少发现. 中, 小型土墩墓往往聚集分布, 或三五成群, 或数十座至上百座连成一片, 每个墓群以较大者居中, 小的则依次环绕分布. 大型土墩墓大都脱离普通墓群而单独矗立. 土墩墓的空间分布范围是:北自长江沿岸, 南抵武夷山东麓, 西起宁镇丘陵地区, 东达舟山群岛. 江南地区土墩遗存的考古学分区及其分期的研究结果表明, 黄山一天台山以南区土墩墓存在的时间范围是夏代后期至春秋后期;太湖一杭州湾区土墩墓出现于商代后期, 延续到战国前期;宁镇区土墩墓则开始于西周前期, 消失于春秋后期.

根据土墩内部的不同情况, 可以进一步归纳如下:

1. 墓葬单位:可以分为一墩一墓和一墩多墓, 且都存在不挖墓坑和带墓坑的现象. 一墩多墓中年代最早的墓一般居于墩底部的中央;较晚的墓多在早期墓的封土面上稍加平整或挖一定深度的墓坑后再行掩埋, 其位置靠近土墩中部或土墩靠缘. 存在着"在土墩中心墓葬周围的不同层面上排列多座墓葬, 头向均朝向中心墓葬"的向心式布局结构.

2. 墓葬结构:主要有以下4个类型 : (1)无石结构型; (2)墓底石结构型(带石床或石框); (3)整体石室结构型(即土墩石室墓) (4)两面坡式木室结构型(即土墩木室墓)[3].

自20世纪80年代浙江, 安徽等多地皆有土墩墓的发现, 由于各地发现的土墩结构不尽相同, 异常复杂, 发掘者们几乎都陷入了"盲人摸象"的困惑, 关于土墩墓的争议不断, 迷雾重重, 譬如土墩墓到底是一墩一墓, 还是一墩多墓?是平地掩埋还是竖穴挖坑?祭祀器物群与墓葬什么关系?土墩墓成为长期以来困扰

---

3) 杨楠, 『江南土墩遗存研究』, 民族出版社, 1998年.

考古学家的谜. 从考古学史角度考察, 土墩墓最初的概念指的是"不挖墓坑, 平地掩埋"并带有明显封土堆的一类墓葬遗存, 这无疑是基于当时的考古发现而做出的合理概括. 从目前积累的考古材料看, "不挖墓坑, 平地掩埋"现象虽然已经不是土墩墓的唯一特征, 但依然是其常见特征. 除了要全面考虑埋葬方式及其特征之外, 还应该充分强调土墩墓另外三个不可或缺的重要因素, 即随葬器物, 存在时间以及分布范围.

第二阶段: 2000年至2012年. 土墩墓研究深化阶段. 江苏和福建以及浙江的三个重大考古发现项目使得土墩墓研究有了重大突破. 第二: 土墩墓的分布范围扩展到福建北部; 土墩墓的起源年代上向前推到夏商时期. 第三: 江南土墩墓的研究放置于东亚文化圈的大背景下进行考察, 中国土墩墓与东亚土墩遗存的关系成为学术热点.

第一: 土墩墓的内涵和埋葬特点与过程得到科学揭示. 2005年句容, 金坛土墩墓群发掘, 使土墩墓的内涵和埋葬特点与过程得到科学揭示; 发掘土墩40座, 清理墓葬233座, 祭祀器物群 229组, 墓葬建筑遗存14座, 出土以几何印纹陶, 原始青瓷器为主的具有江南地方特色的各类文物达3800多件. 极大丰富了江南土墩墓的文化内涵, 特别在土墩墓的形制, 结构, 埋葬, 祭祀习俗等诸多方面取得了重要突破: 确定江南土墩墓不仅存在一墩一墓, 而且存在一墩多墓, 一墩多墓的现象明显较一墩一墓普遍; 确认堆土掩埋与竖穴土坑共存; 首次发现一墩多墓的向心结构布局, 具有浓确郁的江南土著特色; 发现形式多样的墓葬建筑遗存; 首次发现土墩墓的墓地界域; 确认土墩墓存在着以器物组进行祭祀等复杂多样的丧葬习俗. 此次发掘引进了埋藏学的概念, 根据土墩墓的埋藏特点用"剥洋葱"的发掘理念, 凭借考古层位学还原青铜时代江南土墩墓营造的全过程, 清理出痕迹清晰的船棺葬具, 石床及木构的人字形窝棚式墓上建筑, 在诸多方面取得了重要突破. 其最主要的学术意义在于它廓清了长期以来

学术界对土墩墓的模糊认识, 同时也为土墩墓的源流, 分期, 分区提供了翔实的第一手资料[4].

第二: 土墩墓的分布范围扩展到福建北部; 土墩墓的起源年代上向前推到夏商时期.

2006年1—12月, 为配合浦城至南平高速公路的建设, 福建博物院与福建闽越王城博物馆联合组成考古队, 对位于浦城县管九村的土墩墓葬群进行了发掘, 获得了一批重要的考古资料. 在已发掘的30余座土墩墓中, 一墩两墓的有4座, 其余皆为一墩一墓. 墓葬大多位于土墩中心底部, 按形制可分长方形浅坑, 带墓道的竖穴土坑或岩坑以及平地掩埋等三种类型. 营建时对岗地表面稍加平整, 有的局部垫以红褐土, 有的依山坡地势修整后挖出长方形墓坑. 墓葬底部大都铺满鹅卵石, 四周靠坑壁下挖有浅槽作为排水沟. 墓中的人骨和葬具均已腐朽无存, 但部分墓葬中残存烧毁的立柱木炭痕迹, 推测原来可能有木椁; 有的墓葬中还发现柱洞和壁龛等遗迹. 随葬品主要包括原始瓷器, 印纹硬陶器和青铜器等, 每墓少则几件, 多的有10余件至20余件, 共计出土各类器物230余件. 原始瓷器的主要器形有豆, 罐, 尊, 瓮, 盂, 碟等, 印纹硬陶器有罐, 簋, 豆, 尊, 盅, 鸭形壶等, 纹饰包括弦纹及拍印席纹, 回纹, 雷纹, 曲折纹, 双线菱格状复合纹等. 铜器的器类组合包括短剑, 矛, 戈, 匕首, 箭镞及锛, 刮刀等. 在遭到破坏的土墩墓中还发现尊, 盘, 杯等精美的青铜容器. 这批土墩墓的发掘具有重要的学术意义. 这是福建地区首次发现土墩墓, 填补了中国南方地区土墩墓分布区域的空白. 出土一大批相对完整的青铜器, 原始瓷器和印纹陶器组合, 年代约夏商至在西周春秋时期. 这批土墩墓从平地掩埋发展至浅坑并向深坑过渡, 对研究土

---

4) 南京博物院等,「江苏句容及金坛周代土墩墓」,『考古』, 2006年 第7期.

墩墓的年代及其发展演变规律有着重要价值[5].

浙江省萧山蜈蚣山土墩墓发掘将土墩墓的起源年代向前推到商代.

2011至2012年12月31日, 杭州市考古所共清理完成31个土墩, 45座墓葬, 出土文物708件(组), 清理的31座土墩中, 一墩一墓的22座, 一墩二墓的6座, 一墩三墓的1座, 一墩四墓的2座. 其中一墩多墓的均为土墩墓, 一墩一墓的有土墩墓和石室土墩墓之别, 其中石室土墩墓共10座. 土墩平面形状有圆形, 长圆形, 椭圆形等,

〈图1〉 D30M4 土墩木室墓

以椭圆形为主, 最大径为6—38米, 以7—9米为主. 蜈蚣山土墩墓的类型也多种多样, 涵盖竖穴浅坑墓, 石框浅坑墓, 石床墓, 平地起墩墓和土墩木室墓等类型. 其中, 石室土墩墓多见明显的盖顶石, 石室修造规整, 外部均设石挡墙, 墓室平面以刀把形为主.

D30M4一座罕见的土墩木室墓. 该墓木室全部碳化, 南北长20米, 东西宽约4米. 墓室为狭长条形"人"字坡的木屋结构, 横截面呈等腰三角形, 用巨大的圆木

---

5) 福建博物院, 福建闽越王城博物馆, 「福建浦城县管九村土墩墓群」, 『考古』, 2007年 第7期.

和方木构筑而成., 其"人"字形类屋结构与绍兴印山越王陵十分相似. 本次清理的31座土墩墓类型丰富多样, 时间跨度从商代末期延续到春秋末期. 该墓群的发掘对构筑中国南方地区商周文化的发展序列, 深入探讨南方地区商周时期的丧葬习俗具有十分重要的意义[6].

第三: 江南土墩墓的研究放置于东亚文化圈的大背景下进行考察, 中国土墩墓与东亚土墩遗存的关系成为学术热点. 以"古代东亚土墩遗存及其社会——中韩土墩墓比较研究学术研讨会"为标志, 中国土墩墓与东亚坟丘墓的关系得到空前的关注.

2010年12月16~19日, 由中国南京博物院, 韩国湖南文化财研究院联合主办的"古代东亚土墩遗存及其社会——中韩土墩墓比较研究学术研讨会"在南京召开. 来自韩国湖南文化财研究院, 大东文化财研究院, 忠清南道历史文化研究院, 全北大学校博物馆和中国北京大学, 中央民族大学, 上海博物馆, 安徽省考古研究所, 浙江省考古研究所, 南京大学, 南京博物院等科研机构从事土墩遗存研究的专家学者30余人参加了研讨会.

韩国学者通过比较研究, 认为韩国马韩地区坟丘墓与中国吴越地区土墩墓有很多共同点, 不排除中国江南吴越地区土墩墓是马韩坟丘墓源头的可能性. 吴越地区土墩墓流行于公元前10世纪~公元前5世纪, 马韩地区坟丘墓最早上溯到公元元年前后, 两者相隔500年, 时间差过大, 原因在于没有为坟丘墓找到适合的比较对象. 江南地区商周时期有土墩墓, 汉代也有土墩墓. 汉代土墩墓的许多要素源自商周时期土墩墓, 如土墩墓成群分布, 每群中有多座土墩墓; 土

---

6) 杭州市文物考古研究所, 萧山博物馆, 「萧山柴岭山土墩墓」, 文物出版社出版, 2013年
; 杭州市文物考古研究所萧山工作站, 「杭州市萧山区蜈蚣山土墩墓D19发掘简报」,
『东南文化』, 2012年 第4期.

墩规模大小不同, 土墩内分层与墓葬数量多寡不一；底部平整, 有的整个底面或四周铺垫一层砾石. 其中不少特征与坟丘墓的相同, 两者之间在时间上吻合. 马韩坟丘墓是马韩借鉴了汉代土墩墓部分要素——堆筑土墩为墓地, 砾石铺在墓底, 木棺作葬具, 根据需要加土墩追葬死者等, 是融合了两种文化因素的墓葬形式, 是典型的折中型墓葬[7].

第三阶段：2012年以来. 由于中国土墩墓与东亚坟丘墓的关系日益受到学术界的重视, 中国江南土墩墓源流问题更加受到学术界开始关注.

中国江南土墩墓主要指夏, 商, 周时期分布于长江下游南部的墓葬, 以地表堆筑土墩为基本特征, 墓葬随葬品以印纹陶和原始瓷为主. 目前发现的早期土墩墓主要分布于闽, 浙, 赣交界地区, 土墩墓的堆土成墩, 聚土成封的特点则可追溯到江南地区的崧泽文化和良渚文化阶段, 因为崧泽文化和良渚文化的墓地都有堆筑成墩的做法.[8] 江西新余拾年山遗址第三次发掘中出土的小型封土也为我们提供了土墩墓承袭江南史前文化的依据；发掘者称, 该遗址发现的巧座无扩的圆形或椭圆形黑灰土堆之上所覆黑灰或红褐色土, 实有封土之意[9].

土墩墓的源头在闽北, 浙南地区, 浙江肩头弄期土墩墓是年代最早的土墩墓[10]. 福建浦城管九村土墩墓群中的社公岗二号墩的年代早到夏商时期. 社公岗二号墩(PSD2) 位于山岗南端. 土墩平面呈圆角方形, 东西长22, 南北宽20, 高

---

7) 南京博物院, 韩国湖南文化财研究院联合主办的, 「古代东亚土墩遗存及其社会——中韩土墩墓比较研究学术研讨会」 会议资料.

8) 陈元甫, 「土墩墓与吴越文化」 『东南文化』 1992年 第6期 ; 黄建秋, 「江南土墩墓三题」 『东南文化』 2011年 第3期.

9) 江西省文物考古研究所, 「江西新余拾年山遗址第三次发掘」 『东南文化』 1991年 第5期.

10) 牟永抗等, 「江山县南区古遗址调查试掘」 『浙江省文物考古所学刊』 1981年 ; 牟永抗, 「高祭台类型初析」 『浙江省文物考古研究所学刊(1980-1990)』, 科学出版社, 1993年.

2—3米. PSD2M01位于土墩底面的中心部位. 墓上的封土残高1.25米, 主要为红, 黄色粘土并夹杂一些砂粒, 土质硬实, 无夯打痕迹, 内含零星烧土和炭粒;包含的遗物有零星的印纹陶片. 墓坑为长方形, 长5.6, 宽2.2, 深0.75米;方向为25度. 墓坑四壁较直, 墓底较平, 铺满卵石, 四周壁下有宽0.14-0.2, 深0.14米的沟槽. 墓中出土随葬器物15件, 包括陶尊, 原始青瓷豆及铜戈, 矛, 锛, 链和砺石等. 在二号墩中心墓葬PSD2M01的外围四面还清理出8座早期墓葬(PSD2M –8), 它们分布在不同层面上, 形制多为无墓扩平地掩埋, 部分有不规则浅坑;出土的随葬器物多为黑衣陶器, 大都成组分布或成一线摆放.

福建浦城管九村土墩墓群可分三期, 第一期的墓葬包括社公岗二号墩下部发现的8 座早期墓葬及麻地尾 D7M 1. 这些墓葬均随葬黑衣陶器和软陶器. 这类陶器与浙江江山肩头弄遗址的第一期所出的黑衣陶器面貌基本一致, 常见于福建闽江以北地区, 也与浦城仙阳猫儿弄山窑址出土的陶器一致. 社公岗二号墩下部的8座墓葬及麻地尾D7M 1的年代大致在距今4600—3500年, 应属夏商时期[11].

在商周时代之后, 土墩墓的流变情况到底怎样？这也是土墩墓研究的重要学术热点. 学术界将土墩墓的流指向了汉代土墩遗存."秦汉土墩墓"继承了商周土墩墓. 以由中国社会科学院考古研究所, 浙江省文物考古研究所主办的"秦汉土墩墓国际学术研讨会"可以作为这一阶段开始的标志.

2012年11月5日开始, 至8日, 秦汉土墩墓国际学术研讨会"在安吉县召开. 参加本次国际学术研讨会的有中国社会科学院, 山东, 江苏, 湖南, 安徽, 广东, 浙江等地考古所的专家和北京大学, 南京大学, 中国民族大学, 西北大学的教授

---

11) 福建博物院, 福建闽越王城博物馆, 「福建浦城县管九村土墩墓群」, 考古2007年 第7期.

以及韩国，日本的学者50余人．与会代表将对秦汉土墩墓的发现与命名；秦汉土墩墓的文化属性；各地秦汉土墩墓的成因与特征及其相互关系；中国秦汉土墩墓与日韩坟丘墓的关系；先秦土墩墓与秦汉土墩墓的关系等问题展开讨论．

"汉代土墩墓"，早在20世纪80年代就在浙江湖州杨家埠发现，当时并未以汉代土墩墓命名它，只是注意到了这类墓葬与商周土墩墓的联系和相似性．2011—2012年，在安徽广德和湖南常德有了相同性质的汉代土墩墓的发现，使得学术界重视这类墓葬，检验以往的发现，在在江苏，山东，云南等地都有发现．土墩墓是长江以南江浙沪皖地区商周时期吴越文化的主要墓葬形态，有一墩一墓和一墩多墓两种形式，墩内单体墓分为有墓坑和无墓坑两种，汉代土墩墓与之相比，在墓葬形态上具有明显的传承关系．汉代土墩墓均沿山地和岗脊分布，也存在一墩一墓和一墩多墓两种形式，但均有墓坑，具有汉墓的普遍特点，但墓坑较浅，又与商周时期的土墩墓埋葬特点有关．从随葬品看，与北方中原地区多同寡异，显示了大一统的汉文化的强大辐射力，而土墩墓的形态，则体现了区域文化的顽固性[12]．

安徽省文物考古研究所于2011年6~12月对广德县桃州镇南塘汉代土墩墓其进行了抢救性发掘，共发掘汉代土墩墓62墩，合计269座单体墓葬，出土了陶，铜，铁，玉，石，琉璃等器物上千件套．所有单体墓葬可分为土坑竖穴墓和砖室墓两类，以土坑墓为主，砖室墓较少．土坑墓有的带墓道，与北方地区土坑墓相比，墓坑较浅，深度一般不超过2米，更浅者不到1米．葬具多数腐朽，从板灰痕迹判断，有单棺和棺椁共存两种．根据墓葬形制，结合出土陶器的组合和特征判断，这批汉墓的时代以西汉早期至东汉中期为主，这也是南塘墓地的主体年

---

12) 中国社会科学院考古研究所，浙江省文物考古研究所，「秦汉土墩墓考古发现与研究—秦汉土墩墓国际学术研讨会论文集」文物出版社，2013年．

代[13]. 浙江安吉县也有汉代土墩墓的发现, 其分布特点和墓葬形态与广德南塘汉代土墩墓相同, 所出器物也是典型的釉陶壶, 罐, 鼎, 盒等, 具有明显的一致性, 说明汉代土墩墓在南方地区的分布并不是孤例, 而具有一定的普遍性[14].

夏商周时期的土墩墓具有考古学文化上的意义, 即这类遗存有着较为明确的时空范围和十分独特的文化特征. 其特征突出地表现在两个方面:一是绝大部分墓葬都是地上掩埋, 封土成墩;二是几乎所有墓葬都随葬印纹硬陶和原始瓷器. 这两个最基本的特征一直存在于夏商周时期的江南地区, 充分反映了土墩墓作为一种特殊文化现象的稳定性和统一性, 其文化属性与吴越文化及其先人创造的文化有直接关系, 这也是"土墩墓"这个概念很长时间被学术界所认可的基本原因. 而一般把战国前期定为土墩墓的年代下限, 是因为随葬楚文化特色的铜器与陶器的竖穴土坑木停墓逐渐取代了随葬印纹硬陶和原始瓷器为主的土墩墓, 文化面貌基本上被楚文化所取代, 尽管封土墩的外在形式仍然存在, 但其文化性质已经发生了变化. 因而有学者建议将汉代土墩墓命名为"坟丘墓"[15]. 江南地区的汉代土墩墓与本地史前的土筑高台, 先秦土墩墓一脉相承, 具有深厚的渊源;山东, 湖南的汉代土墩墓不仅与当地的传统埋葬习俗迥然不同, 亦与同一时期的墓葬风格各异, 而与江南地区的汉代土墩墓如出一辙,

13) 陈超,「汉代土墩墓到发现与研究」, 中国社会科学院考古研究所, 浙江省文物考古研究所,「秦汉土墩墓考古发现与研究—秦汉土墩墓国际学术研讨会论文集」, 文物出版社, 2013年.

14) 安吉县博物馆,「浙江安吉上马山西汉墓的发掘」『考古』, 1996年 第7期. [李晖达, 刘建安, 胡继根,「湖州杨家埠汉代家族土墩墓及其他墓葬发掘」, 浙江省文物考古研究所编《浙江考古新纪元》, 科学出版社2009年 ; 李晖达,「试论浙江汉代土墩遗存」『东南文化』, 2011年 第3期 ; 胡继根,「浙江汉代土墩墓的发掘与认识」, 中国社会科学院考古研究所, 浙江省文物考古研究所,「秦汉土墩墓考古发现与研究—秦汉土墩墓国际学术研讨会论文集」, 文物出版社, 2013年.

15) 杨楠,「土墩墓及其相关概念之辨析」『东南文化』, 2013年 第5期.

〈图2〉发掘现场局部

〈图3〉墓葬出土情况

在墓地的构建和随葬品方面表现鲜明；山东,湖南的汉代土墩墓是江南土墩墓的外延,可能与吴越地区族群的迁徙和走向有关.

Ⅲ. 中国土墩墓与马韩坟丘墓的关系

古代东亚的土墩遗存主要分布于中国大陆东部的长江以南地区, 日本九州岛及本州岛和朝鲜半岛南部. 就中国而言, 北自长江沿岸, 南抵武夷山东麓, 西起宁镇丘陵地区, 东达舟山群岛, 即是目前所知土墩遗存的分布范围, 包括苏南, 皖南, 浙江, 上海, 赣东北和闽西北一带. 在长江以北地区也有土墩墓的发现, 譬如邳州九女墩, 云台山土墩墓, 连云港地区的石室土墩墓, 汉代土墩墓在苏北地区的新沂, 泗阳, 盱眙以及山东日照等地都有发现.

林永珍先生通过自上世纪60年代以来对韩国坟丘墓的发掘和调查, 总结出韩国坟丘墓的特征, 埋葬主体部位的变化过程及坟丘形态的转变等. 对于韩国坟丘墓的起源问题虽没有明确地阐释, 但指出韩国坟丘墓在公元前1世纪的时候已经出现了, 尽管在时间上显示出一定的差异, 但与中国吴越地区盛行的土墩墓和日本弥生时代盛行的坟丘墓有必要对其相互关系进行研究. 通过对出土器物的比较研究, 总结出韩, 中, 日三国在墓葬建造上, 埋葬主体部位安置于地上的坟丘中间, 盛行周沟, 由追加葬构成多葬等特点, 并不是偶然的. 尽管在地域上, 时间上都有一定的差异, 但东北亚的坟丘墓从空间上来看, 都分布于韩, 中, 日三国间的海上通道最为临近的地方, 这很可能展示了古代东北亚文化交流的情况[16].

在土墩墓的选址, 构筑方法, 程序与马韩坟丘墓有很多相似之处. 最近江苏

---

16) 〔韩〕林永珍〔中〕, 「孙璐吴越土墩墓与马韩坟丘墓的构造比较」, 『东南文化』, 2010年第5期.
　　〔韩〕林永珍, 「韩国坟丘墓社会的性质」, 『东南文化』, 2011年 第4期.

〈图4〉

邳州云台山土墩墓的发掘显示出中国土墩墓中最早使用的区划盛土法.

邳州云台山土墩墓, 位于江苏省邳州市岔河镇林桥村(东桥头)南云台山山顶. 中心坐标 : 东经117°55′43″, 北纬34°35′24″, 高程102米.

墓葬由墓坑, 土台, 封土三部分组成. 夯土台为人工夯筑而成, 顶直径15, 底直径26, 高8米, 底部周围有一圈用石块堆积起来的围挡, 石块大小不一, 形状不规则, 可能是为了保护土台, 防止土台外围因雨水滑坡而为, 这些石块围挡可能就是上世纪70年代中期被拆除的围墙. 现存石块堆积宽2.45, 高0.95米.

在石块围筑的土台部分为夯打而成. 以土台中心为圆心, 向四周延伸出30块三角形版块. 每块三角形版块的长宽不一, 长10-11.5米, 外靠宽1.2-3.3米, 三角形内版块内有3-9块方形版块组成, 每个方形版块长1.2-3.3米, 宽0.8-2.2米.

墓坑位于夯土台的中央, 呈"甲"字形的竖穴土坑, 墓葬为南北向, 墓口距地表深约3米. 墓室长6米, 宽4米, 深5米. 墓室南部有一墓道, 墓道长10米, 宽3-1.5

〈图5〉

米, 深5米. 在盗洞的清理中, 出土有铜带钩1件, 石磬7件等文物.

邳州云台山土墩墓的时代在春秋时期, 夯土台的构筑是采用的是区划盛土法, 是东亚地区发现的年代最早的实例.

曹永铉先生对马韩古坟坟丘的区划盛土法有深入的研究, 他认为古代的大型坟跟堤防, 城郭一样, 是需要大规模人力的土木工程. 特别是占工作量的大部分的坟丘筑造, 是一个同时需要很多人力的工程阶段. 为了有效的使用人力资源, 以部分为单位, 分担作业的形式就是区划筑造方式, 在盛土坟上使用这种方法就叫做区划盛土法. 坟丘的区划要素包括: 堆土过程中, 为了让各分担作业者划分范围的界限可识别而标示的区划材料, 以及没有这种材料也能在堆土状态中进行识别的部分. 有代表性的区划材料有一般盛土材和以能用颜色区分的异色粘土沿着警戒线形成的长条状异色粘土带. 此外, 还有用石材排成列或累成长条形石层形态的区划石列和使用1件或几件石材间隔的区划表示

〈图6〉

石, 这样多种形式的区划因素并用的情况也得到了确认.

历史上作为马韩地区的韩国湖南地区的坟丘墓中, 确认了多例区划盛土坟.

其中有代表性的是罗州伏岩里3号坟, 作为靠长为40m左右的方台型盛土坟, 与方台型坟丘有关联的埋葬遗迹有28座, 拥有坟顶敷石. 其中坟顶敷石可以分成18个区域, 在最初建造的埋葬遗迹'96石室墓的构筑盛土表面上, 葺石状石材群分成了12个区域, 区划方向呈放射状. 方台型盛土层中确认了依据异色粘土带和异质盛土材的界限, 区分方向已不可知. 其他使用区划盛土法的例子还可以举出罗州新村里9号坟, 光州明花洞古坟·月桂洞1号坟, 咸平神德1号坟, 务安高节里古坟灵岩沃野里6号坟·茶腊峰(音)古坟等[17].

---

17) 曹永鉉(大東文化財研究院),「马韩古坟坟丘的区划盛土法」『东南文化』, 2011年 第4期.

〈图7〉

　　从区划情况来看, 基本上坟丘规模越大区划数也越多. 区划间隔越宽, 意味
着相对应的区划数就越少. 大体上直径在12m上下的小型坟丘做12区划左右,
直径在20m上下的中型坟丘做18区划左右, 直径为82m的韩半岛最大古坟皇南

大塚南坟推算出有45区划左右. 朝鲜半岛南部和日本列岛各地的盛土坟丘墓中都有发现的这种堆土方式, 此前在中国苏州真山D9M1东周墓上有发现, 盛土法的出现地也分明应该在中国大陆.

　　云台山土墩墓所在的邳州地区, 与东亚的文化交流比较密切. 邳州梁王城遗址所出的黑陶皮袋形陶器与韩国出土完全相似. 中日学者经过体质人类学研究确认 : 梁王城遗址出土的人骨与日本九州弥生时期渡来人有渊源关系. 坟丘墓在韩国马韩文化中具有较强的地域性, 其营建方式与江南土墩墓十分相似. 因此林永珍先生在认为 "很难排除中国江南地区的土墩墓是韩国马韩坟丘墓起源的可能性" 的同时, 亦意识到两者存在着时间的跨度的问题. 而江南地区大量汉六朝土墩墓的发现, 正好弥补了其间的缺环 ; 研究表明, 土墩墓自夏商之际首先出现在浙西南及闽北一带, 随后由南向北逐渐扩展, 至迟在商代晚期北渐至太湖—杭州湾区, 在西周前期发展到宁镇区, 春秋后期越过长江, 深入到苏北地区. 江南土墩墓向外影响的线路大致为 : 浙北, 苏南→苏北→鲁东南, 胶东→韩国马韩地区, 邳州云台山土墩墓对于文化交流路线的推断具有重要学术意义.

중국 토돈묘의 기원과 발전

林留根 (중국 강소성고고연구소)

번역 여병창 (청운대학교)

I. 토돈묘의 발견과 명명

토돈묘(土墩墓)는 청동기시대 중국 강남지역의 특수한 매장방식으로 소남(蘇南. 江蘇省 남부 지역), 환남(皖南, 安徽省 長江 이남 지역), 절강(浙江), 복건(福建), 상해(上海) 등 장강(長江) 하류 지역에 주로 분포되어 있다. 토돈묘의 최초 발견은 1950년대로 거슬러 올라갈 수 있는데, 당시 강소(江蘇) 지역 고고학자들이 태호(太湖) 연안과 영진(寧鎭) 지구에서 토돈 내 석조 건축, '묘혈이 없는 봉분', 그리고 '경도(硬陶, 경질 도기)와 유도(釉陶, 유약을 입힌 도기)' 등 토돈 유적을 발견하였다. 1954년에서 1955년까지 무석(無錫) 영강(榮巷) 장문(牆門), 화리만(華利灣)에서 경도와 유도가 공존하는 고묘(古墓)와 단도(丹徒) 대항(大港)에서 연돈산(煙墩山) 1호묘를 발굴하였다. 또 1957년 강녕(江寧)현 동선진(東善鎭) 부근에서 인문도기(印紋陶, 도장무늬도기)를 발굴하였는데, 발굴자는 이 특수한 매장 풍습 유적에 경도와 유도가 공존하고 있을 뿐만 아니라 토갱(土坑)의 특징 또한 갖추고 있다는 점에 주목하였다. 그러나 당시는 조건상의 제약으로 이 같은 특수한 묘장(墓葬)의 형식과 내용에 대해 인식하지 못하였다. 그러나 이후 이들 유적에 대한 토론을 진행함으로써 토돈 유적 탐구의 서막이 열렸다[1]. 1974년 강소(江蘇) 지역 고고학자들은 구용현(句容縣) 부산(浮山)과수원, 고순현(高淳縣) 고농(顧隴) 및 영녕(永寧) 등지에서 진행된 대규모 발굴 작업을 통해 이들 유적의 기본적인 상황을 밝혀냈을 뿐만 아니라 발굴보고서에서 이처럼 '묘갱(墓坑)을 파지 않고, 평지에 매장한 후 봉분을 세우는' 유적을 '토돈묘(土墩墓)'라고 명명하였다[2]. 이 같은 묘는 분구(墳丘) 있으나 묘혈이 없는 것으로 구릉지대의 언덕이나 평원의 고지대를 이용하여 지면에 시신과 수장품을 안치한 후 만두모양 토돈을 다지지 않고 쌓아 올렸는데, 통상 각 토돈에는 한 기에서 십 수 기의 묘가 묻혀 있다. 이후 강소(江蘇), 안휘(安徽), 절강(浙江) 지역 고고학자들이 여러 해에 걸쳐 수백 개에 이르는 토돈묘 발굴 작업을 진행하였고 이를 바탕으로 토돈묘의 분포범위, 특징, 문화적 기원, 연대, 구역별 특징 등 문제에 대한 광범위하고 심도 있는 토론이 이루어졌을 뿐만 아니라 토돈묘와 호숙문화(湖熟文化), 마교문화(馬橋文化), 오월문화(吳越文化)의 관계 등 문제에 대해서도 깊이 있는 탐구가 진행되었다. 이상과 같은 과정을 통해 밝혀진 바와 같이 기타 유형의 묘장 문화와 명백히 구별되는 문화적 특징으로 인해 '토돈묘'라는 개념은 이후 고고학계에

---

1) 魏百齡等,「无锡华利湾墓清理简报」,『文物参考资料』, 1956年 第12期 ; 朱江,「江苏南部"硬陶与釉陶"遗存清理」,『考古通讯』, 1958年 第5期 ; 陈福坤,「江苏江宁县发现"印纹硬陶"古墓」,『考古通讯』, 1858年 第4期 ; 江苏省文管会,「江苏丹徒烟墩山 出土的古代青铜器」,『文物参考资料』, 1955年 第5期,「江苏丹徒烟墩山西周墓及附葬坑出土的小器物补充材料」,『文物参考资料』, 1956年 第1期 ; 苏州博物馆,「江苏苏州浒墅关真山大墓的发掘」,『文物』, 1996年 第2期.

2) 南京博物院,「江苏句容浮山果园西周墓」,『考古』, 1977年 第5期 ; 镇江博物馆,「江苏句容浮山果园土墩墓」,『考古』, 1979年 第2期 ; 南京博物院,「江苏句容浮山果园土墩墓」,『文物资料丛刊』, 第六辑 ; 镇江博物馆,「江苏句容浮山果园土墩墓」,『考古』, 1979年 第2期 ; 南京博物院,「江苏句容浮山果园土墩墓」,『文物资料丛刊』, 第六辑 ; 南京博物院,「江苏高淳县顾陇永宁土墩墓发掘简报」,『文物资料丛刊』, 第六辑.

서 보편적으로 사용되었다.

21세기 들어 토돈묘의 발굴과 연구는 큰 진전을 이루었다. 한편으로는 강남지구(江南地區) 상주(商周)시기 토돈묘의 발굴, 특히 절강(浙江) 항가호(杭嘉湖)지구와 강소(江蘇) 영진(寧鎭) 지구 토돈묘의 대규모 발굴이 상주시기 토돈묘의 자료와 내용을 극도로 풍부하게 하였다. 또한 절강(浙江) 북부의 항가호(杭嘉湖) 지구, 산동(山東)의 동남연해지구, 안휘(安徽) 광덕(廣德), 호남(湖南) 북부의 원강(沅江) 하류지구 등에서 토돈묘와 유사한 진한(秦漢)시기 묘장유적이 발견되었는데, 이는 이전에 알려지지 않은 진한시기의 묘장 유형으로 학계에서는 이를 '진한토돈묘(秦漢土墩墓)' 혹은 '분구묘(墳丘墓)'라고 명명하였다. 20세기 후기 및 21세기 이래 고고 자료의 지속적인 증가에 따라 연구자들의 토돈묘에 대한 인식이 크게 진전되면서 토돈묘의 개념에 대해서도 다양한 견해가 제시되었는데, 이 같은 견해들에는 토돈묘의 시공범위, 매장방식 및 문화적 성질 등 방면의 문제들이 포함되어 있다.

II. 토돈묘의 단계별 연구 현황

1970년대 발견 이후 토돈묘의 연구는 대략 다음과 같은 3개의 단계를 거쳐 진행되었다.

제1단계(1974년~2000년) : 이 단계에서는 토돈묘의 분포규칙, 구조, 특징, 시대 및 문화적 함의 등에 대한 충분한 연구가 진행되었다. 토돈묘는 일반적으로 구릉의 산마루 혹은 언덕 고지대에 분포되어 있으며 평지에서도 발견된다. 중, 소형 토돈묘는 대개 무리를 지어 분포하는데 삼삼오오 무리를 이루거나 수십 개에서 백여 기가 모여 있기도 하는데, 이 중 비교적 큰 묘가 가운데에, 작은 것들이 순차적으로 주위를 둘러싸고 있으나 대형 토돈묘는 대부분 보통 묘군(墓群)에서 떨어져 있다.

토돈묘의 공간적 분포 범위는 북쪽으로 장강(長江) 연안에서 남쪽으로 무이산(武夷山) 동쪽 기슭까지, 서쪽으로 영진(寧鎭) 구릉지구에서 동쪽으로 주산군도(舟山群島)까지이다. 강남지역 토돈 유적의 고고학적 구역 및 시기 구분에 대한 연구 결과 황산(黃山)—천태산(天台山) 이남 지구 토돈묘의 시간 범위는 하대(夏代) 후기부터 춘추(春秋) 후기까지, 태호(太湖)—항주만(杭州灣) 지구 토돈묘는 상대(商代) 후기부터 전국(戰國) 전기까지, 영진(寧鎭) 지구 토돈묘는 서주(西周) 전기부터 춘추(春秋) 후기까지로 밝혀지고 있다.

한편 토돈묘의 내부 상황은 다음과 같이 귀납할 수 있다.

1. 묘장 단위 : 일돈일묘(一墩一墓)와 일돈다묘(一墩多墓)로 나눌 수 있는데, 묘갱이 없는 경우와 묘갱이 있는 경우를 모두 포함한다. 일돈다묘(一墩多墓) 중 그 시기가 가장 이른 묘가 일반적으로 돈(墩) 저부(底部)의 중앙에 위치하며, 비교적 늦은 시기의 묘는 초기 묘의 봉토면(封土面) 위를 평평하게 고르거나 일정 깊이의 묘갱을 판 후 매장했는데, 그 위치는 토돈 중앙부나 가장자리에 근접해 있다. 한편, 이들 일돈다묘(一墩多墓)는 토돈 중앙 묘장 주위의 각 층에 배열되어 있는 각 묘장의 머리 부분이 모두 중심 묘장을 향하는 향심식(向心式) 배치를 보인다.

2. 묘장 구조 : 주로 다음과 같은 4가지 유형이 있다.

(1) 무석(無石)구조; (2) 묘저석(墓底石)구조 — 석상(石床)이나 석광(石框)을 갖춘 구조; (3) 석실(石室)구조, 즉 토돈석실묘(土墩石室墓); (4) 양면 경사식 목실

구조, 즉 토돈목실묘(土墩木室墓)[3].

　1980년대 절강(浙江), 안휘(安徽) 등 여러 지역에서 토돈묘가 발견되었는데 각지의 토돈 구조가 다르고 대단히 복잡했기 때문에 발굴자들 대부분이 장님 코끼리 만지기와 같은 곤혹감을 느꼈으며 이에 따라 토돈묘에 대한 논쟁이 계속되었다. 예를 들어, 토돈묘는 일돈일묘(一墩一墓)인지 일돈다묘(一墩多墓)인지? 평지 매장인지 수혈(豎穴)식 매장인지? 제사 기물과 묘장은 어떤 관계인지? 등등의 문제는 오랜 기간 고고학계가 마주하게 된 난제가 되었다. 고고학사(考古學史)의 관점에서 볼 때 토돈묘의 최초 개념은 '묘갱을 파지 않는 평지 매장'으로 봉토(封土)를 갖춘 묘장 유적을 가리키는데, 이는 당시 고고학 수준에서 내린 합리적 결론임을 부인할 수 없다. 현재의 고고학 자료를 토대로 볼 때 '묘갱을 파지 않는 평지 매장' 현상은 이미 토돈묘의 유일한 특징이라고 볼 수는 없지만 여전히 일반적인 특징이라고 할 수 있는 것이다. 토돈묘에 대한 보다 진일보한 연구를 위해서는 매장 방식 및 그 특징에 대한 전면적인 고찰 이외에 토돈묘의 다른 세 가지 중요 요소인 수장품, 존재 시기, 분포 범위 또한 충분한 주의를 기울여야 할 요소이다.

　제2단계(2000년~2012년) : 토돈묘 연구의 심화 단계로 다음 세 가지 내용을 포함한다. 첫째, 강소(江蘇), 복건(福建) 및 절강(浙江) 세 곳의 주요 고고학 발굴 프로젝트가 토돈묘 연구에 중대한 돌파구를 제공하였다. 둘째, 토돈묘의 분포 범위가 복건 북부까지 확대되었으며 기원 연대 또한 하상(夏商)시기로까지 앞당겨졌다. 셋째, 강남 토돈묘의 연구가 동아시아 문화권이라는 보다

---

3)　杨楠,『江南土墩遗存研究』, 民族出版社, 1998年.

큰 배경 하에서 진행됨으로써 중국 토돈묘와 동아시아 토돈 유적의 관계가 학계의 주요 이슈가 되었다. 이상의 연구 성과를 좀 더 구체적으로 살펴보면 다음과 같다.

첫째, 2005년 구용(句容), 금단(金壇) 토돈묘군의 발굴로 인해 토돈묘의 함의와 매장 특징, 그리고 과정에 대한 과학적인 규명이 이루어졌다. 이곳에서 발굴된 토돈 40개에서 묘장 233기, 제사 기물 229세트, 묘장 건축 유적 14건이 수습되고, 기하도장문도기(幾何印紋陶), 원시청자(原始靑瓷) 등 강남지방 특색의 문물 3,800여 점이 출토됨으로써 강남 토돈묘의 문화적 함의가 풍부해졌으며, 특히 토돈묘의 형상, 구조, 매장, 제사 풍습 등 제 방면의 연구에 커다란 진전이 이루어졌다. 구체적으로, 강남 토돈묘에는 일돈일묘(一墩一墓) 뿐만이 아닌 일돈다묘(一墩多墓)도 존재했으며 나아가 일돈다묘(一墩多墓)가 일돈일묘(一墩一墓)에 비해 훨씬 보편적이었음을 확인하였다. 또한 퇴토(堆土)식 매장과 수혈(豎穴)식 토갱(土坑)이 공존하였음을 확인하였다. 또한 일돈다묘(一墩多墓)의 향심(向心)식 배치가 강남 특유의 매장 형식임을 처음 발견하는 한편 다양한 형식의 묘장 건축 유적을 발견하였다. 더욱이 토돈묘의 묘지 경계를 처음 발견함으로써 토돈묘에 기물 세트를 이용하여 제사를 지내는 복잡한 상장(喪葬) 풍습이 존재했음을 확인하였다. 이 같은 발굴로 인해 매장학(埋藏學)의 개념이 도입되었고, 토돈묘의 매장 특징에 근거한 '층위 발굴(剝洋蔥)' 이념이 사용되었으며, 고고층위학(考古層位學)을 기반으로 청동기 시대 강남 토돈묘 조성의 전체 과정을 복원시켰다. 이밖에도 뚜렷한 흔적이 남아 있는 선관장구(船棺葬具), 석상(石床) 및 인(人)자형 목조 움막 건축 등을 정리해내는 등 여러 방면에서 중요한 성과를 거두었다. 이 같은 발굴의 가장 중요한 학술적 의의는 오랜 기간 존재해온 토돈묘에 대한 학계의 모호한 인식을 일소함과 동시에 토돈묘의 원류, 분기(分期), 분구(分區) 연구에 확실한 1차 자료를 제공했다는 것이다[4].

둘째, 토돈묘의 분포 범위가 복건 북부까지 확대되었으며 기원 연대 또한 하상시기로까지 앞당겨졌다.

2006년 1월부터 12월까지 포성(浦城)에서 남평(南平)까지의 고속도로 건설이 시작되면서 복건박물원(福建博物院)과 복건 민월왕성박물관(閩越王城博物館) 연합 고고팀의 포성현(浦城縣) 관구(管九)촌 토돈묘군에 대한 발굴조사가 이루어짐으로써 중요한 고고자료들이 확보되었다. 당시 발굴된 30여 개의 토돈묘 중 일돈양묘(一墩兩墓)는 4개, 나머지는 모두 일돈일묘(一墩一墓)로, 묘장은 대부분 토돈 중심 저부(底部)에 위치하고 있었는데, 그 형제(形制)는 장방형천갱(長方形淺坑), 묘도(墓道)를 갖춘 수혈(豎穴)식 토갱(土坑) 혹은 암갱(岩坑), 평지매장(平地掩埋) 등 세 가지 유형으로 분류할 수 있다. 조성 당시에는 언덕 표면을 평평하게 골랐는데 어떤 것은 부분적으로 홍갈색 흙을 덮었고, 어떤 것은 경사면 지세에 따라 다듬은 후 장방형 묘갱을 파냈다. 묘장 저부는 대부분 자갈을 깔고 사방으로는 갱벽(坑壁) 아래 얕은 고랑을 파서 배수구를 만들었다. 묘 속의 인골(人骨)과 장구(葬具)는 이미 모두 부패하여 없어졌으나 일부 묘장에는 불에 탄 기둥의 목탄이 남아 있어서 원래 목곽(木槨)이 있었을 가능성을 추측케 한다. 또 다른 일부 묘장에서는 주동(柱洞)과 벽감(壁龕) 등의 흔적이 발견되기도 하였다.

수장품으로는 원시자기(原始瓷器), 인문경도기(印紋硬陶器), 청동기(青銅器) 등이 있는데 각 묘마다 많은 경우 10여 점에서 20여 점이 있어 출토 기물의 수가 총 230여 점에 이른다. 원시자기의 주요 기형(器形)으로는 두(豆), 관

---

4)　南京博物院等,「江苏句容及金坛周代土墩墓」,『考古』, 2006年 第7期.

(罐), 존(尊), 옹(甕), 우(盂), 설(碟) 등이 있고, 인문경도기는 관(罐), 궤(簋), 두
(豆), 존(尊), 충(盅), 압(鴨)형 호(壺) 등이 있으며 문양은 현문(弦紋), 박인석문
(拍印席紋), 회문(回紋), 뇌문(雷紋), 곡절문(曲折紋), 쌍선능격상복합문(雙線
菱格狀複合紋) 등이 있다. 또한 청동기의 종류로는 단검(短劍), 모(矛), 과(戈),
비수(匕首), 전촉(箭鏃), 분(錛), 괄도(刮刀) 등이 있다. 이밖에도 훼손된 토돈
묘에서는 존(尊), 반(盤), 배(杯) 등 정교한 청동 용기가 발견되기도 하였다.

<图1> D30M4 土墩木室墓

이 같은 토돈묘의 발굴은 매우 중요한 학술적 의의를 갖는데, 그것은 첫째,
복건성 최초의 토돈묘 발굴로 중국 남방지역 토돈묘 분포의 공백을 메웠다는
점. 둘째, 여기서 출토된 청동기, 원시자기, 인문도기는 비교적 완벽한 것들로
그 연대가 대략 하상시기부터 서주춘추(西周春秋)시기에까지 이른다는 점. 셋
째, 이 토돈묘들은 평지매장(平地掩埋)에서 천갱(淺坑)을 거쳐 심갱(深坑)으로
발전하는 과도기를 반영하고 있어 토돈묘의 연대 및 변화 발전 규칙을 연구하
는 데 중요한 자료가 된다는 점 등이다[5].

한편 절강성(浙江省) 소산(蕭山), 오공산(蜈蚣山) 토돈묘의 발굴은 토돈묘
의 기원 연대를 상대(商代)로까지 앞당기는 근거가 되었다.

2011년부터 2012년 12월 31일까지 항주시 문물고고연구소는 31개의 토돈,
45기의 묘장, 출토문물 708건(세트)을 수습했는데, 31개의 토돈 중 일돈일묘
(一墩一墓)가 22개, 일돈이묘(一墩二墓)가 6개, 일돈삼묘(一墩三墓) 1개, 일돈
사묘(一墩四墓)가 2개였다. 이 중 일돈다묘(一墩多墓)는 예외 없이 토돈묘였
으나 일돈일묘(一墩一墓)는 토돈묘와 10개의 석실토돈묘로 구분되었다. 토돈

---

5) 福建博物院, 福建閩越王城博物館, 「福建浦城县管九村土墩墓群」, 『考古』, 2007年 第7期.

의 평면 형상은 원형(圓形), 장원형(長圓形), 타원형(橢圓形) 등이 있었고 타원형이 대부분이었다. 또한 직경은 6m에서 38m까지 다양했는데 7m에서 9m까지가 주를 이루었다. 오공산 토돈묘의 유형은 수혈천갱묘(豎穴淺坑墓), 석광천갱묘(石框淺坑墓), 석상묘(石床墓), 평지기돈묘(平地起墩墓), 토돈목실묘(土墩木室墓) 등 다양했는데, 그 중 석실토돈묘(石室土墩墓)에서는 분명한 모습의 개정석(蓋頂石)을 흔히 볼 수 있었고, 석실의 규격이 일정했으며, 외부에는 모두 석당장(石擋牆)이 설치되어 있을 뿐만 아니라 묘실 평면은 도파형(刀把形) 위주로 이루어져 있었다.

위 사진의 목실(木室)은 전부 건류(碳化)되어 있었는데, 그 길이가 약 20m, 폭이 약 4m이다. 묘실은 좁고 긴 '인(人)'자 경사의 목조구조로, 횡으로 이등변 삼각형 모양이고 거대한 원목(圓木)과 방목(方木)으로 이루어져 있다. 이 '인(人)'자형 지붕 구조는 소흥(紹興) 인산(印山) 월왕릉(越王陵)과 매우 흡사한 모습이다. 당시 수습한 31개의 토돈묘 유형은 매우 다양해서 그 연대가 상대부터 춘추 말기까지를 포괄하고 있으며, 이 묘군(墓群)의 발굴은 중국 남방 상주문화(商周文化)의 발전 과정과 상주시기 남방의 상장(喪葬) 풍습의 연구에 있어 매우 중요한 의의를 지닌다[6].

셋째, 강남 토돈묘의 연구가 동아시아 문화권이라는 보다 큰 배경 하에서 진행됨으로써 중국 토돈묘와 동아시아 토돈 유적의 관계가 학계의 주요 이슈가 되었다.

"고대 동아시아 토돈 유적 및 사회(古代東亞土墩遺存及其社會——중 · 한

---

6) 杭州市文物考古研究所, 萧山博物馆,「萧山柴岭山土墩墓」, 文物出版社出版, 2013年 ; 杭州市文物考古研究所萧山工作站,「杭州市萧山区蟆蚣山土墩墓D19发掘简报」, 『东南文化』, 2012年 第4期.

토돈묘 비교연구 학술토론회(中韓土墩墓比較硏究學術硏討會)"라는 제목의 중국 토돈묘와 동아시아 분구묘(墳丘墓) 관계 연구는 학계의 큰 주목을 받았다.

2010년 12월 16일~19일 중국 남경박물원과 한국 호남문화재연구원이 공동 주최한 "고대 동아시아 토돈 유적 및 사회(古代東亞土墩遺存及其社會━━중·한 토돈묘 비교연구 학술토론회(中韓土墩墓比較硏究學術硏討會)"라는 제목의 학술행사가 한국 호남문화재연구원, 대동문화재연구원, 충청남도 역사문화연구원, 전북대학교 박물관, 그리고 중국 북경대학, 중앙민족대학, 상해박물관, 안휘성 고고연구소, 절강성 고고연구소, 남경대학, 남경박물원 등 연구기관에서 종사하는 토돈묘 연구자 및 전문가 30여 명이 참여한 가운데 중국 남경에서 열렸다.

한국의 학자들은 비교연구를 통하여 한국 마한(馬韓)지역의 분구묘와 중국 오월(吳越)지역의 토돈묘가 많은 공통점을 가지고 있음을 밝히고 중국 오월(吳越)지역의 토돈묘가 마한 분구묘의 원형일 수 있다는 가능성을 제기하였다. 오월지역에서 토돈묘가 유행했던 시기는 BC 10세기에서 BC 5세기까지로 최초의 마한 분구묘가 나타난 시기로 알려진 기원 원년 전후와는 약 500년의 시간 간격이 있는데, 이처럼 시간차가 큰 이유는 분구묘의 적합한 비교대상을 찾지 못했다는 데 있다. 江南 지역에는 상주시기부터 한대(漢代)까지 줄곧 토돈묘가 존재했고 한대 토돈묘의 많은 요소가 그 원류를 상주시기에서 찾을 수 있다. 예를 들면, 토돈묘는 통상 무리를 이루며 각 묘군마다 많은 토돈묘가 있다는 점; 토돈규모의 크기가 각기 다르며 토돈 내 분층(分層)과 묘장 수량이 일치하지 않는다는 점; 일반적으로 저부(底部)가 고르며 일부는 바닥 전체 혹은 사면에 자갈을 깔았다는 점 등이다. 이 중 많은 특징들이 분구묘와 같으며 시간적으로도 일치한다. 마한 분구묘는 한대(漢代) 토돈묘의 일부 요소를 받아들여 토곽(土墎)을 쌓아 올려 묘지로 삼고, 바닥에 자갈을 깔았으며, 목관을 장구(葬具)로 삼았다. 또한 필요에 따라 토곽(土墎)을 추가하여 사자(死者)를 추장(追葬)하는 등 두 문화의 매장 요소를 결합하였다. 이는 전형적인 절충형 매장문화라고 할 수 있다[7].

제3단계(2012년 이후) : 중국 토돈묘와 동아시아 분구묘의 관계가 점차 학계의 중시를 받게 되면서 중국 강남 토돈묘의 원류 문제에 대한 학계의 관심 또한 증대되었다.

중국 강남 토돈묘는 주로 하상주(夏商周)시기 장강 하류 남부에 분포한 묘장을 가리키며, 지표면에 토돈을 쌓아 축조하는 것을 기본 특징으로 한다. 또한 묘장 수장품은 인문도기와 원시자기를 위주로 한다. 현재까지 발견된 초기 토돈묘는 주로 민(閩), 절(浙), 공(贛)의 접경지역에 분포하는데 토돈묘의 흙을 쌓아 돈대(墎臺)를 만들거나 흙을 모아 봉분을 만드는 특징은 강남지역의 숭택문화(崧澤文化)와 양저문화(良渚文化)까지 거슬러 올라갈 수 있다. 이는 숭택문화와 양저문화의 묘지가 모두 흙을 쌓아 돈대를 만드는 방법을 사용하고 있음을 통해 확인할 수 있다[8]. 강서(江西) 신여(新餘) 습년산(拾年山) 유지의 제3차 발굴에서 출토된 소형 봉토도 토돈묘가 강남 선사문화의 전통을 잇고 있다는 근거를 제공하고 있다. 발굴자들에 따르면, 이 유지에서 발견된 원형 또는 타원형 검은색 석회토 더미 위에 덮인 흑회색 혹은 적갈색 흙은 명백

---

7) 남경박물원, 한국호남문화재연구원 공동 주최 "고대 동아시아 토돈 유적 및 사회(古代東亞土墎遺存及其社会)——중 · 한 토돈묘 비교연구 학술토론회(中韩土墎墓比较研究学术研讨会)" 회의자료.
8) 陈元甫, 「土墎墓与吴越文化」, 『东南文化』, 1992年 第6期 ; 黄建秋《江南土墎墓三题》, 『东南文化』, 2011年 第3期.

한 봉토의 흔적임을 짐작할 수 있게 한다[9].

토돈묘의 기원은 민북(閩北), 절남(浙南) 지역에 있다고 할 수 있는데, 절강 견두농기(肩頭弄期) 토돈묘는 연대가 가장 이른 토돈묘이며[10], 복건 포성 관구촌 토돈묘군 중의 사공강(社公崗) 2호돈의 연대는 하상시기보다 이르다. 언덕 남단에 있는 사공강(社公崗) 2호돈(PSD2) 토돈 평면은 원각방형(圓角方形)을 이루고 있으며 동서로 길이가 22m, 남북으로 너비가 20m, 높이 2~3m이다. PSD2M01는 토돈 밑면 중심 부분에 위치하고 있는데, 묘 위의 봉토는 남은 높이가 1.25m이며 주로 적색, 황색 점토로 이루어져 있고 일부 모래가 섞여 있다. 토질은 단단하지만 다진 흔적은 없으며 안에는 재와 숯가루도 포함되어 있다. 또 인문(印紋)도기 조각들이 일부 발견된다. 묘갱(墓坑)은 장방형으로 길이 5.6m, 너비 2.2m, 깊이 0.75m이며 방향은 25도이다. 묘갱 사방 벽은 비교적 곧고 바닥은 평평하며 전체적으로 자갈이 깔려 있다. 또 사방 벽 아래에는 너비 0.14~0.2m, 깊이 0.14m의 도랑이 있다. 묘에서 출토된 수장품은 15점으로 도기로 된 존(尊), 원시청자로 된 두(豆), 청동으로된 과(戈), 모(矛), 자(鎈), 그리고 연(鏈)과 숫돌 등이 있다. 2호돈 중심 묘장 PSD2M01의 바깥 4면에서 8기의 초기 묘장(PSD2M-8)을 정리해냈는데, 이것들은 서로 다른 층에 분포되어 있고, 대부분 묘가 없이 평지를 골라 매장하는 형식을 취하고 있다. 또 일부는 불규칙적인 천갱(淺坑)이 있으며 출토된 수장품은 대부분 흑의도기(黑衣陶器)로 세트를 이루고 있거나 줄지어 배열되어 있다.

복건(福建) 포성(浦城) 관구촌(管九村) 토돈묘군은 3개의 시기로 나눌 수 있

---

9)   江西省文物考古研究所,「江西新余拾年山遺址第三次发掘」,『东南文化』, 1991年 第5期.
10)   牟永抗等,「江山县南区古遗址调查试掘」,『浙江省文物考古所学刊』, 1981年 ; 牟永抗, 「高祭台类型初析」『浙江省文物考古研究所学刊(1980-1990)0, 科学出版社, 1993年.

다. 제1기 묘장은 사공강(社公崗) 2호돈 하부에서 발견된 8기의 초기 묘장 및 마지미(麻地尾) D7M1 등이다. 이들 묘장은 모두 수장품이 흑의도기(黑衣陶器)와 연도기(軟陶器)로 이들 도기는 절강(浙江) 강산(江山) 견두농(肩頭弄) 유지의 제1기에서 출토된 흑의도기와 기본적으로 그 모습이 일치하는데 복건(福建) 민강(閩江) 이북 지역에서 흔히 볼 수 있으며 포성(浦城) 선양(仙陽) 묘아농산(貓兒弄山) 요지(窯址)에서 출토된 도기와도 일치한다. 사공강(社公崗) 2호돈 하부의 8기 묘장 및 마니미(麻地尾) D7M1의 연대는 지금으로부터 약 4600~5300년 전으로 하상시기에 속하는 것들로 봐야 한다[11].

상주(商周)시대 이후 토돈묘의 변화상황은 어떨까? 이 또한 토돈묘 연구의 중요한 학술적 주제이다. 학계는 토돈묘의 흐름이 한대(漢代) 토돈 유적을 향하며 진한(秦漢) 토돈묘는 상주(商周) 토돈묘를 계승했다고 여긴다. 중국 사회과학원 고고연구소와 절강성 문물고고연구소가 주최한 "진한 토돈묘 국제학술토론회(秦漢土墩墓國際學術研討會)"는 이 단계 시작의 상징이라고 할 수 있다.

2012년 11월 5일부터 8일까지 "진한 토돈묘 국제학술토론회(秦漢土墩墓國際學術研討會)"가 안길현(安吉縣)에서 열렸다. 중국사회과학원, 산동, 강소, 호남, 안휘, 광동, 절강 등지의 고고연구소의 전문가들과 북경대학, 남경대학, 중국민족대학, 서북대학의 교수 및 한국, 일본의 학자 50여 명이 참석하여 진한(秦漢) 토돈묘의 발견과 명명, 진한(秦漢) 토돈묘의 문화적 속성, 각지 진한(秦漢) 토돈묘의 기원과 특징 및 상호관계, 중국 진한(秦漢) 토돈묘와 한·일 분구묘의 관계, 선진(先秦) 토돈묘와 진한(秦漢) 토돈묘의 관계 문제 등에 대

---

11)   福建博物院, 福建闽越王城博物馆, 「福建浦城县管九村土墩墓群」, 考古2007年 第7期.

해 토론을 진행하였다.

　한대(漢代) 토돈묘가 일찍이 1980년대 절강 호주(湖州) 양가부(楊家埠)에서 발견되었다. 당시에는 한대(漢代) 토돈묘라고 명명하지는 않았고 단지 이들 토돈묘와 상주(商周) 토돈묘의 연관성과 유사성에만 주목하였다. 2011년 ~2012년 안휘(安徽) 광덕(廣德)과 호남(湖南) 상덕(常德)에서의 동일 성격의 한대(漢代) 토돈묘의 발견은 학계의 주의를 불러일으킴으로써 기존의 발견을 재검토하게 했고 강소, 산동, 운남(雲南) 등지에서도 토돈묘의 발견이 이어지게 했다. 토돈묘는 장강 이남 강(江, 강소), 절(浙, 절강), 호(滬, 상해), 환(皖, 안휘) 지역 상주시기 오월문화(吳越文化)의 주요 묘장 형태로 일돈일묘(一墩一墓), 일돈다묘(一墩多墓) 두 가지 형식이 있으며 돈 내의 단독 묘는 묘갱 있는 것과 묘갱이 없는 두 종류로 나뉘는데 한대(漢代) 토돈묘는 이에 비추어 볼 때 묘장 형태상 명백한 계승관계에 있다. 한대(漢代) 토돈묘는 모두 산지 혹은 언덕을 따라 분포하고 있는데 역시 일돈일묘(一墩一墓)와 일돈다묘(一墩多墓)의 두 가지 형식이 존재하고 있다. 모두 묘갱이 있어 한묘(漢墓)의 보편적인 특징을 가지고 있는 반면 묘갱이 비교적 얕아 상주시기의 토돈묘의 특징과도 관련성이 있다. 수장품의 측면에서는 북방 중원지역과 큰 차이점이 없어 한문화(漢文化)의 강력한 영향력을 반영하고 있으나 토돈묘 형태의 측면에서는 구역 문화의 완고성을 유지하고 있다[12].

　안휘성 문물고고연구소는 2011년 6월에서 12월까지 광덕현(廣德縣) 도주진(桃州鎮) 남당(南塘)의 한대(漢代) 토돈묘에 대한 문물 보호 차원의 발굴 작업

---

12)　중국사회과학원 고고연구소, 절강성 문물고고연구소 ,「진한 토돈묘 고고발견과 연구
　　(秦汉土墩墓考古发现与研究)──진한 토돈묘 국제학술토론회 논문집(秦汉土墩墓
　　国际学术研讨会论文集)』, 文物出版社, 2013年.

을 진행하여 한대(漢代) 토돈묘 62돈, 단독 묘장 269기를 발굴하고 도기(陶), 청동기(銅), 철기(鐵), 옥기(玉), 석기(石), 유리(琉璃) 등 천여 점의 기물(器物)을 출토하였다. 모든 단독 묘장은 토갱수혈묘(土坑豎穴墓)와 전실묘(磚室墓) 두 종류로 나뉘는데, 토갱묘(土坑墓)가 주를 이루고 전실묘(磚室墓)는 비교적 적은 편이다. 토갱묘는 묘도(墓道)가 있는 경우가 있는데 북방지역 토갱묘에 비해 묘갱이 비교적 얕아 깊이가 2m를 넘지 않으며 더 얕은 것은 1m도 되지 않는다. 장구(葬具)는 대부분 부패하여 재의 흔적으로 판단할 때 단관(單棺)과 관곽(棺槨) 두 종류가 공존한다. 묘장 형식과 도기의 조합 및 특징을 근거로 판단할 때 이들 한묘(漢墓)의 연대는 주로 서한(西漢) 초기에서 동한(東漢) 중기까지로, 이는 남당(南塘) 묘지의 주체 연대이기도 하다[13]. 한편 절강(浙江) 안길현(安吉縣)에서도 한대(漢代) 토돈묘가 발견되었는데 그 분포 특징과 묘장 형태가 광덕(廣德) 남당(南塘)의 한대(漢代) 토돈묘와 동일하며 출토된 기물 또한 전형적인 유도(釉陶)인 호(壺), 관(罐), 정(鼎), 합(盒) 등으로 뚜렷한 일치성을 보이고 있어 한대(漢代) 토돈묘의 남방지역에서의 분포가 드문 예가 아니라 일정정도의 보편성을 가지고 있는 것임을 보여주고 있다[14].

---

13) 陈超, 「汉代土墩墓到发现与研究」, 中国社会科学院考古研究所, 浙江省文物考古研究所, 「秦汉土墩墓考古发现与研究―秦汉土墩墓国际学术研讨会论文集」, 文物出版社, 2013年.

14) 安吉县博物馆, 「浙江安吉上马山西汉墓的发掘」, 『考古』, 1996年 第7期. [李晖达, 刘建安, 胡继根, 「湖州杨家埠汉代家族土墩墓及其他墓葬发掘」, 浙江省文物考古研究所编《浙江考古新纪元》, 科学出版社2009年 ; 李晖达, 「试论浙江汉代土墩遗存」『东南文化』, 2011年 第3期 ; 胡继根, 「浙江汉代土墩墓的发掘与认识」, 中国社会科学院考古研究所, 浙江省文物考古研究所, 「秦汉土墩墓考古发现与研究―秦汉土墩墓国际学术研讨会论文集」, 文物出版社, 2013年.

하상주시기 토돈묘의 고고학적 의의는 이들 유적이 비교적 명확한 시공 범위와 대단히 독특한 문화적 특징을 가지고 있다는 것이다. 그 특징은 다음 두 가지 방면에서 두드러진다. 첫째는 절대다수의 묘장이 지상매장(地上掩埋)으로 봉토가 돈대(墩臺)를 이루고 있다는 점이고, 둘째는 거의 모든 묘장의 수장품이 인문경도(印紋硬陶)와 원시자기(原始瓷器)라는 점이다. 이 두 가지 기본적인 특징은 하상주시기 강남지역에 줄곧 존재해왔으며 이는 토돈묘가 일종의 특수한 문화현상으로서의 안정성과 통일성을 가지고 있음을 반영하고 있다. 또한 그 문화적 속성은 오월문화(吳越文化) 및 선조들이 창조한 문화와 직접적 연관성을 가지고 있는데, 이는 '토돈묘'라는 개념이 오랜 시간 학계에서 받아들여지는 기본적인 원인이기도 하다. 한편 일반적으로 전국(戰國) 전기를 토돈묘 연대의 하한으로 보고 있는데, 이는 이 시기를 거치면서 초문화(楚文化) 특색의 청동기, 도기를 수장(隨葬)하는 수혈토갱목정묘(豎穴土坑木停墓)가 점차 인문경도(印紋硬陶)와 원시자기(原始瓷器)를 주로 수장하는 토돈묘를 대체하게 되었고 문화적 양상 또한 기본적으로 초문화(楚文化)로 교체되었기 때문이다. 비록 봉토돈(封土墩)의 외형은 여전히 존재하고 있었지만 그 문화적 성격에서는 이미 변화하였다. 따라서 일부 학자들은 한대(漢代) 토돈묘를 분구묘(墳丘墓)로 명명해야 한다고 주장하기도 한다[15]. 강남지역 한대(漢代) 토돈묘와 그 지역의 선사시대 토축고대(土築高台)나 선진(先秦) 토돈묘는 일맥상통하는 공통점이 있으며 양자 간에는 깊은 연관관계가 있다. 산동, 호남의 한대(漢代) 토돈묘는 그 지역의 전통 매장 풍습과 현저한 차이가 있을 뿐만 아니라 동일 시기의 묘장 풍속과도 다른 반면, 강남지역의 한대(漢代) 토돈묘

---

15) 楊楠,「土墩墓及其相关概念之辨析」,『东南文化』, 2013年 第5期.

와는 완전히 일치한다. 묘지의 축조와 수장품의 측면에서 볼 때도 산동, 호남의 한대(漢代) 토돈묘와 강남 토돈묘는 같은 모습이다. 이는 오월(吳越) 지역 사람들의 이주 및 이동과 관련이 있는 것으로 보인다.

Ⅲ. 중국 토돈묘와 마한 분구묘의 관계

고대 동아시아 토돈 유적은 주로 중국 대륙 동부의 장강(長江) 이남 지역, 일본 규슈(九州) 및 혼슈(本州) 지역, 그리고 한반도 남부 지역이다. 중국은 북쪽 장강(長江) 연안에서 남쪽 무이산(武夷山) 동쪽 기슭, 서쪽 영진구릉(寧鎮丘陵) 지구에서 동쪽 주산군도(舟山群島)까지가 현재 알려진 토돈유적의 주요 발견 지역으로 소남(蘇南), 환남(皖南), 절강(浙江), 상해(上海), 공(贛) 동북, 민(閩) 서북 일대를 포함한다. 이밖에 장강(長江) 북쪽 지역에서도 토돈묘가 발견되었는데, 예를 들면, 비주(邳州) 구녀돈(九女墩), 운대산(雲臺山) 토돈묘, 연운항(連雲港) 지구의 석실토돈묘 등이다. 또한 소북(蘇北, 강소 북부) 지구의 신기(新沂), 사양(泗陽), 우이(盱眙) 및 산동(山東) 일조(日照) 등지에서도 한대(漢代) 토돈묘가 발견되었다.

임영진(林永珍) 선생은 1960년대 이래 한국 분구묘 발굴, 조사 결과를 토대로 한국 분구묘의 특징, 매장 주체 부분의 변화과정 및 분구형태의 변화 등을 총괄한 후 한국 분구묘가 BC 1세기에 이미 출현했음을 밝히고, 비록 시간적으로 일정정도의 차이는 있으나 마한 분구묘와 중국 오월지구에서 성행한 토돈묘, 그리고 일본 야요이(彌生) 시대에 성행한 분구묘와의 상호 관계에 대한 연구를 진행할 필요가 있다는 점을 지적하였다. 또한 출토 기물에 대한 비교연구를 통해 한·중·일 삼국의 묘장 축조 상, 그리고 매장 주체 부분을 지상의 분구 중심에 안치하거나, 주구(周溝, 주변에 도랑을 만드는 것)가 성행하거나, 추가장으로 다장(多葬)을 구성하는 등 공통적인 특징을 총괄하였다. 나아가 이는 우연이 아니며 비록 일정한 시공간의 차이는 존재하지만 동북아 분구묘의 분포 지역이 모두 한·중·일 삼국 간의 해상 통로와 근접해 있다는 점으로 보아 고대 동북아 문화교류의 상황을 보여주는 것일 가능성이 있다는 견해를 제시하였다[16].

토돈묘의 위치(選址), 구축방법, 절차는 마한 분구묘와 많은 유사점이 있다. 최근 강소 비주 운대산 토돈묘의 발굴은 중국 토돈묘 중 최초로 구획성토법(區劃盛土法)이 사용된 흔적을 발견할 수 있다.

비주 운대산 토돈묘는 강소성 비주시 차하진(岔河鎭) 임교촌(林橋村, 또는 東橋頭) 남운대산(南雲臺山) 정상에 위치하고 있는데, 중심 좌표가 동경 117° 55′43″, 북위 34° 35′24″, 고도 102m이다.

묘장은 묘갱(墓坑), 토대(土台), 봉토(封土) 세 부분으로 이루어진다. 토대는 인공으로 다져서 이루어지는데 꼭대기는 직경 약 15m, 아랫부분은 직경 약 26m, 높이 약 8m로, 저부(底部) 주위에는 돌을 쌓아 만든 위당(圍擋)이 있는데 돌의 크기나 모양은 일정치 않다. 이는 토대가 빗물 등에 휩쓸려 무너지지 않도록 보호하기 위해 만든 것으로 보이며, 아마도 1970년대 중반 철거된 위장(圍牆, 울타리; 담)과 같은 것으로 짐작된다. 현존하는 돌 더미는 넓이 2.45m, 높이 0.95m이다.

---

16) 〔韓〕林永珍〔中〕,「孫璐吳越土墩墓与马韓坟丘墓的构造比较」,『東南文化』, 2010年 第5期.
　　〔韓〕林永珍,「韓国坟丘墓社会的性质」,『東南文化』, 2011年 第4期.

돌로 둘러쌓은 토대 부분은 다져 만든 것으로 토대 중심은 원심(圓心)으로 되어 있으며 사방을 향하여 30개의 삼각형 판이 이어져 있다. 각각의 판은 그 길이와 너비가 다른데 길이가 약 10~11.5m, 외변의 너비가 약 1.2~3.3m이며 삼각형 내부는 3~9개의 방형(方形) 판으로 이루어져 있고 각 방형 판은 길이 1.2~3.3m, 너비 0.8~2.2m이다.

묘갱은 토대의 중앙에 위치하는데 갑(甲)자형 수혈(竪穴) 토갱으로 되어 있고, 묘장은 남북방향으로 되어 있고 묘구(墓口)는 지표면으로부터 약 3m 떨어져 있다. 묘실(墓室)은 길이 6m, 너비 약 3~1.5m, 깊이 약 5m이다. 이미 도굴된 묘갱을 수습하던 중 청동 대구(帶鉤, 띠고리) 1점, 석경(石磬) 7점의 문물이 출토되었다.

비주 운대산 토돈묘의 연대는 춘추시기로 토대의 구축은 구획성토법(區劃盛土法)을 이용했는데 이는 동아시아 최초의 발견이다.

조영현(曹永鉉) 선생은 마한 고분 분구의 구획성토법에 대한 연구를 통해 고대 대형 분(墳)과 제방(堤防), 성곽(城郭)은 모두 대규모 인력을 동원한 토목공사를 필요로 한다고 여겼다. 특히 작업의 대부분을 차지하는 분구(墳丘) 축조는 동시에 많은 인력을 투입해야 하는 공정으로 효과적인 인력 활용을 위하여 조를 나누어 작업을 분담하는 형식인 구획 축조 방식을 이용했는데, 분(墳)에 흙을 채워 넣을 때 사용하는 이 같은 작업 방식을 구획성토법이라고 한다. 분구(墳丘)의 구획(區劃)은 다음과 같은 요소를 포함한다. 즉 퇴토(堆土) 과정 중 각 분담 작업자들이 작업 범위의 경계를 알 수 있도록 표시하는 구획 재료나 이런 표시 재가 없더라도 퇴토작업 중 식별할 수 있게 하는 부분이다. 대표적인 구획 재료는 일반 성토재(盛土材)와 색으로 구별할 수 있는 이색(異色) 점토를 이용하여 경계선을 따라 만든 좁고 긴 점토대(粘土帶)가 있다. 이밖에 석재를 이용하여 길게 배열한 석층(石層) 형태의 구획 석열(石列)과 1개 또는 여러 개의 석재 간격을 이용한 구획표시석이 있다. 또한 이 같은 다양한 형식의 구획 요소를 병용한 경우도 발견되었다.

역사상 마한 지역에 속했던 한국 호남지역의 분구묘 중 다양한 구획성토법을 병용한 성토분(盛土墳)이 확인되었는데, 나주 복암리(伏岩裏) 3호분이 대표적인 예이다. 이는 외부 길이가 40m 가량인 방대형(方台型) 성토분(盛土墳)으로, 이 같은 방대형(方台型) 분구(墳丘) 관련 있는 매장 유적은 28개가 있는데, 이들 유적에는 모두 분정부석(墳頂敷石)이 있다. 분정부석은 보통 18개 구역으로 나눌 수 있는데, 최초 축조된 매장유적 96호 석실묘의 구축 성토 표면은 집석(葺石)형 석재군이 12개 구역으로 나뉘어져 있다.

방대형 성토층에서는 모두 이색(異色) 점토대와 이질(異質) 성토재에 의한 경계를 확인할 수 있었으나 방향은 구분할 수 없었다. 기타 구획성토법을 이용한 예로는 나주 신촌리(新村裏) 9호분, 광주 명화동(明花洞) 고분과 월계동(月桂洞) 1호분, 함평 신덕(神德) 1호분, 무안 고절리(高節裏) 고분, 영암 옥야리(沃野裏) 6호분과 자라봉 고분 등이 있다[17].

구획 상황으로 보면 기본적으로 분구 규모가 클수록 구획 수도 많으며 구획 간격이 넓을수록 구획 수가 상대적으로 적은 경향을 보인다. 대체적으로 직경 약 12m의 소형 분구는 12개 정도의 구획으로 나뉘고, 직경 약 20m의 중형 분구는 18개 가량의 구획으로, 직경 82m의 한반도 최대 고분인 황남대총(皇南大塚) 남분(南墳)은 약 45개의 구획으로 나뉘었을 것으로 추산된다. 한반도 남부와 일본열도 각지의 성토분구묘(盛土墳丘墓)에서는 모두 이와 같은 퇴토 방식이 발견되고 있으며, 그 이전 중국 소주(蘇州) 진산(眞山) D9M1 동주묘(東

---

17) 曺永鉉(大東文化財硏究院), 「马韩古坟坟丘的区划盛土法」, 『东南文化』, 2011年 第4期.

周墓)에서도 이와 같은 성토법이 발견된 것으로 보아 구획성토법의 기원 역시 중국 대륙임이 확실하다.

운대산 토돈묘의 소재지인 비주 지역은 동아시아 문화교류와 밀접한 관련이 있다. 비주 양왕성(梁王城) 유지에서 출토된 흑도피대형(黑陶皮袋形) 도기는 한국의 출토품들과 상당히 유사하며, 중·일 학자들이 체질인류학(體質人類學)적 관점의 연구를 통해 확인한 바에 의하면 양왕성(梁王城) 유지에서 출토된 인골과 일본 규슈 야요이시기 도래인(渡來人)은 깊은 관련이 있는 것으로 여겨진다. 또한 분구묘는 한국 마한문화에서 비교적 강한 지역성을 갖고 있는 것으로 그 축조방식이 중국 강남지역과 많은 유사성을 가지고 있다. 따라서 임영진 선생은 중국 강남의 토돈묘와 한국 분구묘 간에 시간 간격의 문제가 있음을 고려하면서도 중국 토돈묘가 한국 분구묘의 기원일 가능성을 배제하기 어렵다는 관점을 제시한 바 있다. 그러나 강남 지역에서 대량으로 발견된 한(漢) 육조(六朝) 토돈묘 이 같은 시간상의 문제를 보완할 수 있는 근거가 될 수 있다. 최근의 연구 결과, 토돈묘는 하상시기 절강 서남부 및 민북(閩北) 일대에서 출현하기 시작하여 북쪽으로 점차 확대되어 늦어도 상대(商代) 말기에는 태호(太湖)—항주만(杭州灣) 지역까지 이르렀으며 서주(西周) 전기(前期)에는 영진(寧鎮) 지역, 다시 춘추 후기에는 장강을 넘어 소북(蘇北) 지역으로 까지 진출한 것으로 밝혀지고 있다. 한편 강남 토돈묘의 중국 대륙 이외 지역으로의 확장 노선은 다음과 같이 정리할 수 있다. 절북(浙北), 소남(蘇南)—소북(蘇北)—노(魯) 동남, 요동(膠東)—한국 마한지역. 이 같은 관점에서 볼 때 비주(邳州) 운대산(雲台山) 토돈묘는 문화교류 노선에 대한 추단(推斷)에 있어 매우 중요한 학술적 의의를 지니고 있다고 할 수 있다.

2014년 12월 29일

日本における墳丘墓(周溝墓)の起源と発展

일본 분구묘(주구묘)의 기원과 발전

中村大介 日本 埼玉大學

Ⅰ. はじめに

「周溝墓」は、周溝、墳丘、木棺など、全てが弥生時代になって出現する要素で構成されており、縄文時代に系譜が追えない。そのため、近畿地方における生成説[1]、九州地方起源説[2]、韓半島起源説[3]、中国秦墓起源説[4]、各地発生説[5]など、起源について論争が続いている。しかし、多くの研究が外観的要素である周溝に着目してきたため、周溝墓の葬制における本質的な革新性についての議論が不十分であった[6]。加えて、日本列島には周溝墓以外にも、「台状墓」や「区画墓」と呼ばれる類似した墓葬があり、これらとの区別も曖昧である。そこで本稿では、まず、東アジアにみられる墳丘などの上部構造をもつ墓の定義を行い、日本列島の周溝墓などがどの系統の墓葬に属するかを明らかし、その上で周溝墓の起源を求めたい。

---

1) 福永伸哉, 1993,「畿内の弥生墓制の特徴は何か」『新視点日本の歴史』1 原始編, 新人物往来社.
2) a. 中村弘, 1998,「近畿地方における方形周溝墓の出現」『網干善教先生古稀記念 考古学論集』(上) 網干善教先生古稀記念論文集刊行会.
　 b. 藤井整, 2001,「方形周溝墓の成立」『京都府埋蔵文化財情報』第82号, 京都府埋蔵文化財調査研究センター.
3) 渡辺昌宏, 1999,「方形周溝墓の源流」『渡来人登場』大阪府立弥生文化博物館.
4) 俞伟超, 1993,「方形周沟墓与秦文化的关系」『中国历史博物馆馆刊』総21期.
5) 服部信博, 1992,「墓制」『山中遺跡』愛知県埋蔵文化財センター.
6) a. 中村大介, 2004,「方形周溝墓の成立と東アジアの墓制」『朝鮮古代研究』第5号 朝鮮古代研究刊行会.
　 b. 中村大介, 2007a,「方形周溝墓の系譜とその社会」『墓制から弥生社会を考える』六一書房.
　 c. 中村大介, 2012,『弥生文化形成と東アジア社会』.

Ⅱ. 上部構造を有する墓葬

　墳丘墓や積石墓のように、地上に石や土の上部構造をもつ墓は東アジアに限らず、旧大陸の広い地域で確認できる。そして、そのような上部構造をもつ墓は、埋葬施設が当時の地表よりも地下にある「地下式墓」と、地上にある「地上式墓」に分かれる[7]。地下式墓の大部分は上部構造の構築以前に埋葬施設をつくるのに対し、地上式墓は墳丘などの上部構造を構築しながら埋葬施設をつくるか、上部構造を構築する最終段階に墓壙を掘って埋葬施設をつくる。

　埋葬施設の構築位置ついては、支石墓研究で早くに意識され[8]、任世権の論考で明示され始めた[9]。石での上部構造の構築であるので、最終段階に墓壙を掘るものは存在しないが、北方では埋葬施設と積石を同時に構築するものがあり、南方では墓壙を掘って埋葬施設をつくった後に上石などを置く。前者は地上式墓となり、後者は地下式墓となる。また、地上式墓には、中間的な半地上式もある(図1)。

　また、埋葬施設の構築順序に着目して、最初に古墳研究に応用したのが、和田晴吾[10]であり、日本列島の古墳の系統差を指摘することに成功している。その後、李盛周[11]は、この視点を、韓半島を含めた東北アジアの墓の区分に

---

7)　同[6]

8)　鳥居龍蔵, 1917,「平安南道黄海道古蹟調査報告」『大正五年度古蹟調査報告』, 朝鮮総督府.

9)　任世權, 1976,「韓半島支石墓의 総合的検討」『白山学報』20.

10)　和田晴吾, 1989,「葬制の変遷」『古墳時代の王と民衆』, 古代史復元5, 講談社.

11)　李盛周, 2000,「墳丘墓의 認識」『韓國上古史學會』第32輯.

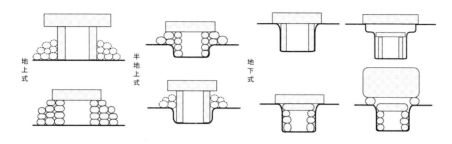

〈図1〉支石墓の墓室構築位置

援用し、埋葬施設の後に上部構造を構築するものを「封土墓」、上部構造の構築後か、構築中に埋葬施設をつくるものを「墳丘墓」と定義した。黄暁芬[12]も「墳墓一体型」と「墳墓分離型」という用語を使用し、中原地域と長江流域の上部構造をもつ墓を区分している。他にも東アジア各地で、こうした視点からの区分が試みられており、韓半島の原三国時代から三国時代については、吉井秀夫[13]、高久健二[14]の研究が、中国については王巍[15]の研究がある。これらの研究で使用された用語はそれぞれ異なっているが、「地下式墓」は概ね「封土墓」と「墳墓分離型」に一致し、「地上式墓」は概ね「墳丘墓」と「墳墓一体型」に一致する。

　それでは、日本列島の周溝墓は上記のどの区分に属するであろうか。かつて、都出比呂志[16]は盛土を重視し、周溝墓も墳丘墓の一種であると主張した。そして、墳丘墓を「低塚系」と「高塚系」に区分する案を提示している。しかし、以

---

12)　黄暁芬, 2000,『中国古代葬制の伝統と変革』勉誠出版.

13)　吉井秀夫, 2001,「百済の墳墓」『東アジアと日本の考古学Ⅰ』同成社.

14)　高久健二, 2001,「三韓の墳墓」『東アジアと日本の考古学Ⅰ』同成社.

15)　王巍, 2001,「中日古代墳丘墓の比較研究」『東アジアと日本の考古学Ⅰ』同成社.

16)　a. 都出比呂志, 1979,「前方後円墳出現期の社会」『考古学研究』第26巻第3号.
　　　b. 都出比呂志, 1986,「墳墓」『岩波講座日本考古学』第6巻, 岩波書店.

上のような区分案も一般的であるとは言い難く、周溝墓を「区画墓」として理解する研究者もいる[17]。そこで、次章では、周溝墓、台状墓、区画墓の代表的な事例を検討し、それらがどの系統の墓葬の属するのか明らかにしてみたい。

Ⅲ. 周溝墓の系統と地域性

最初に周溝墓とその関連墓葬の特徴について検討し、その後、その差異について述べる。

周溝墓 日本列島の周溝墓は、弥生時代中期以降に連続するものとしては兵庫県東武庫遺跡[18]の方形周溝墓が最も古い(図2)。その時期は弥生時代前期後葉であり、紀元前5世紀頃である。そして、僅かながら盛土が残っており、1m未満の塚であった。このような低い塚であっても、周溝掘削から出た排土だけでは塚の2/3程度の土量しか確保できないため、最初の整地時の排土だけではなく、ある程度の土を塚構築のため、用意しなければならなかったことが推定される。また、東武庫遺跡の周溝墓は、22基が報告されているが、そのうち20基が地上式である[19]。残り2基は地下式である可能性もあるが、墓壙が深いために、結果的に地下式になった可能性が高い。

---

17) 吉留秀敏, 1989,「比恵遺跡群の弥生時代墳丘墓-北部九州における弥生時代区画墓の一例-」『九州考古学』第63号, 九州考古学会.

18) 兵庫県教育委員会, 1995,『東武庫遺跡』.

19) 山田清朝, 1995,「埋葬施設」『東武庫遺跡』, 兵庫県教育委員会.

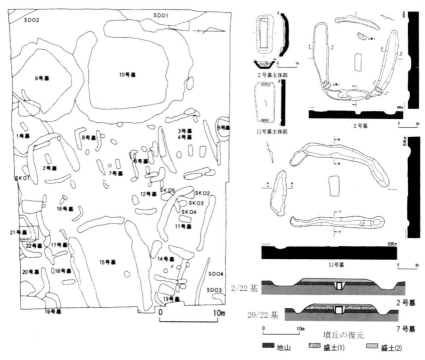

〈図2〉近畿地方の初期方形周溝墓(東武庫遺跡)

周溝排土以外の土が用意され、埋葬施設も基本的に塚の中に構築されることから、周溝墓は溝よりも、墳丘が重要視され、さらに地上式であることが求められた墓葬であったといえよう。従って、周溝墓は墳丘墓の一種と定義される。また、埋葬施設は、一つの墳丘に3基までであり、多くは単数埋葬である。弥生時代中期前葉(紀元前2世紀)までの周溝墓は単数埋葬が主体であると考えられるだろう[20]。

---

20) a. 大村直, 1991,「方形周溝墓における未成人中心埋葬について -家族墓・家長墓説批判-」『史観』23号.

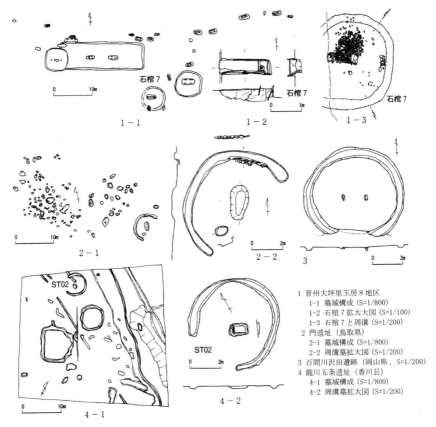

1 晉州大坪里玉房 8 地区
　1-1 墓城構成 (S=1/800)
　1-2 石棺 7 拡大図 (S=1/100)
　1-3 石棺 7 と周溝 (S=1/200)
2 門遺址 (鳥取県)
　2-1 墓城構成 (S=1/800)
　2-2 周溝墓拡大図 (S=1/200)
3 百間川沢田遺跡 (岡山県、S=1/200)
4 龍川五条遺址 (香川県)
　4-1 墓城構成 (S=1/800)
　4-2 周溝墓拡大図 (S=1/200)

〈図2〉日韓の円形周溝墓

　一方、円形周溝墓については、韓半島にも類似した事例があるが、100~200
年程度の時期差がある(図3)。また、山陰・瀬戸内地方の円形周溝墓は近畿地
方の方形周溝墓よりも若干早く出現するが、当初は墓群を形成せず、瀬戸内
地方では時期が下っても形態が変化しない。時期が新しくなるとそれぞれ影

---

　b. 大庭重信, 1999,「方形周溝墓制からみた畿内弥生時代中期の階層構造」『国家形
成期の考古学』大阪大学考古学研究室.

響しあうようであるが、近畿地方
で円形周溝墓から方形周溝墓への
変遷も確認できないことから、最
初は異なる契機で出現したようで
ある。

区画墓　区画墓とされ、溝をも
つ最古の事例は福岡県東小田峰遺
跡[21]である(図4-2)。時期は弥生時
代前期中葉~後葉(紀元前5~4世紀)
であり、近畿地方の東武庫遺跡よ
りも古い。しかし、東小田峰遺跡は、
溝に囲われた内部に8基の埋葬施
設があり、本来、16基程度の埋葬施
設をもっていたと推定される。単

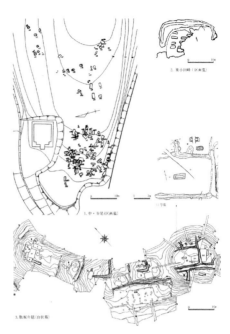

〈図4〉区画墓と台状墓

数埋葬が主体である近畿地方のものとは大きな差がある。九州地方には前期
中葉~後葉の福岡県中・寺尾遺跡[22]など(図4-1)、丘陵などの平坦地に集団墓
が方形に密集して形成される事例があり、そのような一定集団の空間占有が、
中期以降、一部は墳丘墓として、一般の列状・集団墓と階層構造をもって、墓
域を形成するようになる[23]。従って、東小田峰の例も以上のような経緯を付
加すると、その埋葬施設の多さから、一定集団の区画墓として性格が強く、周

---

21)　夜須町史編纂委員会, 1991, 『夜須町史』考古編.

22)　大野城市教育委員会, 1971, 『中・寺尾遺跡』.

23)　同[17].

溝はその強調のためととらえることができるだろう。また、区画墓の埋葬施設は同地域の他の木棺墓と墓壙の深さなどにおいて大差なく、埋葬施設を先に構築する地下式墓である。封土があったか明確ではないので、封土墓かはわからないが、最初は墳丘墓とは異なる墓葬であってことは間違いない。

　台状墓　台状墓の事例として最も古い時代は弥生時代前期末〜中期初頭(紀元前3〜2世紀)の兵庫県駄坂・舟隠遺跡[24]である(図4-3)。これも周溝墓とされることがあるが[25]、丘陵に展開し、周溝墓と同様に削平されているにも関わらず、墓壙が深いため、周溝墓とは異なる特徴をもつ。和田晴吾が指摘するように、墓壙を先に掘っている可能性がある[26]。その場合、台状墓は封土墓に属するため、周溝墓とは系統が異なる。埋葬施設は基本的に単数である。

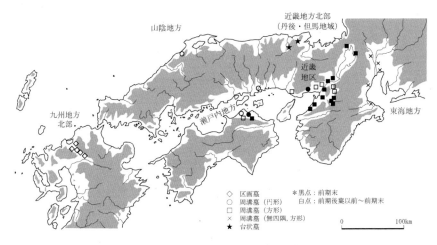

〈図5〉弥生時代前期の低塚墓の分布

24)　豊岡市教育委員会, 1989,『駄坂・舟隠遺跡群』.
25)　但馬考古学研究会, 2004,『台状墓の世界』.
26)　和田晴吾, 2003,「弥生墳丘墓の再検討」『古代日韓交流の考古学的研究 – 葬制の比較研究 –』.

以上のように、周溝墓、区画墓、台状墓は、墓葬として根本的な差異がみられる。さらに、各墓葬の分布を図化してみると、図5のように、明確な地域性を示す。

〈表1〉弥生時代塚墓の概念

	墳丘墓	封土墓	
低塚	周溝墓	台状墓	区画墓
高塚	弥生墳丘墓		

に、明確な地域性を示す。円形周溝墓は主に山陰地方と瀬戸内地方に、方形周溝墓は近畿地方に、台状墓は北近畿地域に、区画墓は九州地方北部に分布する。こうした様相は、それぞれが異なる系統の墓制であることをより強調するだろう。

これでまで検討した周溝墓、台状墓、区画墓の様相をまとめると以下のようになる。

① 出現期の埋葬施設数は、近畿地方は単数埋葬主体であり、九州地方は多数埋葬である。

② 墳丘の有無は、近畿地方には必ず存在するが、九州地方にはない場合も多い。

③ 上位概念として、近畿地方の周溝墓は墳丘墓に属し、九州地方の周溝を有する墓葬は区画墓に属する。さらに対比すると近畿地方が地上式墓、九州地方が地下式墓となる。

④ 山陰地方から瀬戸内地方の円形周溝墓は、近畿地方の方形周溝墓とは分布地域が違うが、平面形態以上の差異があるかは不明である。

⑤ 台状墓は埋葬施設を先に構築する可能性があり、周溝墓とは別系統の地下式の墓となる。

特に問題となるのは、近畿地方と九州地方の墓制の差異である。弥生土器と水田の広がりのように、九州北部から瀬戸内、近畿地方へ段階を経て広がるのであれば、近畿地方の周溝墓に九州地方の要素がみられるはずであるが、

区画や溝の内部における埋葬施設の数や、埋葬施設の構築位置に顕著な相違がみられる。特に後者は以後の周溝墓にも継続される部分であり、甕棺墓の盛行とともに、木棺墓も密閉度を増し、墓壙が深くなる傾向にある九州地方とは墓葬とは明確な差異がある。従って、弥生土器の拡散とともに弥生文化の全ての要素が、九州地方から瀬戸内地方を介して一度に広がっていったのではないことが理解されよう。

　また、葬制として周溝墓をみた場合、近畿地方のものは地上に埋葬施設を構築するという点において、浅いながらも、地下式の土壙を主とする縄文時代の葬制を大きく逸脱している。単なる象徴としての墳丘であるならば、中国のように地下に埋葬施設を構築し、その上に墳丘をつくるものが、周溝墓にあってもよいが、そのような例で確かなものはみられない。このことも埋葬施設の位置は当時の人々に意識されていたものであるという根拠の一つとなるだろう。こうした内容を踏まえて、本稿では近畿地方の周溝墓を「墳丘墓」と呼ぶことにしたい。ただし、時期が下ると墳丘の高さが問題となることから、封土と墳丘を合わせて「塚」と呼び、表1のような概念で弥生時代全体の「塚墓」を理解しておきたい。

　また、明確な地下式墓である秦墓[27]

〈図6〉 山西侯馬喬村墓地 (M422)

---

27)　山西省考古研究所, 2004, 『侯馬喬村墓地1959~1996』, 科学出版社.

は明らかに日本列島の墳丘墓の起源ではない(図6)。

　一方、弥生文化形成と関係の深い中国東北地方から韓半島では、近畿地方で周溝墓が出現する時期において、外観が類似した墓葬はみられない。しかし、地上式墓は多いので、この視点から周溝墓の祖型となる墓葬を考えてみたい。

IV. 周溝墓出現期の韓半島の墓制

　韓半島では、日本列島で墳丘墓が出現する時期には大きく系統の異なる二つ文化がみられる。ひとつは在地の松菊里系文化、もうひとつは遼東地域から南下してきた粘土帯土器文化である。前者の墓葬は地域によって墓葬が異なるが、錦江流域や蔚山地域を除き、支石墓が多くつくられた。後者の墓葬は墓壙の深い木棺墓である。

　支石墓と石棺墓を含めた韓半島の墓制についてはかつて論じたように、埋葬施設の構築位置、すなわち地上式と地下式で極めて強い地域性を示す[28](図7)。本稿に関係する部分について結論だけを述べると以下のようになる。

　　① 湖南地方の西海岸地域における地上式の卓越
　　② 嶺南地方南部における地下式の発達

---

28)　中村大介, 2008, 「東北アジアにおける支石墓の成立と傳播」『中國史研究』52.

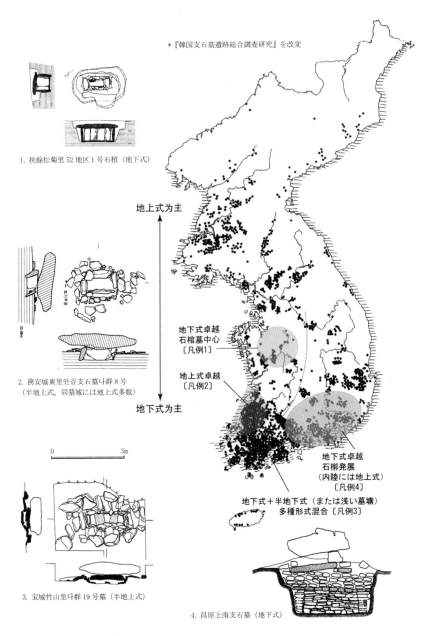

*『韓国支石墓遺跡総合調査研究』を改変

1. 扶餘松菊里 52 地区 1 号石棺（地下式）

地上式为主

地下式卓越
石棺墓中心
〔凡例1〕

地上式卓越
〔凡例2〕

地下式为主

2. 務安城東里안곶支石墓나群 8 号
（半地上式，同墓域には地上式多数）

0　　　　　3m

3. 宝城竹山里다群 19 号墓（半地上式）

地下式卓越
石槨発展
（内陸には地上式）
〔凡例4〕

地下式＋半地下式（または浅い墓壙）
多種形式混合〔凡例3〕

4. 昌原上南支石墓（地下式）

〈図7〉韓半島の支石墓の地域性

③ 湖西地方の扶餘周辺における石棺墓を中心とした地下式の卓越

　ただし、嶺南地方南部でも馬山鎮東里遺跡[29]のように、周溝と墳丘のある地上式の墓群が存在する。後にふれる周溝墓石棺墓の存在や、南江流域の大坪里遺跡群の墓域に混じる地上式の墓の存在を考慮すると、一定量、この地域にも地上式墓が組み込まれている。とはいえ、長期的[30]な指摘でみると、原三国時代から三国時代と、青銅器時代の地上式と地下式の地域性は、完全ではないが、重なる場合が多い。特に、湖南地方西部では地上式が継続し、原三国時代には周溝墓が成立する。

　湖南地方の支石墓の様相を詳細にみてみると、東南部で半地上式或いは墓壙が浅いものが多く、東南部以外地域である北部[31]から西南部[32]で地上式が多い(図8)。地上式の墓制が主体である地域としては、ここが距離的に西日本に近い地域であり、近畿地方の地上式墓すなわち墳丘墓の系譜がここに辿れる可能性がある。

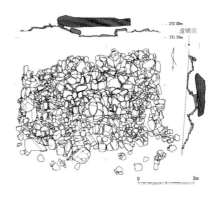

〈図8〉湖南地区鎮安望徳13号墓

---

29)　慶南発展研究院歴史文化센터, 2005,『馬山鎮東遺跡』, 現場説明会資料集.
30)　李秀鴻, 2006,「嶺南地域 地上式支石墓에 대하여」『石軒鄭澄元教授定年退任記念論叢』.
31)　湖南文化財研究院, 2002,『望徳遺跡』.
32)　全羅南道文化広報室, 1976,『栄山江水没地区遺跡発掘調査報告書』.

V. 近畿地方の墳丘墓の系譜

　湖南地方西部の支石墓と近畿地方の墳丘墓の類似点は、両者ともに地上式の墓という点である。また、両者とも積石や溝で区画をする点が共通する。両者の相違点は、支石墓は石を多用する墓制であるのに対し、方形周溝墓は土で墳丘を構築する点が最も大きい。特に支石墓に特徴的な上石は方形周溝墓には痕跡すらみられない。もし、直接的な影響関係を想定するならば、差異については、石材の獲得環境の差異と築造にかけられる人員の差や、支石墓が消滅する直前であるなどの事情も考えられよう。もちろん、それを踏まえても、型式学的に変化するというような直接的な関係の想定には無理がある。

　ところで、韓半島では春川泉田里遺跡において卓子式支石墓をはじめとする地上式の支石墓が存在し、近年では周溝石棺墓[33]が発掘されている(図9)。周溝石棺墓は青銅器時代前期後葉であり、墳丘構築後に埋葬施設を作っている。支石墓は青銅器時代後期であり、周溝墓石棺墓より新しい。泉田里遺跡の他の墓葬も含めて、この地域の墓葬は地上式、半地上式であり、地下式であっても30cm以内の比較的墓壙の浅いものばかりである。周溝墓石棺墓も同様に地上式であったことに注意したい。

　泉田里遺跡の周溝墓石棺墓は、単数埋葬で長方形の周溝を巡らすという形態で長方形周溝墓とも呼べる。同様の規模のものが墓域内に平行に並び、一部、方形の周溝石棺墓も混じるが、こちらのほうが時期が古い。形態・時期と

---

33)　江原文化財研究所, 2008,『泉田里』.

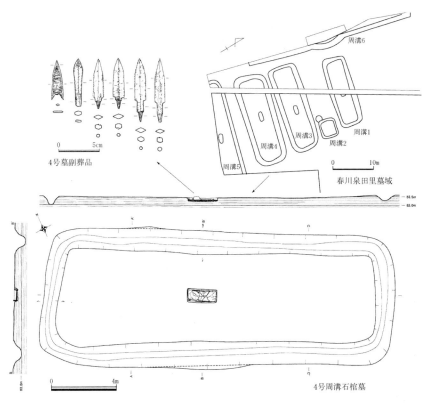

〈図9〉韓半島の周溝石棺墓(青銅器時代前期)

もに類似する周溝石棺墓が、晋州大坪里玉房8地区[34]で、円形周溝墓の横にみられる(図3-1)。こうした事例から、日本列島に近い嶺南地方南部まで周溝石棺墓が分布していたことがわかる。また、同じく嶺南地方南部の泗川梨琴洞遺跡[35]では、青銅器時代後期初頭と後期前葉の周溝石棺墓がある。後期前葉の方は敷石をする以前に周溝が掘られており、初期には敷石の下地ラインとし

---

34)　昌原文化財研究所, 2003,『晋州大坪里玉房8地区先史遺跡』.
35)　慶南考古学研究所, 2003,『泗川梨琴洞遺跡』.

ての機能を有していたのかもしれない。周溝墓による区画から敷石による区画への移行期の一例を示す資料の可能性があるだろう。

　以上のような事例をみると、確かに地上式と考えられる周溝石棺墓は青銅器時代前期末から後期前葉にかけて存在するが、時期と平面形態において、日本列島の墳丘墓(周溝墓)とは乖離があることは否めない。また、日本列島の墳丘墓は東武庫遺跡の前期後葉の資料が最古であり、韓半島の周溝石棺墓の時期とは数百年の差異がある。

　ところで、韓半島で周溝石棺墓が出現する時期には地上式の支石墓もみられ、これらに時期差はない。そして、韓半島南部の最古段階の支石墓が分布する地域の周辺で周溝石棺墓が分布し、両者の副葬品にも全く差異がない。これらの様相を考慮すると、周溝石棺墓は、支石墓が中国東北地方から拡散した際に、変容して形成された墓葬であるといえよう[36]。支石墓には敷石・積石などで埋葬施設の周囲に区画を示す行為が多くみられるが、周溝石棺墓の溝にも同様の意図があったのだろう[37]。

　支石墓からの転換ではなく、韓半島の周溝石棺墓が存続して、日本列島に伝播するという直接的な影響関係があった可能性も否定できないが、前述したように、形態・時期ともに差異がある。むしろ、ここで取り上げた周溝石棺墓の存在の重要性は、支石墓や石棺墓などの石を多用する地域の中に、主に土を用いて構築した墓が存在しうることを示していることであり、韓半島の青銅器時代文化が日本列島にもたらされる際、土で墳丘を築く墓を成立させることができた可能性を示していることである。

---

36)　同[27].
37)　河仁秀, 2000, 「南江流域無文土器時代의 墓制」『晋州南江遺跡と古代日本』.

もちろん、日本列島の周溝墓（墳丘墓）成立において本当に重要なことは、支石墓からの転化か、周溝石棺墓の直接伝播かという問題ではなく、埋葬施設の構築位置が地上であるということである。この点を重要視するべきであることを再度強調しておきたい。

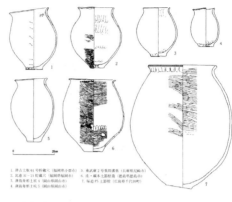

〈図10〉西日本松菊里式土器とその模倣土器

一方、近畿地方に墳丘墓が現れる弥生時代前期後葉は青銅器時代後期後半併行期であり、松菊里式土器が点的に西日本で広く分布する時期である（図10）。さらに、有茎式石剣が韓半島で増加するとともに、西日本でも松菊里式土器と同様に九州地方から近畿地方まで広がる[38]。従って、新たな文化が伝播するような状況にあったことは、遺物の動きからも裏付けられるといえよう。なお、九州北部と近畿地方の弥生時代における墓制の相違は、九州地方が約200年早く青銅器時代文化を受容していたことと、墓壙の深い嶺南地方の墓葬と関係が強いことに起因する。

---

38)　同[6]a.

Ⅵ. 展開と変化

　墳丘墓は弥生時代前期後葉(紀元前5世紀)に近畿地方で出現した後、弥生時代後期前半(紀元後1世紀)まで近畿地方や東海地方の主要な墓葬になる。さらに弥生時代中期以降(紀元前2世紀)には関東地方にも広がる。九州地方は甕棺墓地帯であるので、大きな東西差が認められる。

　東海地方や関東地方など多くの地域で、墳丘墓は、一つの墳丘に一つの木棺がある「一墳丘単数埋葬」であるが、近畿地方の河内潟周辺のみ弥生時代中期中葉(紀元前2世紀後半)から「一墳丘多数埋葬」に変わる(図11)。他地域と比較して大きな墳丘を築造し、10人以上の被葬者が埋葬される例も多い。図11に挙げた事例以外の多くの周溝墓は、墳丘の規模に関わらず、僅かな装身具を除き、副葬品が皆無である。葬礼に伴う供献土器は墳丘に置かれるが、土器ですら埋葬施設内に入れられることはほぼない。同時期の九州地方北部では、王墓と呼ばれる約1mの甕棺から漢鏡を含む多数の副葬品が出土する。九州地方北部の墓葬は、埋葬施設自体は、隔絶したものは存在しないが、副葬品による階層構造が明確であり、近畿地方の墳丘墓とは対照的である。

　近畿地方の墳丘墓は大きな墳丘ほど、埋葬施設を多く構築し、それが地域内で多数みられることから、系族(lineage)のような出自集団が複数あり、それぞれの優位を競い合っていた状況であると理解される。つまり、多くの副葬品を持つような個人の突出は許さないが、出自集団の優位は大きな墳丘を築造することで示していたといえよう。墳丘をもつ墓は東アジアの各地でみられるが、基本的に首長制社会や国家形成期であり、副葬品が多く、墳丘規模が階層差を表示することが多い。その意味で、日本列島の近畿地方の墳丘墓(周

溝墓）は特異な展開をみせる事例であるといえよう。

この状況から抜け出す様相は、ようやく弥生時代中期末になって現れる。その代表が河内地域の加美Y1号墓[39]である（図11）。墳丘北側の1号木棺から長さ1.6cmのガラス勾玉、直径0.6cmのガラス丸玉が出土したほか、2号木棺から銅釧とガラス平玉（再加工品）、14号木棺から2号木棺と同様の銅釧が副葬されていた。装身具とはいえ、一つの周溝墓で副葬の埋葬施

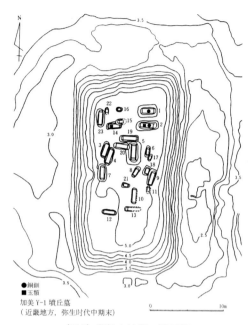

●銅釧
■玉類
加美 Y-1 墳丘墓
（近畿地方, 弥生時代中期末）

〈図11〉多数主体部の墳丘墓

設から副葬品が出土することは極めて稀である。近い時期と考えられる田能遺跡[40]においても、同じ周溝墓内の16号墓で600点を越える碧玉製管玉が、17号墓で銅釧路が副葬されていた。摂津地域における突出した存在を窺わせる。また、加美Y1でみられたガラス装身具のセットは、後期初頭の巨摩廃寺2号墓第10主体部[41]でも確認される。

北部九州の奴国の王墓とされる須玖岡本では、最高ランクの装身具として

---

39) 田中清美, 1986,「加美遺跡の検討」『古代を考える』43.
40) 尼崎市教育委員会, 1982,『田能遺跡発掘調査報告書』.
41) 大阪文化財センター, 1984,『巨摩・若江北』.

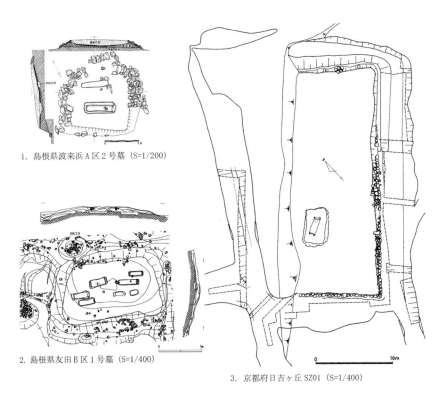

1. 島根県波来浜A区2号墓（S=1/200）

2. 島根県友田B区1号墓（S=1/400）

3. 京都府日吉ヶ丘 SZ01（S=1/400）

〈図12〉日本海沿海部における弥生時代中期中葉～後期の方形貼石墓

ガラス勾玉を採用していた。同時期で、青銅器原料の流通で関係のあった河内地域の加美Y1号墓や巨摩廃寺2号墓が同じガラス勾玉を最高ランクに位置づけているのは偶然ではないだろう。

　しかし、近畿地方の方形周溝墓に階層化の兆しがみえるのは、中期末から後期初頭という短期間であり、加美Y1号墓では中心の主体部に副葬品がない点も含め、北部九州とは政体の成長過程が大きく異なる。さらに、近畿地方では、後期後半には周溝墓自体がほとんど築造されなくなり、方形周溝墓（低

塚墓)から弥生墳丘墓(高塚墓)への連続的な展開も確認できない。むしろ、周溝墓や初期の台状墓といった低塚墓から高塚墓に発展するのは、山陰地方や瀬戸内地方といった地域である。特に山陰地方と丹後地域を含む日本海沿海部は、弥生時代中期中葉から墳墓を石で飾り、方形貼石墓を成立させる[42](図12)。

　最初期の貼石墓である中期中葉の島根県波来浜A2号墓[43](図12-1)は、周溝墓と同じく盛土(盛砂)をして、墓壙を掘り、その後、再び盛土(盛砂)するという墳丘構築方法である。同時期の島根県中野美保2号墓[44]も、後背低地に位置し、主体部は削平され残存していないことから、墳丘墓と同じ構築方法とみられる。波来浜A2号墓の場合、貼石は土止めの効果もあったと推定される。中期後葉の京都府日吉ケ丘SZ01[45](図12-3)は、丘陵に位置するとともに、墓壙が60cm残存しており、台状墓から変化したものであると推定される。山陰地方の山地部(中国地方山間部)や、出雲平野内の低丘陵に位置する墓においても丹後地方と同様の様相がみられる。友田B区1号墓[46](図12-2)は後者の代表的な事例であり、台状墓と同じ構築方法である。貼石墓は、もともと墓壙の上面に敷石を行う山陰地方から発生したものと推定されるが、日本海側の広い範囲で、周溝墓と同様の構築方法をもつ墳墓と台状墓が、同様の方法を採用している点で注目される。碧玉、青銅器、鉄器といった日本海側の交易網を通じて、塚墓の外観を類似させるという土壌が形成されたのだろう。そして、弥生

42)　川原和人, 2013,「四隅突出型墳丘墓の成立と展開」『古文化談叢』第70集.
43)　島根県松江市, 1973,『波来浜遺跡発掘調査報告書』.
44)　島根県教育委員会, 2004,『中野美保遺跡』.
45)　京都府加悦町教育委員会, 2005,『日吉ケ丘遺跡』.
46)　松江市教育委員会, 1983,『松江圏都市計画事業乃木土地区画整理事業区』.

時代中期後葉には方形貼石墓から四隅突出墓が成立し、後期後半には丹後地域を除く、日本海沿海部に広く分布するようになる。

　一方、瀬戸内地方のなかでも吉備地域では、貼石はしないものの、近接する中国地方山間部と同様に方形の低塚墳墓を築造していた。それが、後期後半になると、突如として、突出部をもつ円形の高塚墓を構築し、しかも石で墳丘を飾り始める。この経緯については、未だ解明されていないが、後期後半は、各地で墓制が大型化かつ定形化する時期であるため、独自の墓制が模索された結果と考えておきたい。

　重要なのは、こうした墳丘墓が発達する地域[47]は、広形銅矛や銅鐸に代表される青銅器祭祀を止めた地域という点である(図13)。弥生時代中期後葉以降、青銅の原料の流入が北部九州と近畿地方に限定された始めたことが、地域のシンボルを再構築することにつながったのだろう。そして、前方後円墳につながる纏向型墳丘墓に連続するものこそ、吉備地域を経由して瀬戸内地方に拡散した墳丘墓なのである。

　古墳時代の前方後円墳は、西日本各地の様相の集合であることはしられているが[48]、その主要な高塚という要素が山陰地方から吉備地域に由来する意味は大きい。日本列島の社会の展開を考える際、中央の変化だけでなく、地方の動向とその関係も含めて検討する必要を示唆しているからである[49]。

---

47)　松木武彦, 1998,「戦い」から「戦争」へ」『古代国家はこうして生まれた』角川書店.
48)　a. 近藤義郎・春成秀爾, 1967,「埴輪に起源」『考古学研究』第13巻第3号.
　　　b. 白石太一郎, 1984,「日本古墳文化論」『講座日本歴史』1, 東京大学出版.
49)　森下章司, 2005,「古墳出現に関する議論」『古墳のはじまりを考える』学生社.

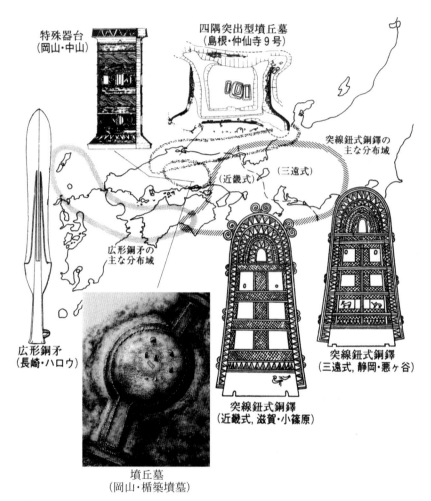

特殊器台
（岡山・中山）

四隅突出型墳丘墓
（島根・仲仙寺9号）

突線鈕式銅鐸の
主な分布域

（近畿式）　（三遠式）

広形銅矛の
主な分布域

広形銅矛
（長崎・ハロウ）

突線鈕式銅鐸
（三遠式, 静岡・悪ヶ谷）

突線鈕式銅鐸
（近畿式, 滋賀・小篠原）

墳丘墓
（岡山・楯築墳墓）

〈図13〉弥生時代後期後半の地域シンボル（松木1988を改変）

VII. おわりに

　現在、墳丘墓を含む地上式墓は、中原地域の周辺である環黄海・東中国海に広く分布することが確認されている。長江流域の土墩墓、遼東半島南部の積石墓[50]、遼東半島中部から韓半島西部の地上式支石墓、日本列島の瀬戸内・近畿地方の墳丘墓がその代表である。また、ユーラシア草原地帯にも、地上式墓が一時期出現する。

　草原地帯の地上式墓は初期スキタイに関係する可能性が高いとされている[51]。しかし、環黄海・東中国海においては、土墩墓と積石墓には直接的な関係はなく[52]、土墩墓と日本列島の墳丘墓にも直接的な関係はないので、民族的な同一性は認められない。

　ただし、長江下流域、遼東半島、日本列島では漁撈を盛んに行っていたという共通性があり、〈三国志〉には呉と倭で「文身」習俗が類似するという記述がある。さらに、誤解ではあるが、「蓋国在鉅燕南倭北倭属燕」〈仙海経〉や「倭人在帯方東南大海中…自謂太伯之後」〈晋書四夷伝倭人〉というように、これらの地域ついての属族問題や交流関係に関する記事もある。環黄海・東中国海において中原地域とは根本的に異なる地上式の墓葬が広がっていたという事実も、こうした誤解を助長させたかもしれない。しかし、逆に考えると、これら

---

50)　中国社会科学院考古研究所, 1996,『双砣子与崗上-遼寧史前文化的発現与研究』.

51)　林俊雄, 1992,「北方ユーラシアの大型円墳」,『平井尚志先生古稀記念考古学論攷Ⅱ』, 郵政考古学会.

52)　楊楠, 1998,『江南土墩遺存研究』, 民族出版社.

の誤解は、生活環境や生業における共通性が、墓葬の選択に関係する可能性を示唆しているとも解釈することができる。この問題について、地域内、地域間の両方の視点から、今後検討を深めていく必要があるだろう。

일본 분구묘(주구묘)의 기원과 발전

나카무라 다이스케 (일본 사이타마대학 교양학부)

번역 이택구 (전북대학교박물관)

Ⅰ. 머리말

「주구묘」는 주구, 분구, 목관 등의 모든 것이 야요이(弥生)시대에 이르러 출현하는 요소로 구성되어 있으며, 죠몬(縄文)시대에서 그 계보는 찾아볼 수 없다. 이러한 이유로 近畿(킨키)지방에서의 생성설[1], 九州(큐슈)지방 기원설[2], 한반도 기원설[3], 중국 秦墓 기원설[4], 각지 발생설[5] 등 기원에 대해서는 논쟁이 계속되고 있다. 다만 대부분의 연구가 외관적 요소인 주구에 주목하고 있는 이유로, 주구묘라는 장제(葬制)가 갖는 본질적인 혁신성에 대한 논의는 충

---

1) 福永伸哉, 1993, 「畿内の弥生墓制の特徴は何か」 『新視点日本の歴史』 1 原始編, 新人物往来社.
2) a. 中村弘, 1998, 「近畿地方における方形周溝墓の出現」 『網干善教先生古稀記念 考古学論集』 (上) 網干善教先生古稀記念論文集刊行会.
   b. 藤井整, 2001, 「方形周溝墓の成立」 『京都府埋蔵文化財情報』 第82号, 京都府埋蔵文化財調査研究センター.
3) 渡辺昌宏, 1999, 「方形周溝墓の源流」 『渡来人登場』, 大阪府立弥生文化博物館.
4) 俞伟超, 1993, 「方形沟墓与秦文化的关系」 『中国历史博物馆馆刊』 总21期.
5) 服部信博, 1992, 「墓制」 『山中遺跡』, 愛知県埋蔵文化財センター.

분하지 못했다[6]. 게다가 일본열도에서는 주구묘 이외에도 「台狀墓(대상묘)」나 「区画墓(구획묘)」라고 불리는 유사한 묘장(墓葬) 등이 있으며, 이들과의 구분도 애매한 실정이다. 이러한 이유로 본고에서는 우선 동아시아에서 보이는 분구 등의 상부 구조를 갖는 묘의 정의를 실시하고, 일본열도의 주구묘 등이 어떤 계통의 묘장에 속하는지를 밝힌 후, 이를 바탕으로 주구묘의 기원을 찾고자 한다.

II. 상부구조를 가진 墓葬

분구묘나 적석묘와 같이 지상에 돌이나 흙으로 된 상부구조를 가진 묘는 동아시아만이 아닌, 구대륙(舊大陸)의 넓은 지역에서 확인된다. 또한 이런 상부구조를 가진 묘는 매장시설이 당시의 지표보다 지하에 있는 「지하식묘」와 지상에 있는 「지상식묘」로 나뉜다[7]. 지하식묘의 대부분은 상부구조의 구축 이전에 매장시설을 만드는 것에 반하여, 지상식묘는 분구 등의 상부구조를 구축해가며 매장시설을 만들거나, 상부구조를 구축하고 최종단계에 묘광을 파서 매장시설을 만든다.

---

6) a. 中村大介, 2004,「方形周溝墓の成立と東アジアの墓制」『朝鮮古代研究』第5号 朝鮮古代研究刊行会.
   b. 中村大介, 2007a,「方形周溝墓の系譜とその社会」『墓制から弥生社会を考える』六一書房.
   c. 中村大介, 2012,『弥生文化形成と東アジア社会』.
7) 주6의 전게서.

매장시설의 구축위치에 대해서는 지석묘 연구에서 일찍이 의식되어[8], 임세권의 논고에서 명시되기 시작하였다[9]. 돌에서의 상부구조 구축인 이유로 최종단계에 묘광을 판 것들은 존재하지 않으나, 북방에서는 매장시설과 적석을 동시에 구축하는 것들이 있고, 남방에서는 묘광을 파고 매장시설을 만든 후에 상석 등을 얹는다. 전자는 지상식묘로 후자는 지하식묘가 된다. 또한 지상식묘에는 중간적인 반지하식도 있다<도 1. 지석묘의 묘실 구축위치>.

또한 매장시설의 구축순서에 주목하여, 최초로 고분연구에 응용한 이가 和田晴吾[10]로, 일본열도 고분의 계통차이를 지적하는데 성공하였다. 그 후 이성주[11]는 이 관점을 한반도를 포함한 동북아시아묘의 구분에 채용하여, 매장시설 후에 상부구조를 구축한 것을 「봉토묘」, 상부구조의 구축 후 혹은 구축 중에 매장시설을 만든 것을 「분구묘」로 정의하였다. 黃曉芬[12]도 「분묘 일체형」과 「분묘 분리형」이라는 용어를 사용하여 중원지역과 장강유역의 상부구조를 가진 묘를 구분하고 있다. 그 외에도 동아시아 각지에서 이러한 관점을 바탕으로 한 구분이 이루어졌고, 한반도의 원삼국시대에서 삼국시대에 대해서는 吉井秀夫[13], 高久健二[14]의 연구가, 중국에서는 王巍[15]의연구가 있다. 이들의 연구에서 사용된 용어는 각각 다르지만, 「지하식묘」는 대체로 「봉토묘」와 「분묘 분리형」

8) 鳥居龍蔵, 1917, 「平安南道黃海道古蹟調査報告」, 『大正五年度古蹟調査報告』, 朝鮮総督府.
9) 任世權, 1976, 「韓半島支石墓의 總合的 檢討」, 『白山学報』 20.
10) 和田晴吾, 1989, 「葬制의 変遷」, 『古墳時代의 王と民衆』, 古代史復元5, 講談社.
11) 李盛周, 2000, 「墳丘墓의 認識」, 『韓國上古史學會』 第32輯.
12) 黃曉芬, 2000, 『中国古代葬制의 伝統과 変革』, 勉誠出版.
13) 吉井秀夫, 2001, 「百済의 墳墓」, 『東アジアと日本의 考古学Ⅰ』, 同成社.
14) 高久健二, 2001, 「三韓의 墳墓」, 『東アジアと日本의 考古学Ⅰ』, 同成社.
15) 王巍, 2001, 「中日古代墳丘墓의 比較研究」, 『東アジアと日本의 考古学Ⅰ』, 同成社.

에 일치하고, 「지상식묘」는 대체로 「분구묘」와 「분묘 일체형」에 일치한다.

그렇다면 일본열도의 주구묘는 위의 어떤 구분에 속하는 것인가. 일찍이 都出比呂志[16]는 성토를 중시하여, 주구묘도 분구묘의 한 종류임을 주장하였다. 그리하여 분구묘를 「저총계」와 「고총계」로 구분하는 안을 제시하였다. 하지만 이러한 구분안도 일반적이라고 말하기는 어려우며, 주구묘를 「구획묘」로 이해 하는 연구자도 있다[17]. 여기서 다음 장에서는 주구묘, 대상묘, 구획묘의 대표 적인 사례를 검토하고, 이들이 어떤 계통의 묘장에 속하는지 밝히고 싶다.

Ⅲ. 주구묘의 계통과 지역성

우선 주구묘와 그 관련 묘장의 특징에 대해 검토하고, 그 후 그 차이에 대해 서술하겠다.

주구묘 : 일본열도의 주구묘는 야요이시대 중기이후로 연속되는 것은 兵庫縣(효고현) 東武庫(히가시무코)유적[18]의 방형주구묘가 가장 오래된 것이다<도 2. 킨키지방의 초기 방형주구묘 (東武庫遺蹟)>. 그 시기는 야요이시대 전기 후엽으로 기원전 5세기경이다. 약간의 성토가 남아있는 1m미만의 총(塚)이다. 이러한 낮은 총에 있어서도 주구 굴착에서 나온 배토(排土)만으로는 총의 2/3

---

16) a. 都出比呂志, 1979, 「前方後円墳出現期の社会」『考古学研究』第26巻第3号.
    b. 都出比呂志, 1986, 「墳墓」『岩波講座日本考古学』第6巻, 岩波書店.
17) 吉留秀敏, 1989, 「比恵遺跡群の弥生時代墳丘墓-北部九州における弥生時代区画墓 の一例-」『九州考古学』第63号, 九州考古学会.
18) 兵庫県教育委員会, 1995, 『東武庫遺跡』.

정도의 토량 밖에 확보할 수 없는 이유로, 최초의 정지시의 배토만이 아닌, 어느 정도의 흙을 塚 구축을 위해 마련해 두지 않으면 안되었을 것으로 추정된다. 또한 東武庫유적의 주구묘는 22기가 보고되어 있는데, 그 중 20기가 지상식이다[19]. 나머지 2기는 지하식일 가능성도 있으나, 묘광이 깊어 결과적으로 지하식이 되었을 가능성이 높다.

주구 배토 이외의 흙이 준비되고 매장시설도 기본적으로 총 안에 구축되는 것에서 주구묘는 구 보다는 분구가 중요시되고, 거기에 지상식을 지향하는 묘장이었다고 말할 수 있다. 따라서 주구묘는 분구묘의 한 종류로 정의된다. 또한 매장시설은 한 분구에 3기까지로, 대부분은 단수 매장이다. 야요이시대 중기 전엽(기원전 2세기)까지의 주구묘는 단수 매장이 주체였다고 생각할 수 있을 것이다[20].

한편 원형주구묘에 대해서는 유사한 사례가 있으나 100년~ 200년 정도의 시기차가 있다<도 3. 한일의 원형주구묘>. 또한 山陰(산인)·瀬戸内(셋토나이)지방의 원형주구묘는 近畿(킨키)지방의 원형주구묘보다 조금 일찍 출현하지만, 당초에는 묘군을 형성하지 않으며, 瀬戸内지방에서는 시기가 떨어져도 형태가 변화하지 않는다. 시기가 내려오면서 각각 영향을 주고받는 것으로 보이나 近畿지방에서 원형주구묘에서 방형주구묘로의 변천도 확인되지 않은 것으로 볼 때, 처음에는 다른 계기로 출현한 것으로 보인다.

구획묘 : 구획묘로서 구(溝)를 가진 最古의 사례는 福岡県(후쿠오카현) 東小

---

19) 山田清朝, 1995, 「埋葬施設」 『東武庫遺跡』, 兵庫県教育委員会.

20) a. 大村直, 1991, 「方形周溝墓における未成人中心埋葬について -家族墓・家長墓説批判-」 『史観』 23号.

　　b. 大庭重信, 1999, 「方形周溝墓制からみた畿内弥生時代中期の階層構造」 『国家形成期の考古学』, 大阪大学考古学研究室.

田峰(히가시오다미네)유적[21]이다(도 4-2. 구획묘와 대상묘). 시기는 야요이시대 전기중엽~후엽(기원전 5~4세기)로, 近畿지방의 東武庫유적보다 이른 시기이다. 다만 東小田峰유적은 구로 에워싸인 내부에 8기의 매장시설이 있는데, 본래 16기 정도의 매장시설을 갖고 있었다고 추정된다. 단수 매장이 주체인 近畿지방의 것들과는 큰 차이가 있다. 큐슈(九州)지방에는 전기중엽~후엽의 福岡県中 · 寺尾(나카 · 테라오)유적[22] 등<도 4-1> 구릉 등의 평탄지에 집단묘가 방형으로 밀집하여 형성된 사례가 있으며, 이러한 일정 집단의 공간점유가 중기 이후, 일부는 분구묘로서, 일반적인 열상(列狀) · 집단묘와는 계층구조를 갖고 묘역을 형성하게 된다[23]. 따라서 東小田峰의 예도 이상과 같은 경위를 부가했을 때, 그 매장시설 수가 많음에서 일정집단의 구획묘로의 성격이 강하며, 주구는 이를 강조하기 위한 것으로 보는 것이 가능할 것이다. 또한 구획묘의 매장시설은 같은 지역의 다른 목관묘와 묘광 깊이에서 큰 차이가 없으며, 매장시설을 먼저 구축하는 지하식묘이다. 봉토가 있었는지는 명확하지 않아 봉토묘인지는 알 수 없으나, 처음에는 분구묘와는 다른 묘장이었음이 틀림없다.

대상묘 : 대상묘의 사례로 가장 이른 시기는 야요이시대 전기말~중기초두 (기원전 3~2세기)의 兵庫県 駄坂 · 舟隱(다사카 · 후나가쿠시)유적[24]이다<도 4-3>. 이것도 주구묘로 취급되기도 하나[25], 구릉에 이어져 만들어지며 주구묘와 같이 삭평되어 있음에도 불구하고 묘광이 깊은 이유로 주구묘와는 다른 특

21) 夜須町史編纂委員會, 1991, 『夜須町史』考古編.
22) 大野城市敎育委員會, 1971, 『中 · 寺尾遺跡』.
23) 주17의 전게서.
24) 豊岡市敎育委員會, 1989, 『駄坂 · 舟隱遺跡群』.
25) 但馬考古学研究会, 2004, 『台状墓の世界』.

징을 갖는다. 和田晴吾가 지적한 것과 같이 묘광을 먼저 팠을 가능성이 있다[26].
이 경우 대상묘는 봉토묘에 속하는 이유로, 주구묘와는 계통이 다르다. 매장시
설은 기본적으로 단수이다.

이상과 같이 주구묘, 구획묘, 대상묘는 묘장으로서 기본적인 차이가 보인다.
거기에 각 묘장의 분포를 표시해 보면 도5(야요이시대 전기의 저총묘의 분포)
와 같이 명확한 지역성을 보인다. 원형주구묘는 주로 山陰지방과 瀬戸内지방
에, 방형주구묘는 近畿지방에, 대상묘는 北近畿지방에, 구획묘는 九州지방 북
부에 분포한다. 이러한 양상은 각각이 다른 계통의 묘제였음을 더욱 강조해
주는 것일 것이다.

여기까지 검토한 주구묘, 대상묘, 구획묘의 양상을 요약하면 다음과 같다.

① 출현기의 매장시설 수는 近畿지방은 단수 매장주체, 九州지방은 다수 매장
　이다.

② 분구의 유무는 近畿지방은 반드시 존재하나, 九州지방은 없는 경우도 많다.

③ 상위개념으로 近畿지방의 주구묘는 분구묘에 속하며, 九州지방의 주구를
　가진 묘장은 구획묘에 속한다. 또한 대비(對比)하면 近畿지방이 지상식묘,
　九州지방이 지하식묘이다.

④ 山陰지방에서 瀬戸内지방의 원형주구묘는 近畿지방의 방형주구묘와는 분
　포지역이 다르지만, 평면형태 이상의 차이가 있는지는 불명확하다.

⑤ 대상묘는 매장시설을 먼저 구축했을 가능성이 있고, 주구묘와는 다른 계통
　의 지하식묘이다.

---

26) 和田晴吾, 2003, 「弥生墳丘墓の再検討」『古代日韓交流の考古学的研究 - 葬制の比
　　較研究 - 』.

특히 문제가 되는 것은 近畿지방과 九州지방의 묘제 차이에 있다. 야요이토기와 수전(水田)의 전파와 같이, 九州 북부에서 瀨戶內, 近畿지방으로의 단계를 거쳐 전파되었다면, 近畿지방의 주구묘에서 九州지방의 요소가 보여야 하지만, 구획이나 구의 내부 매장시설의 수나 매장시설의 구축위치에 현저한 차이가 보인다. 특히 후자는 이후의 주구묘에서도 계속되는 부분으로, 옹관묘의 성행과 함께 목관묘도 밀폐도가 높아지며, 묘광이 깊어지는 경향이 있는 九州지방의 묘장과는 명확한 차이가 있다. 따라서 야요이토기의 확산과 함께 야요이문화의 모든 요소가 九州지방에서 瀨戶內지방을 거쳐 한번에 확산되었던 것은 아니었음을 알 수 있다.

또한 장제로서의 주구묘를 보았을 때, 近畿지방의 것은 지상에 매장시설을 구축하는 점에서, 얕지만 지하식의 토광을 주로 쓰는 죠몽시대의 장제를 크게 일탈하고 있다. 단순한 특징으로의 분구라면 중국과 같이 지하에 매장시설을 구축하고, 그 위에 분구를 만드는 것을 주구묘라 해도 좋으나, 이러한 예로 확실한 것은 보이지 않는다. 이것도 매장시설의 위치는 당시 사람들이 의식하고 있었던 것이라고 말할 수 있는 근거 중 하나일 것이다. 이러한 내용을 바탕으로 바탕으로 본고에서는 近畿지방의 주구묘를 「분구묘」로 부르고자 한다. 다만 시기가 떨어지면 분구의 높이가 문제가 되는 점에서 봉토와 분구를 합쳐「塚」으로 부르고 표 1(야요이시대 총묘의 개념)과 같은 개념으로 야요이시대 전체의 「塚墓」를 이해하고자 한다.

또한 명확한 지하식묘인 秦墓[27]는 확실히 일본열도 분구묘의 기원은 아니다<도 6. 山西侯馬喬村墓地 (M422)>.

---

27) 山西省考古研究所, 2004,『侯馬喬村墓地1959~1996』, 科學出版社.

한편 야요이문화의 형성과 관계가 깊은 중국 동북지방에서부터 한반도에는 近畿지방에서 주구묘가 출현하는 시기에 외관이 유사한 묘장은 보이지 않는다. 다만 지상식묘는 그 수가 많으므로, 이 관점에서 주구묘의 조형이 되는 묘장을 생각해 보고 싶다.

Ⅳ. 주구묘 출현기의 한반도의 묘제

한반도에서는 일본열도에서 분구묘가 출현하는 시기에 크게 계통이 다른 두 문화가 보인다. 하나는 재지의 송국리계문화, 다른 하나는 요동지역에서 남하해 온 점토대토기문화이다. 전자의 묘장은 지역에 따라 묘장이 다르나, 금강유역이나 울산지역을 제외하면 지석묘가 많이 만들어진다. 후자의 묘장은 묘광이 깊은 목관묘이다.

지석묘와 석관묘를 포함한 한반도의 묘제에 대해서는 앞서 말한 바와 같이 매장시설의 구축위치, 즉 지상식과 지하식으로 대단히 강한 지역성을 띤다[28]<도 7. 한반도 지석묘의 지역성>. 본고와 관계된 부분에 대한 결론만을 말하면 다음과 같다.

① 호남지방의 서해안지역에서 지상식의 탁월

② 영남지방 남부에서 지하식의 발달

---

28) 中村大介, 2008, 「東北アジアにおける支石墓の成立と傳播」, 『中國史研究』 52.

③ 호서지방의 부여주변에서 석관묘를 중심으로 한 지하식의 탁월

하지만 영남지방 남부에서도 마산 진동리유적[29]과 같이 주구와 분구를 가진 지상식의 묘군이 존재한다. 다음에 논할 주구석관묘의 존재나 남강유역 대평리유적군의 묘역에 혼재하는 지상식 묘의 존재를 고려하면, 얼마간 이 지역에도 지상식묘가 포함되어 있다[30]. 그렇지만 장기적인 관점에서 보면, 원삼국시대에서 삼국시대와 청동기시대의 지상식과 지하식의 지역성은 완전하진 않으나 겹쳐지는 부분이 많다. 특히 호남지방 서부에서는 지상식이 계속되며 원삼국시대에는 주구묘가 성립한다.

호남지방 지석묘의 양상을 상세하게 보면, 동남부에서 반지상식 혹은 묘광이 얕은 것들이 많고, 동남부 이외의 지역인 북부[31]에서부터 서남부[32]에는 지상식이 많다(도 8. 호남지구 진안 망덕 13호묘). 지상식 묘제가 주체인 지역이며 이곳이 거리적으로 서일본과 가까운 지역으로, 近畿지방의 지상식묘 즉 분구묘의 계보가 여기에 있을 가능성이 있다.

29) 慶南発展研究院歴史文化센터, 2005, 『馬山鎮東遺跡』, 現場説明会資料集.
30) 李秀鴻, 2006, 「嶺南地域 地上式支石墓에 대하여」 『石軒鄭澄元教授定年退任記念論叢』.
31) 湖南文化財研究院, 2002, 『望徳遺跡』.
32) 全羅南道文化広報室, 1976, 『栄山江水没地区遺跡発掘調査報告書』.

V. 近畿지방 분구묘의 계보

호남지방 서부의 지석묘와 近畿지방 분구묘의 유사점은 양자 모두 지상식의 묘라는 점이다. 또한 양자 모두 적석이나 구로 구획을 하는 점이 공통된다. 양자의 차이점은 지석묘는 돌을 많이 사용하는 묘제임에 반해, 방형주구묘는 흙으로 분구를 구축하는 점이 가장 크다. 특히 지석묘의 특징인 상석은 방형주구묘에서는 흔적조차 찾아볼 수 없다. 만약 직접적인 영향관계를 상정하고자 한다면, 그 차이에 대해서는 석재의 획득환경의 차이와 축조에 동원되는 인력의 차이, 지석묘가 소멸하기 직전에 나타나는 등의 사정을 생각해 볼 수 있다. 물론 이를 근거로 하더라도 형식학적으로 변화한다고 말할 수 있을만한 직접적인 관계를 상정하기에는 무리가 있다.

한편 한반도에서는 춘천 천전리유적에서 탁자식 지석묘를 시작으로 지상식의 지석묘가 존재하고, 최근에는 주구석관묘[33])가 발굴되었다<도 9. 한반도의 주구석관묘(청동기시대 전기)>. 주구석관묘는 청동기시대 전기후엽으로 분구구축 후에 매장시설을 만들고 있다. 지석묘는 청동기시대 후기로 주구석관묘보다 늦다. 천전리유적의 다른 묘장을 포함하여 이 지역의 묘장은 지상식, 반지하식으로 지하식이라 하더라도 30cm이내의 비교적 묘광이 얕은 것들뿐이다. 주구석관묘도 같은 지상식이었음을 주의해야 한다.

천전리유적의 주구석관묘는 단수 매장으로 장방형의 주구를 돌린 형태로 장방형주구묘로도 불린다. 같은 규모의 것들이 묘역 내에서 평행하게 배치되

---

33)　江原文化財研究所, 2008,『泉田里』.

어 있고, 일부 방형의 주구석관묘도 끼어있는데 이들의 시기가 올라간다. 형태 · 시기와 함께 유사한 주구석관묘가 진주 대평리 옥방 8지구[34]에서 원형주구묘의 옆에서 확인된다<도 3-1>. 이러한 사례에서 일본열도에 가까운 영남지방 남부까지 주구석관묘가 분포하고 있었음을 알 수 있다. 또한 같은 영남지방 남부의 사천 이금동유적[35]에는 청동기시대 후기 초두와 후기 전엽의 주구석관묘가 있다. 후기전엽의 것은 부석(敷石)을 하기 전에 주구가 파여 있어, 초기에는 부석 아래 땅에 라인으로서의 기능을 가지고 있었을지도 모른다. 주구에 의한 구획에서 부석에 의한 구획으로의 이행기의 일례를 보여주는 자료일 가능성이 있다.

이상과 같은 사례를 볼 때, 확실하게 지상식으로 판단되는 주구석관묘는 청동기시대 전기말에서 후기전엽에 걸쳐 존재하나, 시기와 평면형태에 있어서 일본열도의 분구묘(주구묘)와는 괴리가 있음을 부정할 수 없다. 또한 일본열도의 분구묘는 東武庫유적의 전기후엽 자료가 가장 오래된 것으로, 한반도 주구석관묘의 시기와는 수백년의 차이가 있다.

그런데 한반도에서 주구석관묘가 출현하는 시기에는 지상식의 지석묘도 보이며 이들의 시기차는 없다. 그리고 한반도 남부 最古단계의 지석묘가 분포하는 지역의 주변에서 주구석관묘가 분포하며, 양자의 부장품에서도 전혀 차이가 없다. 이들의 양상을 고려할 때, 주구석관묘는 지석묘가 중국 동북지방에서부터 확산될 때 변용되어 형성된 묘장이라고 말할 수 있다[36]. 지석묘에는 부석 · 적석 등으로 매장시설의 주위에 구획을 표시하는 행위가 많이 나타나는

---

34) 昌原文化財研究所, 2003, 『晋州大坪里玉房8地区先史遺跡』.

35) 慶南考古学研究所, 2003, 『泗川梨琴洞遺跡』.

36) 주27의 전게서

데, 주구석관묘의 구에도 같은 의도가 있었을 것이다[37].

지석묘에서의 전환이 아닌 한반도의 주구석관묘가 존속하면서 일본열도에 전파되었다고 하는 직접적인 영향관계가 있었을 가능성도 부정할 수 없으나, 전술한 바와 같이 형태·시기 모두 차이가 있다. 오히려 여기서 다룬 주구석관묘의 존재의 중요성은 지석묘나 석관묘 등 돌을 많이 사용하는 지역에 주로 흙을 가지고 구축한 묘가 존재할 수 있음을 나타내는 것으로, 한반도의 청동기시대 문화가 일본열도에 전해질 때 흙으로 분구를 만든 묘가 만들어질 수 있게 했을 가능성을 나타내는 것이다.

물론 일본열도의 주구묘(분구묘) 성립에서 사실 중요한 것은 지석묘에서의 전화(轉化)인가, 주구석관묘의 직접 전파인가 라는 문제가 아닌, 매장시설의 구축위치가 지상에 있다는 점이다. 이 점을 중요시 해야함을 다시 한번 강조해 두고 싶다.

한편 近畿지방에 분구묘가 나타나는 야요이시대 전기후엽은 청동기시대 후기후반의 병행기로, 송국리식토기가 점적(点的)으로 서일본에 넓게 분포하는 시기이다<도 10> 서일본 송국리식토기와 그 모방토기). 또한 유경식석검이 한반도에서 증가함과 함께 서일본에서도 송국리식토기와 같이 九州지방에서 近畿지방까지 퍼진다[38]. 따라서 새로운 문화가 전파되는 상황이었음은 유물의 움직임에서도 뒷받침된다고 말할 수 있다. 즉 九州 북부와 近畿지방의 야요이시대 묘제가 다른 것은, 九州지방이 약 200년 일찍 청동기시대 문화를 수용하고 있었던 것과 묘광이 깊은 영남지방의 묘장과 관계가 깊은 것에서 기인한다.

---

37) 河仁秀, 2000, 「南江流域無文土器時代의 墓制」, 『晋州南江遺跡と古代日本』.
38) 주6a의 전게서.

VI. 전개와 변화

분구묘는 야요이시대 전기후엽(기원전 5세기)에 近畿지방에 출현한 후, 야요이시대 후기전반(기원후 1세기)까지 近畿지방이나 東海(토우카이)지방의 중요한 묘장이 된다. 거기에 야요이시대 중기이후(기원전 2세기)에는 關東(칸토우)지방으로도 퍼진다. 九州지방은 옹관묘지대이므로 큰 동서차가 보인다.

東海지방이나 關東지방 등 대부분의 지역에서 분구묘는 하나의 분구에 하나의 목관이 있는 「일분구 단수매장」이나, 近畿지방의 河内潟(카와치세키)주변만은 야요이시대 중기중엽(기원전 2세기후반)부터 「일분구 다수매장」으로 변한다<도 11. 다수 주체부의 분구묘>. 타지역과 비교했을 때 큰 분구를 축조하고 10인 이상의 피장자가 매장되는 예도 많다. <도 11>에 다룬 사례 이외의 대부분의 분구묘는 분구의 규모에 관계없이, 약간의 장신구를 제외하면 부장품이 거의 없다. 장례에 공반되는 공헌토기는 분구에 놓여 있으나, 토기마저도 매장시설 내에 넣는 경우는 거의 없다. 동시기의 九州지방 북부에서는 왕묘로 불리는 약 1m의 옹관에서 漢鏡을 포함한 다수의 부장품이 출토되었다. 九州지방 북부의 묘장은, 매장시설 자체가 동떨어진 것은 존재하지 않으나 부장품에 의한 계층구조가 명확하여 近畿지방의 분구묘와는 대조적이다.

近畿지방의 분구묘는 큰 분구일수록 매장시설을 다수 구축하며 이것들이 지역 내에서 다수 확인되는 점에서 系族(lineage)과 같은 출자집단이 복수로 존재하며, 각각의 우위를 경합(競合)하는 상황이었다고 이해된다. 즉 많은 부장품을 갖는 개인의 돌출은 허락되지 않으나, 출자집단의 우위는 큰 분구를 축조하는 것으로 나타냈다고 말할 수 있다. 분구를 가진 묘는 동아시아의 각지에서 보이지만 기본적으로 수장제 사회나 국가 형성기로, 부장품이 많으며,

분구 규모가 계층차를 표시하는 것들이 많다. 이런 의미에서 일본열도 近畿지방의 분구묘(주구묘)는 특이한 전개를 보이는 사례라고 말할 수 있다.

이러한 상황에서 벗어난 양상은 야요이시대 중기말에 이르러 가까스로 나타난다. 그 대표가 河內(카와치)지역의 加美(카미) Y1호묘[39]이다<도 11>. 분구 북측의 1호 목관에서 길이 1.6cm의 유리곡옥(ガラス勾玉), 직경0.6cm의 유리환옥(ガラス丸玉)이 출토되었고, 2호 목관에서 동팔찌(銅釧)과 유리평옥(ガラス平玉)(재가공품), 14호 목관에서 2호 목관과 같은 銅釧이 부장되어 있었다. 장신구라고는 하지만 하나의 주구묘에 부장(副葬)된 매장시설에서 부장품이 출토되는 경우는 대단히 드물다. 비슷한 시기로 추정되는 田能(타노우)유적[40]에서도 같은 주구묘내의 16호묘에서 600점을 넘는 벽옥제 관옥이, 17호묘에 銅釧이 부장되어 있었다. 摂津(셋츠)지역에서 돌출된 존재임을 짐작하게 한다. 또한 加美Y1에서 확인된 유리장신구 세트는 후기초두의 巨摩廃寺 (코마하이지) 2호묘 제 10주체부[41]에서도 확인된다.

북부九州의 奴國 왕묘로 일컬어지는 須玖岡本(수구오카모토)에서는 최고 랭크의 장신구로 유리곡옥을 채용하였다. 동시기로 청동기 원료의 유통에 관계가 있던 河內지역의 加美 Y1호묘나 巨摩廃寺 2호묘가 같은 유리곡옥을 최고 랭크로 평가한 것은 우연이 아닐 것이다.

하지만 近畿지방의 방형주구묘에 계층화의 전조가 보이는 것은 중기말에서 후기초두에 이르는 단기간으로, 加美 Y1호묘에서는 중심 주체부에 부장품이 없는 것을 포함하여, 북부九州와는 정치체의 성장과정이 크게 다르다. 또한

---

39) 田中清美, 1986,「加美遺跡の檢討」,『古代を考える』43.

40) 尼崎市教育委員会, 1982,『田能遺跡発掘調査報告書』.

41) 大阪文化財センター, 1984,『巨摩 · 若江北』.

近畿지방에서 후기후반에는 주구묘 자체가 거의 축조되지 않게 되며, 방형주구묘(저총묘)에서 야요이 분구묘(고총묘)로의 연속적인 전개도 확인되지 않는다. 오히려 주구묘나 초기의 대상묘라고 하는 저총묘에서 고총묘로 발전하는 것은 山陰지방이나 瀬戸内지방이라는 지역에서 나타난다. 특히 山陰지방과 丹後(단고)지역을 포함한 일본해(한국의 동해) 연해부는 야요이시대 중기후엽부터 분묘를 돌로 장식하는 方形貼石墓를 성립시킨다[42]<도 12>(일본해 연해부의 야요이시대 중기중엽~후엽의 방형첩석묘).

最初期의 첩석묘인 중기중엽의 島根県(시마네현) 波来浜(나라하마) A2호묘[43]<도 12-1>는, 주구묘와 같이 盛土(盛砂)를 하고 묘광을 판 후, 다시 盛土(盛砂)를 하는 분구 구축방법을 띤다. 동시기 島根県 中野美保(나카노미호) 2호묘[44]도後背低地에위치하고주체부는삭평되어존재하지않는점에서분구묘와같은구축방법으로보고있다. 波来浜 A2호묘의 경우, 貼石은 흙의 손실을 막는 효과도 있었다고 추정된다. 중기후엽의 京都府(교토부) 日吉ケ丘(히요시가오카) SZ01[45]<도 12-3>은 구릉에 위치하면서 묘광이 60cm잔존하고 있어, 대상묘에서 변화한 것으로 추정되고 있다. 山陰지방의 山地部(中国[츄고쿠]지방 산간부)나 出雲(이즈모)평야 내의 낮은 구릉에 위치하는 묘에 있어서도 丹後지방과 같은 양상이 보인다. 友田(토모다)B區 1호묘[46]<도 12-2>는 후자의 대표적인 사례로 대상묘와 같은 구축방법이다. 첩석묘는 원래 묘광의 상면에 부석을 덮는 山陰지방에서 발생한 것으로 추정되나, 일본해 쪽의 넓은 범위에서

---

42)　川原和人, 2013, 「四隅突出型墳丘墓の成立と展開」『古文化談叢』第70集.
43)　島根県松江市, 1973, 『波来浜遺跡発掘調査報告書』.
44)　島根県教育委員会, 2004, 『中野美保遺跡』.
45)　京都府加悦町教育委員会, 2005, 『日吉ケ丘遺跡』.
46)　松江市教育委員会, 1983, 『松江圈都市計画事業乃木土地区画整理事業区』.

주구묘와 같은 구축방법을 가진 분묘와 대상묘가 같은 방법을 채용하고 있는 점에서 주목된다. 벽옥, 청동기, 철기라고 하는 일본해 쪽의 교역망을 통해 塚墓의 외관을 유사하게 하는 관념이 형성되었을 것이다. 그리하여 야요이시대 중기후엽에는 방형첩석묘에서 四隅突出墓가 성립하고, 후기후엽에는 丹後지역을 제외한 일본해 연해부에 넓게 분포하게 된다.

한편 瀬戸内지방 중에서도 吉備(키비)지역에서는 貼石은 하지 않지만 근접한 中国(츄고쿠)지방 산간부와 같은 방형의 저총분묘를 축조하였다. 그것이 후기후반이 되면 돌연 돌출부를 가진 원형의 고총묘를 구축하는데, 거기에 돌로 분구를 장식하기 시작한다. 이 경위에 대해서는 아직 해명되지 않았으나 후기후반은 각지에서 묘제가 대형화 및 정형화하는 시기이기 때문에 독자적인 묘제를 모색한 결과로 생각해 두고 싶다. 중요한 것은 이러한 분구묘가 발달하는 지역은 광형동모(広形銅矛)나 銅鐸으로 대표되는 청동기 제사를 그만둔 지역[47]이라는점이다<도 13. 야요이시대 후기후반의 지역 심볼(松木 1998을 개변)>. 야요이시대 중기후엽이후 청동 원료의 유입이 북부九州와 近畿지방으로 한정되기 시작한 것이 지역의 심볼(상징)을 재구축하는 것으로 이어졌을 것이다. 그리하여 전방후원분으로 이어지는 纏向型(마키무쿠형) 분구묘로 연속하는 것이야 말로 吉備지역을 경유하여 瀬戸内지방에 확산된 분구묘인 것이다. 고분시대의 전방후원분은 서일본 각지의 양상의 집합인 것은 알려져 있지만[48], 그 주요한 고총이라는 요소가 山陰지방에서 吉備지역으로 유래되는 의미는 크다. 일본열도의 사회 전개를 고려했을 때 중앙의 변화만이 아닌,

---

47) 松木武彦, 1998, 「戦い」から「戦争」へ」『古代国家はこうして生まれた』, 角川書店.
48) a. 近藤義郎・春成秀爾, 1967, 「埴輪に起源」『考古学研究』第13巻第3号.
     b. 白石太一郎, 1984, 「日本古墳文化論」『講座日本歴史』1, 東京大学出版.

지방의 동향과 그 관계도 포함시켜 검토할 필요성을 시사해 주기 때문이다[49].

Ⅶ. 맺음말

현재 분구묘를 포함한 지상식묘는 중원지역의 주변인 環黃海 · 東中國海에 넓게 분포하고 있음이 확인되고 있다. 장강유역의 토돈묘, 요동반도 남부의 적석묘[50], 요동반도 중부에서 한반도 서부의 지상식 지석묘, 일본열도의 瀬戸内 · 近畿지방의 분구묘가 그 대표이다. 또한 유라시아 초원지대에도 지상식묘가 한 시기 출현한다.

초원지대의 지상식묘는 초기 스키타이에 관계될 가능성이 높다고 보고 있다[51]. 하지만 環黃海 · 東中國海에 대해서는 토돈묘와 적석묘에는 직접적인 관계는 없으며[52], 토돈묘와 일본열도의 분구묘에도 직접적인 관계는 없으므로 민족적인 동일성은 인정되지 않는다.

다만 장강하류역, 요동반도, 일본열도에서는 어로가 성행하였다는 공통성이 있고, <삼국지>에는 吳와 倭의 「문신」 습속이 유사하다는 기록이 있다. 또한 誤解(誤譯)이기는 하나, 「蓋國在鉅燕南倭北倭屬燕」<仙海經>이나 「倭人在帶方東南大海中…自謂太伯之後」<晋書四夷傳倭人>에서 말하는 바와 같이, 이들 지역에

---

49) 森下章司, 2005,「古墳出現に関する議論」『古墳のはじまりを考える』, 学生社.

50) 中国社会科学院考古研究所, 1996,『双砣子与崗上-遼寧史前文化的発現与研究』.

51) 林俊雄, 1992,「北方ユーラシアの大型円墳」『平井尚志先生古稀記念考古学論攷 Ⅱ』, 郵政考古学会.

52) 楊楠, 1998,『江南土墩遺存研究』, 民族出版社.

대한 屬族문제나 교류관계에 관한 기사도 있다. 環黃海·東中國海에 있어서 중원지역과는 근본적으로 다른 지상식의 묘장이 퍼져있었다는 사실 또한 이러한 오해를 조장했을지도 모른다. 하지만 역으로 생각해 보면 이러한 오해는 생활환경이나 생업에 있어서의 공통성이 묘장의 선택에 관계했을 가능성을 시사하고 있다고 오역하는 것도 가능하다. 이 문제에 대해서는 지역 내, 지역 간의 양방향의 시점에서 금후 검토를 해나갈 필요가 있을 것이다.

●●●●●
마한 분구묘의 출현과정과 조영집단

권오영 서울대학교

Ⅰ. 머리말

최근 한국고고학에서 가장 뜨거운 이슈를 만들어내고 중요 발굴조사가 이어지고 있는 곳은 영산강유역일 것이다. 특히 고분조사와 연구가 이러한 흐름을 선도하고 있다. 영산강유역에 분포하는 고분들은 고구려, 백제, 신라 및 가야 고분과 외형 및 매장주체를 달리하는 특성을 보이고 있어서 고대 한반도의 고분문화를 더욱 풍성하게 만들어주고 있다.

이 지역 고분의 외형적인 특징은 높고 큰 마운드, 그리고 원형·방형·전방후원형 등 다양한 평면형에 있다. 내부의 매장주체는 그 종류가 매우 다양한데 목곽의 발전이 미흡한 대신 대형의 전용 옹관과 다양한 기원의 석실이 가장 큰 특징이다.

이러한 고분이 마한이란 정치체와 유관함은 분명하다. 마한의 시간적 상한과 하한에 대해서는 많은 이론이 있으나 가장 길게 잡으면 기원전 4세기 무렵에서 기원후 6세기까지 무려 900년 정도의 시간폭에 걸쳐 있다. 이러한 장기간에 걸친 정치체의 묘제를 한마디로 정의하는 것은 불가능하다. 현재 학계에서는 마한의 묘제는 곧 분구묘, 혹은 마한의 주 묘제는 분구묘라는 인식이 확산되고 있다.

하지만 구체적으로는 많은 의문이 제기된다. "분구묘"라는 용어가 900년에 걸친 마한정치체의 묘제를 집약적으로 잘 표현할 수 있는가? 마한으로 불리던 정치체가 소재한 지역에서는 모두 분구묘가 사용되었는가? 분구묘가 사용된 지역은 곧 마한인가? 분구묘라는 커다란 범주 안에서 보이는 시간적, 지역적, 계층적, 종족적 차이는 어떻게 설명할 것인가? 이외에도 많은 의문이 제기될 것이다.

지금까지는 고대 한국의 묘제 연구에서 분구묘라는 개념을 수립하고 영산
강유역의 많은 무덤들을 이 안에 정렬시키는 작업이 주를 이루었다. 당연히
"분구"라는 공통성이 중시되었지만 앞으로는 그에 못지않게 차별성에 주목하
여야 한다. 이 글은 이러한 작업을 본격적으로 진행하기 위한 사전 작업의 형
태를 띤다.

Ⅱ. 개념의 검토와 재정립

1. "마한"이란 용어의 다양한 함의

현재 한국고고학계와 고대사학계에서 사용되고 있는 마한은 단일한 이미지
가 아니라 다양한 내용을 포함하고 있다[1].

1) 『三國志』의 마한

『삼국지』에서 기술하고 있는 마한은 분명히 경기-충청-전라지역에 분포하
던 50여개 정치체의 총합이다. 서울 강남의 伯濟國도 당연히 그 일부이다. 伯
濟國은 고대국가 백제의 초기적인 형태이므로 백제와 마한을 대립적으로 보
는 시각은 성립할 수 없다. 한편 경기의 북부와 동부 일부, 충청-전라의 동부에
서 성장하던 정치체 중 일부는 마한이라 불리지 않았을 가능성이 있다.

『삼국지』에 표현된 마한 여러 國을 3세기 경에 존재한 것으로 간주할 경우
그들이 사용한 묘제는 주구토광묘, 주구 없는 목관묘와 목곽묘, 방형과 제형의

---

1) 권오영, 2010, 「馬韓의 종족성과 공간적 분포에 대한 검토」, 『한국고대사연구』 60, 한국
   고대사학회.

분구묘 등으로 정리된다. 이 다양한 묘제를 모두 분구묘에 포함시키는 것은 부적절하다. 무기단식 적석총이라고도 불리는 적석분구묘를 분구묘의 범주에 포함시키더라도 주구토광묘, 주구 없는 목관묘와 목곽묘를 분구묘에 포함시킬 수는 없다. 따라서 『삼국지』에 기재된 마한의 묘제를 분구묘 단일 묘제로 정의하는 것은 불가능하며 "마한묘제=분구묘"라는 등식도 성립할 수 없다.

2) 『三國史記』의 마한

『삼국사기』에 등장하는 마한은 온조가 건국한 백제보다 유서가 깊고 한때는 강력하였으나 서로 대립하다가 멸망당하는 존재로 나타난다. 圓山城, 錦峴城, 大豆山城, 湯井城 등의 지명과 함께 나오는 것을 볼 때 그 위치는 천안·아산일대임이 분명하며 그 실체는 目支國, 혹은 目國을 중심으로 한 國의 연합체로 이해된다. 3-4세기 경 이 지역에서는 주구토광묘가 크게 발전하여 서울일원과 차이를 보이지만 4세기 이후에는 수혈식석곽묘, 횡혈식석실묘 등 백제 중앙의 묘제 변천과 공통의 행보를 보이고 있다.

천안·아산일대에서는 분구묘의 출현과 발전이 현저하지 않으므로 목지국, 즉 『삼국사기』에 등장하는 마한은 분구묘와는 거리가 있는 셈이다.

3) 『晉書』의 마한

3세기 후반에 서진에 자주 사신을 보낸 마한의 실체에 대해서는 다양한 견해가 제기되어 있다. 서울의 伯濟國을 중심으로 한 연합, 천안의 목지국을 중심으로 한 연합, 그리고 "東夷馬韓新彌諸國"의 新彌를 전남지역의 어느 한 정치체로 특정하는 견해 등이다.

이 문제에 대한 장황한 설명의 여유는 없으나 3세기 후반 중국에 마한으로 인식된 정치체의 실체에 대해 아직 학계의 논의가 일치하지 않고 있는 점은 분명하다. 따라서 『진서』에 나타나는 마한의 묘제를 하나의 용어로 정의할 수도 없다.

4) 『宋書』의 마한

5세기 중국 남조와 교섭하던 倭五王 관련 기사에 보이는 "慕韓"은 이미 사라지고 존재하지 않는 허상이라는 견해가 오랫동안 유지되었으나 이를 영산강유역 정치체에 비정하는 견해가[2] 제기되었다. 이에 대한 반응은 매우 다양한데 한 가지 분명한 사실은 5세기 대까지도 백제에 완전 통합되지 않고 영산강유역에 웅거하고 있는 독자적인 정치체가 존재하였고 그 명칭이 慕韓, 즉 馬韓으로 불렸다는 견해가 학계에 제기된 점이다. 그럴 경우 慕韓의 묘제는 전용옹관을 매납한 대형 분구묘가 된다.

2. "마한" 묘제의 다양성

이외에도 『삼국유사』등의 국내외 사서에는 마한이란 용례가 다양하게 나타나지만 본고와 직접적인 관련성이 없으므로 더 이상의 논의는 생략한다. 각종 사서에 등장하는 마한의 내용이 서로 다른 이유는 무엇일까?

첫 번째 가능성은 마한의 내용이 변하였기 때문일 것이다. 이 가정은 마한이란 실체가 진한, 변한 등과는 뚜렷이 구분되는 정치체로 존재하면서 시간의 흐름에 따라 위치의 이동과 패권의 변동이 일어났을 것이란 추정이다. 현재 우리 학계의 주류 견해가 이와 상통한다. 즉 초기(?)에는 한반도 중서부–서남부일대를 무대로 발전하던 마한이 백제에 의해 점점 밀려나면서 그 세력권이

---

2) 東潮, 1995, 「榮山江流域と慕韓」, 『展望考古學』, 考古學硏究會40周年記念論集.

축소되고 마지막에는 영산강유역만이 남았다는 견해이다. 이 경우 4세기 이전 마한 분묘는 경기 북부 및 충북 일부(적석묘), 서울일원(주구 없는 목관묘, 목곽묘), 경기 남부-충청 내륙(주구토광묘), 충청 해안-호남 서부(분구묘) 등 제각각 다르게 정의된다. 즉 마한이라 통칭되던 각지의 정치체들은 지역권별로 다양한 묘제를 갖고 있었던 셈이다.

두 번째 가능성은 마한이란 실체가 고정적이지 않았을 가능성이다. 마한과 진한, 변한의 구분은 실제로 이 삼자의 종족적, 문화적 특징이 준별되어서가 아니라 『삼국지』 등 사서의 찬자가 가지고 있는 나름의 기준에 의하였을 가능성이 있다. 이럴 경우 마한의 묘제를 한마디로 표현하는 것은 불가능하고 한반도 중부 이남을 대상으로 하여 지역권별로 묘제를 정의하는 것이 합리적일 것이다.

두 가지의 가능성 중 어느 것을 택하더라고 마한의 묘제는 곧 분구묘라는 등식은 성립하지 않는다. 마한의 일부, 혹은 마한이라 불린 세력 중 일부가 특정한 시점에 채택하고 발전시킨 묘제가 분구묘가 되는 것이다. 영산강유역 정치체는 다른 지역에 비해 분구묘를 사용한 시간이 길고, 가장 늦은 단계까지 분구묘를 사용하였던 점은 인정된다.

3. 분구묘와 다른 묘제의 관계

1) 분구와 봉토

한반도의 분구묘에 대한 인식은 1980년대에 이미 시작되었고[3] 1990년대 이

---

3) 강인구, 1984, 『삼국시대 분구묘 연구』, 영남대출판부.

후 주구토광묘, 주구묘 등으로 불리는 다양한 형태의 분묘가 속속 발견되면서 연구가 본격화되었다[4]. 2000년대 이후에는 분구묘 관련 자료의 집성이 이루어지게 되었으며[5], 매장주체만이 아니라 周溝와 분구 등의 외형에 주목하여 봉토묘와의 개념적인 구분이 본격적으로 시도되었다[6]. 그 결과 마한계 분묘를 분구묘 전통과 봉토묘 전통으로 이분하고, 전자는 성토분구묘, 적석분구묘, 즙석분구묘로, 후자는 주구토광묘와 단순토광묘로 분류하는 정리가 이루어졌다[7].

한편으로는 분구묘라는 용어의 사용이 호남지역 고분의 실상을 설명하는 데에 오히려 불리하기 때문에 그 사용을 자제하여야 한다는 부정론도 제기되었다[8]. 특히 분구묘로 분류된 무덤에서 분구를 성토한 후 최초 묘광을 굴착한 증거가 없음이 결정적인 근거로 제시되었다[9]. 호남지역의 분구묘로 분류된

---

4) 전북지역의 경우 분구묘 조사의 역사를 정립기(1999-2000년대 초), 발전기(2000년대 초-2010년대), 확산기(2010년 이후)로 구분하고 있다.
박영민, 2014, 「전북지역 마한 분구묘 사회의 연구성과와 과제」, 『한국고고학의 신지평』, 韓國考古學會, pp.271~277.

5) 최완규 책임편집, 2006, 「韓國 墳丘墓 資料集」, 『墳丘墓 · 墳丘式古墳의 新資料와 百濟』 제49회 전국역사학대회 고고학부 발표자료집.

6) 이성주, 2000, 「분구묘의 인식」, 『韓國上古史學報』 32 韓國上古史學會
임영진, 2002, 「영산강유역권의 분구묘와 그 전개」, 『湖南考古學報』 16, 湖南考古學會.

7) 金承玉, 2011, 「중서부지역 마한계 분묘의 인식과 시공간적 전개과정」, 『韓國上古史學報』 71, 韓國上古史學會, p.94.

8) 최성락, 2007, 「분구묘의 인식에 대한 검토」, 『韓國考古學報』 62, 韓國考古學會.
최성락, 2009, 「영산강유역 고분연구의 검토 -고분의 개념, 축조방법, 변천을 중심으로-」, 『湖南考古學報』 33, 湖南考古學會.
최성락, 2014, 「영산강유역 고분연구의 검토 II -고분을 바라보는 시각을 중심으로-」, 『지방사와 지방문화』 제17권 2호, 역사문화학회.

9) 최성락, 2007, 「분구묘의 인식에 대한 검토」, 『韓國考古學報』 62, 韓國考古學會, pp.123-124.

무덤 중 1차 매장이 지상이 아닌 지하에 위치하는 현상은 다른 연구자에 의해서도 지적되었다[10].

하지만 완주 상운리의 사례를[11] 볼 때 분구묘의 대부분이 선분구조성-후매장주체마련 방식이었을 가능성이 높다. 이러한 방식은 김포 운양동 분구묘에서도 확인되었다. 분구묘라는 용어가 구조적으로 다양한 변이를 보이는 개개 분묘의 어디까지를 포괄할 수 있을지는 몰라도, 경기-충청-전라의 서부지역에 분구묘라고 불릴 만한 분묘가 집중 분포하는 사실을 부정할 수는 없다.

분구묘라 불리는 고분들이 영남지역의 봉토묘와 본질적인 차이가 없다는 주장도 있으나 지상에 마운드를 축조한 후 매장주체부를 만드는 방식의 고분은 영남에서는 고성지역이 유일하다[12]. 이런 점에서 양 지역의 차이는 인정된다.

봉토묘는 말 그대로 "매장주체부를 흙으로 封하는 것"이다. 1차 매장 후의 추가장 과정에서 일부 봉토가 제거되고 다시 복원되지만 봉토의 원형이 크게 변하지는 않는다. 추가장이 기본적으로 봉토 안의 매장주체부에서 이루어지기 때문이다.

반면 분구묘는 최초의 매장 이후 추가장이 이루어질 때마다 고분의 외형이 변화한다. 최초의 매장주체부가 아닌 별도의 공간에서 추가장이 이루어지면서 수평, 수직적인 확장이 이루어지기 때문이다[13]. 추가장의 원칙이 완전히 다

---

10) 김낙중, 2011, 「분구묘와 옹관분」, 『동아시아의 고분문화』, 중앙문화재연구원, p.204.

11) 金承玉 · 李보람 · 卞熙燮 · 李承泰, 2010, 『上雲里 Ⅲ』, 전북대학교박물관.

12) 홍보식, 2011, 「한반도 남부지역의 왜계 횡혈식석실의 구조와 계통」, 『한반도의 전방후원분』, p.274, 대한문화유산연구센터 엮음.

13) 박영민, 2014, 「전북지역 마한 분구묘 사회의 연구성과와 과제」, 『한국고고학의 신지평』, 韓國考古學會, pp.278-279.
    오동선, 2014, 「전남지역 마한 분구묘의 구조와 출토유물」, 『한국고고학의 신지평』, 韓國考古學會, pp.283-284.

른 것이다. 이런 점에서 봉토묘와 분구묘는 구분하는 것이 타당하다.

2) 분구묘와 주구묘, 그리고 주구토광묘

분구묘, 주구묘, 주구토광묘 삼자에 대한 개념 정의와 이를 둘러싼 논의는 매우 복잡한 양상을 띤다. 분구묘와 주구토광묘 모두 주구의 존재를 전제로

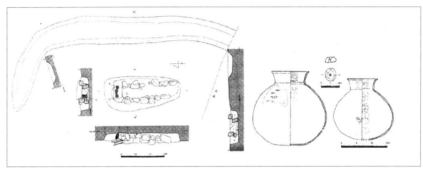

〈그림 1〉 사천 이금동 47호 석관묘(慶南考古學硏究所, 2003)

하고 있기 때문에 개념적으로 주구묘가 다른 양자를 포괄하는 셈이 된다.

한반도에서 분묘에 주구를 돌리는 발상은 청동기시대부터 시작되었다. 청동기시대의 주구묘는 2008년 집계 당시 11개 유적에서 37기가 확인되었다[14]. 시기적으로는 대개 전기에 속하는데 주구의 평면형은 방형, 원형, 장방형, 세장방형이며 매장주체부는 목관, 석관(그림 1), 석곽 등이다. 대개 단인장인데 드물게 복수의 매장주체가 들어선 경우도 있다. 지역적으로는 강원 영서, 호서, 영남 남서부, 영남 남동부 등 4개 권역으로 나뉜다.

청동기시대 주구묘에서는 매장주체부를 덮은 봉토나 분구가 확인되지 않았는데 있었더라도 대형은 아니었을 것이다. 주구의 기능이 봉토나 분구에 성토

---

14) 金權中, 2008,「靑銅器時代 周溝墓의 發生과 變遷」,『韓國靑銅器學報』3, 韓國靑銅器學會.

할 흙의 채토가 목적이 아니라 분묘의 안과 밖을 구분하는 데에 중점이 두어 졌다고 판단되기 때문이다.

주구토광묘는 봉토가 잔존하지 않으나 최초에는 방대형의 봉토가 덮여 있었을 것으로 추정되고 있다[15]. 주구토광묘와 분구묘는 외형상 주구와 성토된 마운드라는 공통성을 지니고 있다. 이런 점을 근거로 잠정적이지만 주구묘라는 용어는 청동기시대의 무덤에 한정하여 사용할 것을 제안한다.

분구묘와 주구토광묘의 관계를 어떻게 설정할지에 대해서는 다양한 논의가 전개되었다. 별도의 계통으로 보아야 한다는 견해는[16] 입지조건, 매장주체부의 종류, 출토유물의 차이에 기초하고 있다. 물론 초기의 분구묘와 주구토광묘가 시간의 흐름과 함께 각각 대형 옹관고분과 수혈식석곽묘로 전환, 발전하는 과정을 밟았음이 사실이다.

그동안 분구묘와 주구토광묘 양자를 구분하는 작업에 많은 관심이 집중되면서 그 차이가 선명히 드러나게 되었다. 하지만 양자의 차이는 대형분, 4세기 이후, 혹은 각 묘제가 집중되는 지역 간 비교에서는 명료하지만, 소형묘, 발생기의 분묘, 접경지역에서는 그 구분이 애매한 경우가 많다.

분구묘는 다장, 주구토광묘는 단장이란 차이점이 거론되기도 하지만 발생기 분구묘는 단장이었을 것이고 주구토광묘 중에는 옹관이 배장된 경우도 있다.

주구토광묘가 절대강세를 보이는 경기 남부와 충청 내륙, 분구묘가 절대강세를 보이는 호남 서부와 달리 충남 서해안에서 양자가 혼재하는 경향이 있다는 점, 분구묘 중에서도 매장주체별로 그 원리가 상이한 경우가 있는 점을 확

---

15) 咸舜燮, 1996, 「天安 淸堂洞遺蹟 周溝墓의 特徵」, 『周溝墓의 諸問題』, 제39회 전국역사학대회 고고학부 발표요지.
16) 崔完奎, 1996, 「周溝墓의 特徵과 諸問題」, 『古文化』49, 韓國大學博物館協會 p.129.

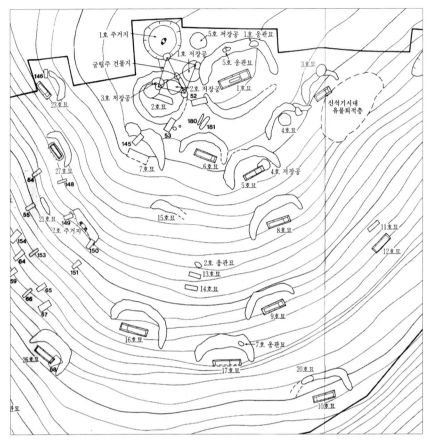

〈그림 2〉 공주 장원리 주구토광묘 분포도(柳基正 · 梁美玉 · 羅建柱 · 朴亨順 · 柳昌善, 2001)

인할 수 있다.

주구의 형태를 가지고 주구토광묘와 분구묘로 구분하는 방법론은 적절치 못하다. 왜냐하면 고고학적 발굴조사에서 확인되는 주구의 형태는 삭평된 후의 잔존상태에 불과하기 때문이다. 실제로 경사면에 입지한 주구토광묘의 주구는 馬蹄形, 평지나 구릉 정상부에 입지한 경우는 방형이 많다[17]. 공주 장원리유적은[18] 대표적인 주구토광묘유적 중의 하나인데 경사면에 입지한 분묘는 마제형 주구, 정상부는 장방형(1호)과 말각방형(2호)의 주구를 갖추고 있다(그림 2). 따라서 주구의 평면형이 주구토광묘와 분구묘를 구분하는 기준이 될 수 없음을 명확히 보여준다.

서산지역을 대표하는 기지리와 부장리유적을 예로 들어보자. 부장리의 분구묘는 생토면을 파고 최초 매장이 이루어진 후, 추가로 이루어진 매장은 분구 중, 즉 생토면 위에 위치함이 지적되었다. 특히 5호분은 생토면을 파고 묘광을 마련한 후 그 위에 흙을 덮었기 때문에 분구가 아니라 봉토에 가까운 것으로 이해되고 있다[19]. 하지만 보고서의 도면을 보면 5호분을 포함하여 대부분의 경우 구지표면 위의 성토층을 파고 묘광이 마련되었음을 확인할 수 있다. 이러한 혼선은 분구 중에 위치하는 묘광 어깨선의 인지가 쉽지 않다는 점과 관련될 것이다.

부장리보다 선행하는 기지리의 경우는 지표면을 정지하고 묘광을 파고 있어서[20] 분구묘의 필요조건을 충족시키지 못하고 있다. 이러한 현상은 주구토광묘적 속성과 분구묘적 속성이 확연히 구별되지 않는 경우가 있음을 보여준다.

---

17) 이미선, 2011,「금강유역 주구토광묘의 지역적 특징 충청지역을 중심으로-」,『금강유역 마한문화의 지역성』제23회 호서고고학회 학술대회 발표요지.

18) 柳基正·梁美玉·羅建柱·朴亨順·柳昌善, 2001,『公州 長院里 遺蹟』,忠淸埋藏文化財研究院.

19) 이훈, 2006,「瑞山 富長里古墳과 墳丘墓」,『墳丘墓·墳丘式 古墳의 新資料와 百濟』, 제49회 전국역사학대회 고고학부발표자료집, 한국고고학회, pp.21~23.
   忠淸南道歷史文化研究院, 2008,『瑞山 富長里遺蹟 本文-』, p.375.

20) 이남석·이현숙, 2006,「서산 해미 기지리 분구묘」,『墳丘墓·墳丘式 古墳의 新資料와 百濟』, 제49회 전국역사학대회 고고학부발표자료집, 한국고고학회, pp.43-44.

Ⅲ. 분구묘의 출현을 둘러싼 논의

1. 출현시점

중서부지역에서 발견된 분구묘 중 가장 시기가 오래된 것은 보령 관창리유적으로[21] 보고자들은 그 연대를 기원전 3~2세기 경으로 보고 있다. 여기에 동조하여 주구에서 출토된 무문토기를 분구묘와 연관된 것으로 인정하면서 기원전 2세기-기원후 2세기라는 폭넓은 시대 폭을 설정하는 견해가[22] 있지만, 신중론[23] 내지 기원후로 보아야 한다는 반론도 만만치 않다.

2000년대 이후 많은 자료가 새로 발견되었지만 관창리유적을 비롯해 중서부지역 분구묘의 연대를 기원전으로 소급시킬 근거는 아직 부족해 보인다. 서산 예천동 18호묘에서 칠초철검이 출토된 것을 근거로 늦어도 기원후 2세기무렵에는 중서부지역에서 분구묘가 출현, 내지 정착하였다는 추정[24] 정도가무난해 보인다.

무덤에 주구를 돌리는 발상이 청동기시대에 시작되었음은 이미 앞에서 언급하였다. 하지만 청동기시대의 주구묘는 수적으로 얼마 되지 않으며 지역적으로 분산적이어서 중서부-서남부지역의 주구묘와 직접 연결시키기는 어려워보인다. 다만 주구를 이용하여 묘역을 구분하는 관념이 이때에 이미 발생한점은 의미가 있다.

---

21) 윤세영·이홍종, 1997, 『寬倉里 周溝墓』, 高麗大學校 埋藏文化研究所.

22) 李澤求, 2008, 「한반도 중서부지역의 馬韓 墳丘墓」, 『韓國考古學報』 66, 韓國考古學會, p.79.

23) 李健茂, 2002, 「湖南考古學과 東아시아 周溝墓」, 『湖南考古學報』 16, 湖南考古學會, p.136.

24) 정해준, 2014, 「충청지역 마한 분구묘의 구조와 출토유물」, 『한국고고학의 신지평』, 韓國考古學會, pp.215-216.

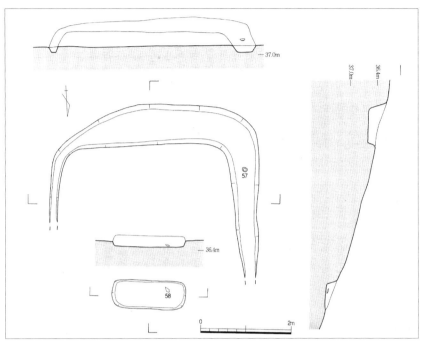

<그림 3> 광주 외촌 3호묘(湖南文化財研究院, 2005)

천안 운전리유적에서는 청동기시대의 주구석관묘가[25] 원삼국기 주구토광묘와 공존하고 있다. 경사면 입지라는 공통점으로 인해 주구의 평면형이 마제형으로 된 점이 주목된다. 즉 청동기시대의 주구묘가 방형 내지 장방형인 것은 평지입지의 결과일 뿐이고 사면에 입지하면 주구토광묘의 많은 사례와 마찬가지로 마제형 주구만 남게 된다.

분구묘가 가장 성행한 서남부에서는 청동기시대 주구묘의 발견예가 없었지만 광주 외촌(그림 3)에서 기원전 4·3세기 경에 해당되는 주구묘가 보고되었

---

25) 許義行·姜秉權, 2004,『天安 云田里遺蹟』, 忠清文化財研究院.

다[26]. 이 무덤을 주구토광묘의 범주에 포함시키는 견해가 있는데[27], 그렇다면 최초의 주구토광묘가 될 것이다. 경사면 입지와 마제형 주구의 존재는 주구토광묘와 공통적임이 사실이다. 하지만 천안 운전리나 사천 이금동 47호 주구묘[28] 역시 잔존하는 주구의 평면형이 마제형이지만 이를 주구토광묘라 간주할 수 없는 것처럼 외촌의 사례 역시 단정하기는 이르다. 일반적인 주구토광묘와 달리 묘광의 바닥 레벨이 주구보다 높은 점이 유의된다.

함평 초포리나 완주 갈동과 신풍, 영광 수동 토광묘[29] 등의 양상을 고려할 때 주구묘는 초기철기시대의 주류 묘제는 아니었을 것이다. 주구묘가 유행하기 시작하는 것은 서산 예천동을 볼 때 기원후 2세기 이후이다. 보령 관창리, 서천 당정리(그림 4)[30], 익산 영등동 등이 상대적으로 이른 시기의 유적으로 인정되고 있지만[31] 운양동과 예천동을 앞서지는 못할 것이다.

2. 출현과 확산의 계기

한반도와 일본의 주구묘가 중국 춘추전국시대 秦墓의 영향을 받았다는 견해가[32] 제기되었고 이에 동조하는 견해도[33] 있으나 그 사례로 든 대부분의 圍

---

26) 湖南文化財研究院, 2005, 『光州 外村遺蹟』, pp.47-49.
27) 한옥민, 2014, 「전남지역 마한 분구묘 사회의 연구 성과와 과제」, 『한국고고학의 신지평』, 韓國考古學會, p.302.
28) 慶南考古學研究所, 2003, 『泗川 梨琴洞遺蹟』.
29) 조선대학교박물관·한국도로공사, 2003, 『영광 마전·군동·원당·수동유적』.
30) 忠淸文化財研究院, 2010 『舒川 堂丁里古墳群』.
31) 崔完奎, 1996, 「周溝墓의 特徵과 諸問題」, 『古文化』49, 韓國大學博物館協會, p.126.
32) 俞偉超, 1996, 「方形周溝墓」, 『季刊考古學』, 54, 雄山閣.
   呂智榮, 2002, 「中國에서 발견된 圍溝墓」, 『湖南考古學報』16, 湖南考古學會.
33) 李澤求, 2008, 「한반도 중서부지역의 馬韓 墳丘墓」, 『韓國考古學報』66, 韓國考古學會, p.77.

溝는 묘, 묘역, 능원을 구획하는 용도의 "兆"로서 이를 圍溝墓로 간주하는 통설에 대한 비판이[34] 이루어진 바 있다. 실제로 山西省 侯馬市 喬村의 위구묘는 한반도의 주구묘와 형태적 유사성이 있지만 나머지는 직접 연결 짓기 곤란해 보인다.

吳越지역의 土墩墓가 서해를 통해 전해진 결과 분구묘가 등장한 것으로 보거나[35], 낙랑고분의 가 분구의 등장에 영향을 끼친 것으로 보는 견해도[36] 외부적인 영향에 주목하는 입장이다.

한편으로는 한반도의 주구묘가 일본 야요이시대 분구묘(주구묘)에 영향을 끼쳤다는 주장도 꾸준히 제기되고 있다.

분구묘의 발생과 확산에서는 관창리와 영등동 등지의 (방형)주구묘가 호남지역 분구묘의 조형이라는 견해가[37] 제기된 바 있다. 영광 군동, 무안 인평, 함평 순촌 등의 분구묘를 관창리와 영등동과 같은 방형목관분구묘로 인식하고 이 묘제의 출현시점은 충남-전북 서부가 영산강유역에 비해 빨랐다는 견해,[38] 평면 방형계가 전북 북부로 유입, 형성된 후 제형계로 변화하면서 남부로 전

---

34) 安信元, 2004, 「中國 圍溝墓의 기원과 기능」, 『韓國上古史學報』 44, 韓國上古史學會, pp.44-45.

35) 임영진, 2007, 「馬韓墳丘墓와 吳越土墩墓의 比較 檢討」, 『중국사연구』 51, 중국사학회.

36) 成正鏞, 2000, 「百濟 漢城期 低墳丘墳과 石室墓에 대한 一考察」, 『湖西考古學』 3, 湖西考古學會, p.9.

37) 崔完奎, 1996, 「周溝墓의 特徵과 諸問題」, 『古文化』 49, 한국대학박물관협회.
崔完奎, 1997, 「湖南地方 周溝學의 諸問題」, 『湖南考古學의 諸問題』, 제21회 한국고고학전국대회.

38) 임영진, 2012, 「3~5세기 영산강 유역권 마한 세력의 성장 배경과 한계」, 『백제와 영산강』, 학연문화사, pp.93-94.

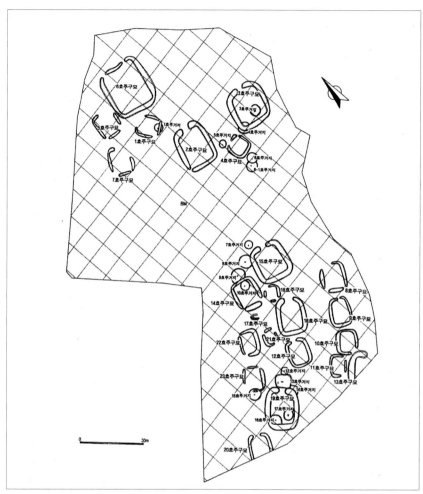

〈그림 4〉 서천 당정리 분구묘(忠淸文化財研究院, 2010)

파되었을 가능성을 주목하는 견해[39] 역시 중서부에서 서남부로 확산되었다는

---

39) 이택구, 2012, 「전북지역 분구묘의 구조와 특징」, 『漢江考古』 8, 한강문화재연구원, p.28.

논지에서 동일하다.

하지만 앞에서 언급하였듯이 관창리와 당정리, 영등동 분구묘의 연대가 불확실한 점, 흑도가 출토된 영광 군동의 18호묘를[40] 기원전 1세기 경에 비정하면서 호남지역 주구묘(분구묘)의 시원형으로 보는 견해를[41] 참고할 때, 충남-전북 서부가 영산강유역에 비해 빨랐다고 볼 수는 없다. 동시다발적으로 발생하였을 가능성도 열어놓아야 할 것이다.

주구토광묘와 분구묘의 시간적 관계에 대해서는 전자가 선행한다는 견해가[42] 제기되었고 이에 대한 반론은 별로 보이지 않는다. 하지만 실제의 상황은 이와 달라 보인다. 서산 예천동과 마찬가지로 경기지역의 분구묘 역시 2세기 중후반에 조영되기 시작한 것으로 보인다[43]. 과연 주구토광묘의 출현이 이보다 앞선 것일까?

이 문제에 대해서는 최근 보고서가 발간된 오산과 아산지역의 주구토광묘가 답을 줄 수 있다. 아산 용두리 진터유적에서는[44] 주구토광묘 19기, 토광묘 42기, 옹관묘 11기가 발견되었는데 주구 없는 토광묘가 선행하고(Ⅰ단계), 그 후 주구토광묘가 등장하여 양자가 공존(Ⅱ단계)하다가, 주구토광묘만 조영되는 Ⅲ단계로 이행한다고 한다[45]. 이후 묘역은 인접한 명암리 밖지므레로 이동하며 이

---

40) 최성락 · 이영철 · 한옥민 · 김영희, 2001, 『영광 군동유적 - 라지구 주거지 · 분묘-』, 목포대학교박물관.

41) 임영진, 2001, 「1~3세기 호남지역 고분의 다양성」, 『동아시아 1~3세기의 주거와 고분』, 국립문화재연구소, p.32.

42) 이남석, 2011, 「경기 · 충청지역 분구묘의 검토」, 『분구묘의 신지평』, 전북대BK21사업단.

43) 김기옥, 2014, 「경기지역 마한 분구묘의 구조와 출토유물」, 『한국고고학의 신지평』, 韓國考古學會, p.202.

44) 李浩炯 · 池珉周 · 崔相哲, 2011, 『牙山 龍頭里 진터 遺蹟(Ⅱ)』, 忠淸文化財硏究院.

45) 李浩炯 · 池珉周 · 崔相哲, 2011, 『牙山 龍頭里 진터 遺蹟(Ⅱ)』, 忠淸文化財硏究院,

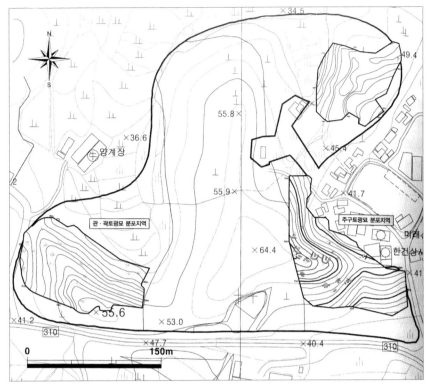

〈그림 5〉 오산 궐동유적의 유구 분포상황(중앙문화재연구원, 2013)

곳에서는 주구토광묘가 71기, 주구 없는 토광묘가 80기, 옹관묘 15기가 발견되었다[46]. 주구토광묘의 전성기에도 여전히 주구 없는 토광묘가 공존하지만 이곳의 토광묘는 주구토광묘 출현 이전의 토광묘와는 다른 성격의 묘제이다.

---

pp.311~315.

46) 백제역사문화관 · 충청남도역사문화연구원, 2011, 『馬韓 탕정에서 잠들다』.
충청남도역사문화연구원, 2011, 『牙山 鳴岩里 밖지므레遺蹟 - 考察 · 自然科學分析 -』,
p.33.

y

이러한 현상은 오산에서도 동일하다. 수청동유적에서는 총 303기의 분묘가 조사되었는데 주구토광묘가 170기, 주구가 없이 매장주체부만 확인된 것이 133기에 달한다[47]. 전체적으로 주구토광묘 발생 이후의 무덤들이며 일부는 5세기대로 내려가는 유적이다.

한편 수청동유적에 선행하는 묘역은 인근의 오산 궐동유적(그림 5)으로 판단되는데[48] 이곳에서는 주구토광묘 18기, 주구 없는 토광묘 18기가 조사되었다[49]. 아산지역과 마찬가지로 주구 없는 토광묘가 先, 주구토광묘가 後의 관계를 보인다. 주구토광묘의 밀집분포지역인 경기 남부-충청 내륙지역에서는 공통적으로 주구 없는 목관묘 → 주구토광묘 → 주구가 탈락된 목관묘의 변화 양상을 밟고 있다. 최근 조사가 진행된 청주 오송읍 봉산리유적에서도 유사한 양상이 보이고 있다[50]. 기원후 2세기 무렵 주구 없는 토광묘(목관묘)가 사용되고 곧 이어 주구토광묘가 발생한 셈이다. 따라서 주구토광묘의 출현이 분구묘에 선행한다는 견해는 재고할 필요가 있다.

Ⅳ. 분구묘와 주구토광묘의 분리 발전

분구묘를 축조한 집단이 마한이라 불린 세력 중 일부임은 분명하다. 주구토광묘를 축조한 집단 역시 마한이라 불린 세력의 일부이다. 마한이라 불린 세

---

47) 이창엽, 2012, 「오산 수청동 분묘군의 특징과 연대」, 『烏山 水淸洞 백제 분묘군Ⅳ』, 京畿文化財研究院, pp.249-250.
48) 姜志遠, 2012, 「原三國期 中西部地域 土壙墓 硏究」, 공주대학교 석사학위논문, p.9.
49) 중앙문화재연구원, 2013, 『烏山 闕洞遺蹟 - 本文 -』
50) 평택 마두리, 연기 용호리에서도 주구토광묘 이전의 목관묘가 발견되었다.

력은 묘제에서 공통성과 상이성을 함께 지니고 있었던 셈이다.

서울일원의 3세기 이전 묘제의 실체가 분명치 않은 문제가 있지만 마한 전지역 묘제의 최대공약수는 목관묘였을 것이다[51]. 초기에는 묘광을 굴착하는 과정에서 나온 토량만으로 매장주체부를 덮어서 마운드의 규모가 그리 크지 않은 형태였을 것이다. 그 후 매장주체부의 위에 큰 마운드를 덮는 새로운 관념이 도입되었던 것 같다. 그 시기는 낙랑 등 군현의 民들이 韓地로 대거 이주해간 2세기 중엽 이후일 가능성이 높다.

그 결과 종전보다 더 큰 마운드를 씌우게 되면서 무덤의 외관이 일변하였고 채토과정에서 주구가 발생하였다. 청동기시대 주구의 출현은 계층화의 진전 등 사회내부적인 부분에서 기인한[52] 반면 원삼국기 이후 주구의 최대 기능은 채토라고 할 수 있다[53].

평택-오산 등의 경기 남부, 아산-연기-청주 등 충청 내륙에서 이전의 주구 없는 목관묘를 대신하여 나타난 새로운 묘제를 우리는 주구토광묘라고 부르고 있다. 주구토광묘라는 명칭에서는 "주구"가 강조되지만, 본질은 주구에서 채토한 흙으로 종전의 미미하던 규모와는 다른 방대형의 봉토가 목관을 포장한 현상이다.

인천-김포-서산으로 이어지는 서해안에서도 동일한 현상이 나타났는데 우리는 이 지역의 묘제는 분구묘라고 불러서 주구토광묘과 구분하고 있다. 서산 기지리처럼 분구묘적인 속성과 주구묘적인 속성이 공존하는 것은 이런 상황

---

51) 넓게 보면 진한, 변한을 포함하여 삼한의 묘제에서의 공통성은 목관묘이다.
52) 金權中, 2008, 「靑銅器時代 周溝墓의 發生과 變遷」, 『韓國靑銅器學報』 3, 韓國靑銅器學會, p.123.
53) 林永珍, 2002, 「全南地域의 墳丘墓」, 『東아시아의 周溝墓』, 湖南考古學會, p.62.

에서 당연한 결과일 것이다.

호남 서부에서도 주구와 마운드를 갖춘 무덤이 속속 출현하고 모두 분구묘라고 불리게 된다. 하지만 지역적인 특징이 엄존한다. 호남에서 발견된 총 60여 개소의 梯形墳 중 40개소가 영산강유역에 집중되어 있다[54]. 전북을 대상으로 할 때, 서북부에는 방형 평면의 분구묘가 압도적 다수를 점하지만, 전주천 이남의 서남부에는 방형과 제형분이 공존하고[55] 남으로 내려가면서 제형분의 빈도가 높아진다.

마한 전지역의 매장주체는 목관이었고 마운드의 등장 이후에도 경기-충청지역은 목관을 고수하는 데에 비해, 호남에서는 목관과 함께 옹관이 공존하고[56] 옹관의 빈도가 증가하는 현상도 관찰된다.

지역 간 차이는 4세기 이후 더욱 현저해진다. 백제국가의 성장, 세력 확장에도 불구하고 주구토광묘 분포지역에서는 주구토광묘의 사용이 장기간 지속된다. 오산 수청동유적이 대표적이다. 주구토광묘에서는 봉토의 대규모화 현상이 그리 현저하게 진행되지 않은 것 같다. 방대형의 봉토가 있었지만 내구성이 약하여, 묘광 내부의 함몰과 함께 무너지고 결국은 멸실되어 봉토를 갖춘 채 발견되는 주구토광묘는 거의 없다.

---

54) 김영희, 2014, 「제형 고분의 축조기술」, 『영산강유역 고분 토목기술의 여정과 시간을 찾아서』, 대한문화재연구원, p.12.

55) 이택구, 2014, 「전북지역 마한 분구묘의 구조와 출토유물」, 『한국고고학의 신지평』, 韓國考古學會, p.264.

56) 익산 율촌리유적이 대표적이다. 이 유적에서는 4기의 분구묘가 발굴조사되었는데 1호묘는 매장주체부가 확인되지 않았고 2호묘는 옹관 4기, 3호묘는 옹관 3기, 토광 3기, 5호묘는 옹관 3기로서 토광(목관이나 목곽)에 비해 옹관의 빈도가 급증하고 있다.
崔完奎·李永德, 2002, 『益山 栗村里 墳丘墓』圓光大學校馬韓百濟文化硏究所·益山市, pp.122-123.

반면 함평 만가촌유적으로 상징되듯 영산강유역은 분구의 高大化를 지향하면서 분구의 수평, 수직 확장 현상이 가장 현저해진다. 그 결과 분구묘가 가장 발전하고 장기 지속한 지역은 영산강유역 및 그 주변이 되었다[57]. 분구의 고대화를 지향한 영산강유역과 다른 지역의 차이는 왜 나타났을까? 이는 1인장을 기본으로 삼느냐, 아니면 세대구성원의 무덤을 지속적으로 덧붙이느냐의 차이에서[58] 비롯된 것으로 판단된다. 마한권역 내의 묘제의 차이는 더욱 현저해지면서 마침내 분구묘와 주구토광묘는 근본적으로 다른 묘제처럼 인식되기에 이르렀다.

하지만 양 묘제는 목관, 마운드, 주구라는 공통성을 지니고 있다. 그 공통성은 한 묘제가 다른 묘제에 영향을 끼쳐서가 아니라 유사한 환경에서 비슷한 시기에 유사한 방향으로 묘제의 변화가 이루어지다가 점차 다른 길로 접어들면서 나타난 결과일 뿐이다. 그 결과 지역간 차이는 각 지역권의 중심끼리 비교할 때는 현저해 보이지만 접경지역에서는 애매한 경우가 많아진 것이다[59].

이상의 추론을 뒷받침해주는 자료가 최근 발굴조사된 곡성 대평리유적이다[60]. 총 43기의 분묘가 발견되었는데 I기는 장방형의 폐쇄된 주구 내부에 장방형 석개토광묘가 배치되는 형태(16, 19, 20, 22호), II기는 馬蹄形과 원형의 개방된 주구를 갖춘 것들(1, 6, 9, 11, 12, 17, 18, 21, 23, 24, 34, 35, 37호), III기는 長梯形, 방형, 원형 등의 주구를 갖춘 것들(26, 30, 32, 36, 37호)이다.

---

57) 이성주, 2000, 「분구묘의 인식」, 『韓國上古史學報』 32, 韓國上古史學會, p.93.

58) 마한 내부에서 분구묘와 주구토광묘라는 묘제의 차이가 발생한 이유는 장제의 차이에서 기인할 것이고, 장제의 차이는 내세관과 사회발전수준 등에서 기인하였을 것이다. 이 문제에 대해서는 별고에서 다루고자 한다.

59) 최성락, 2014, 「영산강유역 고분연구의 검토 II -고분을 바라보는 시각을 중심으로-」, 『지방사와 지방문화』, 역사문화학회, p.13.

60) 영해문화유산연구원, 2012, 『곡성 대평리유적』.

그런데 Ⅰ기에 해당되는 분묘 4기는 모두 예외없이 묘광의 바닥 레벨이 주구보다 낮은데 비하여 Ⅲ기의 5기는 모두 반대로 묘광의 바닥이 주구보다 높다. 묘광의 바닥이 주구보다 낮은 레벨에 위치하는 것은 주구토광묘에서 흔히 보이는 속성인 반면, 그 반대로 묘광이 주구보다 높은 것은 분구묘의 속성이다. Ⅱ기에 속하는 13기는 두가지 경우가 혼재하고 있다. 따라서 주구의 평면이 장방형에서 마제형으로, 다시 장제형과 원형으로 변화하는 현상과 맞물려 주구토광묘적 속성이 소멸되고 분구묘적 속성이 강해지는 현상을 관찰할 수 있다.

필자는 앞에서 주구토광묘가 분구묘에 선행한다는 견해에 반대한 바 있다. 그런데 대평리의 사례를 보면 주구토광묘적 속성이 분구묘적 속성에 선행함은 인정할 만하다. 필자는 현재 알려져 있는 경기-호서지역의 주구토광묘들이 호남의 분구묘보다 선행한다는 "주구토광묘 선행론"에는 반대하지만 주구토광묘와 분구묘의 출현기에 주구토광묘적 속성이 선행하였을 개연성은 인정하고 있다. 지역별로 주구토광묘적 속성이 강화되면서 현재 우리가 인식하고 있는 주구토광묘로 진행되는 경우, 분구묘적 속성이 등장하면서 현재 우리가 인식하고 있는 분구묘로 진행된 경우가 혼재하는 것이다. 그렇다면 분구묘 발전지역에서 초기에 주구토광묘적 속성을 강하게 지닌 무덤들, 즉 영광 군동 18호묘나 곡성 대평리 Ⅰ기의 분묘를 어떻게 명명할 것인지 새로운 과제가 대두된다.

Ⅴ. 맺음말

분구묘라는 용어가 마한권역의 일부 무덤의 성격을 설명하는 데에 유효함은 분명하다. 저봉토묘-(봉토)고총, 저분구묘-(분구)고총이란 구분이[61] 지역적, 시간적 변이를 설명하는 데에 유용한 것도 사실이다. 그런데 분구묘라는 용어는 무덤의 외형과 축조 원리는 설명할 수 있지만 내부의 매장주체에 대한 설명은 결여되어 있다.

토돈묘도 마찬가지여서 다양한 매장주체에 대한 설명이 결여되어 있다. 석실토돈묘, 목관토돈묘, 옹관토돈묘 등의 명칭이 보다 명료하게 대상 유적을 표현할 수 있다. 신라의 적석목곽분, 고구려의 봉토석실분(석실봉토분) 등의 용어도 외형과 매장주체의 종류를 함께 병기한 것이다.

이러한 문제의식으로 인해 방형목관분구묘-제형목곽분구묘-(장)방대형옹관분구묘-원형석실분구묘라는 발전방향이 제시된 바 있다[62]. 이런 관점에서 본다면 주구토광묘는 목관봉토묘와 목곽봉토묘로, 분구묘는 목관분구묘, 목곽분구묘, 옹관분구(식고)분, 석실분구분 등으로 명명하는 것이 옳을 것이다.

하지만 주구토광묘의 경우 가시적인 주구의 존재를 무시하고, 남아 있지 않은 봉토를 전제로 한 명칭이 과연 타당한 것인가 하는 지적이 제기될 수 있다.

---

61) 崔秉鉉, 2002, 「주구묘 · 분구묘 관견 -최완규 교수의 "전북지방의 주구묘" 토론에 붙여」, 『東아시아의 周溝墓』, 湖南考古學會, p.47.

62) 林永珍, 2002, 「榮山江流域圈의 墳丘墓와 그 展開」, 『湖南考古學報』 16, 湖南考古學會, p.93.
임영진, 2011, 「영산강유역권 분구묘의 특징과 몇 가지 논쟁점」, 『분구묘의 신지평』, 전북대BK21사업단.

게다가 중서부지역 주구토광묘의 매장주체는 목관인지 목곽인지 애매한 경우가 많기 때문에 현실적으로 목관봉토묘와 목곽봉토묘를 구분하는 것이 곤란하다. 이런 까닭에 주구(附)목관(곽)묘라는 용어가 잠정적인 대체물이 될 수 있다.

분구묘의 경우는 다장의 특징으로 인해 하나의 고분 내에 목관과 옹관 등 다수의 매장주체가 병존할 경우 명명에 어려움을 겪게 된다. 이렇듯 분구묘와 주구토광묘라는 용어가 많은 한계를 보이고 있지만 이를 대체할 새로운 용어가 마땅치 않은 것이 현실이다.

영산강유역 梯形墳丘墓의 등장 과정과 의미

김낙중 전북대학교

I. 머리말

고대 사회의 일반적인 墳形은 원형과 방형이다. 그런데 3세기에서 6세기까지 영산강유역에는 평면이 사다리꼴, 즉 梯形인 고분이 성행한다. 제형은 한국뿐만 아니라 세계적으로도 보기 드문 분구 형태이다. 필자가 아는 한 제형분은 영국 신석기시대의 長墳(long barrow)에 불과하다. 이러한 특이한 분형에는 무엇인가 특별한 의미가 담겨 있을 것으로 추정된다. 고고학적인 자료로 그러한 의미를 추구하는 것은 한계가 있을 것이다. 그렇지만 고분 축조에 담긴 정치사회적 의미를 적극적으로 추구한다는 차원에서 좀 무리한 측면이 있더라도 제형분의 등장 과정과 그 의미를 살펴보고자 한다.

이를 위해 우선 제형분의 정의, 분류 및 변천 과정 등 기본적인 특징을 살펴보고자 한다. 다음에 제형분의 등장 과정을 살펴보기 위해 '분구묘'라는 특징적인 고분 축조 전통이 나타나는 지역에서 시공간적으로 분형의 변화가 어떻게 나타나는지 살펴보고자 한다. 특히 분형이 제형으로 변화하는 지역과 시기를 살펴보고 그러한 변화의 대표적인 지역인 영산강유역에서 제형분이 등장한 배경을 추구하고자 한다. 다음으로 제형분에서 보이는 주구 공유, 분구 확장, 매장시설의 배치 등을 통해 제형분이 시사하는 정치사회적 의미를 살펴보고자 한다.

II. 제형분의 특징

1. 제형분이란

필자는 영산강유역 고대사회의 묘제를 크게 複合梯形墳, 甕棺墳, 石室墳의 세 가지로 구분하고, 複合梯形墳段階, 高塚段階(옹관고총과 초기석실분), 石室墳段階로의 변천 과정을 상정한 바 있다[1].

영산강유역에서 전용옹관 혹은 석실을 매장시설로 사용한 고총에 선행하는 묘제는 그동안 周溝墓, 저분구묘, 이형분구묘, 제형목곽분구묘 등으로 불려왔다. 이러한 묘제의 초기 단계에는 목관이 중심적인 매장시설로 사용되었다. 따라서 중심적인 매장시설을 기준으로 한다면 이 단계를 木棺墓 단계라고 할 수도 있을 것이다. 그러나 옹관이 처음부터 주구나 臺狀部 가장자리에서 함께 사용되었고, 나중에는 대등하게 사용되다가 결국에는 우위를 차지하였다. 이렇게 서로 다른 종류의 매장시설이 복합되어 있는 양상을 보이며, 분구의 형태는 梯形으로 수렴되어 가고, 낮지만 성토한 분구가 분명하게 존재하므로 이러한 묘제를 '複合梯形墳'으로 불렀다. 물론 복합제형분 단계에도 주구를 돌리지 않은 단독의 목관묘와 옹관묘가 병행하여 축조되고, 영암 옥야리 고분군, 나주 화정리 마산 고분군 등과 같이 옹관만을 매장시설로 사용한 제형분 혹은 원형분도 공존한다. 그렇지만 복합제형분이 순수 옹관분보다 수적으로 우세하고 영산강유역권에 고루 분포하는 점을 고려하여 3~5세기 영산강유역의 표지적인 묘제로 보고자 한다. 그리고 제형분은 고분 축조에서 '분구묘 전통'을 보여준다. '墳丘墓'는 주구를 돌리고 매장시설이 분구와 同時 또는 後行하여

---

1) 김낙중, 2009, 『영산강유역 고분 연구』, 학연문화사.

주로 지상에 축조되며, 여러 종류의 매장시설을 복수로 안치[多葬]하면서 분구 확장이라는 현상이 자주 관찰되는 묘제로 정의할 수 있는데, 매장시설의 변천과 상관없이 지속적인 전통성을 보여주고 있다[2].

분형, 매장시설의 조합 및 우열 관계, 분구의 규모 등에 따라 세부적인 형태는 다양하게 나타난다(표 1).

우선 분형은 평면의 장축(A)과 단축(B)의 비율로 세분할 수 있는데 평면이 사다리꼴인 관계로 단축에도 길이의 차이가 있으므로 긴 쪽(①)과

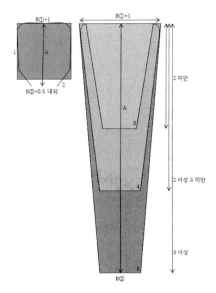

〈그림 1〉 제형분의 평면형

짧은 쪽(②)을 구분하여 상대적인 비율을 고려할 필요가 있다(그림 1).

제형으로 분류할 수 없지만 제형분의 등장과 밀접한 관계가 있는 방형 주구묘 혹은 분구묘를 먼저 언급할 필요가 있겠다.

- 방형(1)은 사면에 주구가 모두 돌아가는 폐쇄형이거나 한쪽에만 좁은 개방부가 설치되었다 (A/B=1 내외, ①/②=1 내외). 삭평 등으로 한 변이 거의 터진 경우도 있다.

- 마제형(2) : 한쪽 단변에 좁게 개방부가 마련되어 있다. 모서리가 둥글며 각 변은 약한 호선을 이룬다. 개방부 양쪽 주구는 장변에서 사선 방향으로 분

2) 김낙중, 2009, 『영산강유역 고분 연구』, 학연문화사.
   '복합제형분', '제형 분구묘'를 줄여서 표현할 때는 제형분이라고 하고자 한다.

명하게 꺾여 있는 것이 방형과 다르다. 이에 따라 전체적으로 평면이 말굽형을 띤다. A/B①≒1, ①/②=2 내외

- 단제형(3) : 양 단변 중 한쪽이 좁고 장변이 직선이어서 사다리꼴을 한 형태이다. A/B①<2. 장단변의 모서리는 각이 지며 각 변은 직선을 이룬다. 좁은 쪽 단변에도 주구가 돌려진 경우가 많다. ①/②=1.5 내외

- 제형(4) : A/B①이 2 이상, 3 미만.

- 장제형(5) : A/B①이 3 이상으로 세장하다. 매장시설이 여러 곳에 군집하여 분구를 확대 조정하였을 가능성 높은데 그러한 흔적이 장변의 굴곡으로 나타나기도 한다.

- 나비장형(6) : 하나는 길고 하나는 짧은 제형분구 두 개를 연접하여 확대 조정한 분구이다.

한편 장축 길이를 기준으로 한 규모는 25m, 45m 내외를 경계로 군집을 이룬다.

방형에서 장제형으로 갈수록 일반적으로는 고분의 규모가 커진다. 그리고 분구가 길어지며 A/B①와 ①/② 값이 커져 평면이 삼각형에 가까워진다. 그러나 중형 중에도 나주 복암리 2호분처럼 A/B① 값이 2미만으로 단제형을 유지하는 경우도 존재한다(그림 2 · 3).

제형분의 넓은 쪽 단변/장축 길이, 넓은 쪽 단변과 양 장변이 만나 이루는

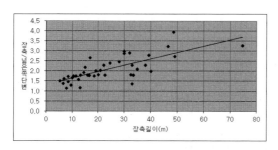

〈그림 2〉 제형분의 규모 분류

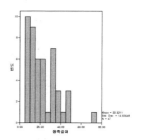

〈그림 3〉 제형분의 규모

〈표 1〉 영산강유역 제형분의 분류

| 매장시설 | | | | 배치관계 | 분형 | 분구높이 | 형식 | 대표적사례 |
| 중심 | | 부속 | | | | | | |
종류	수	종류	위치					
목관(옹관)	단독	–	–	–	방형	1.5m 이하	I-1	(광주 평동 A-15 16호분)*
		일상용기형옹관 또는 제의용토기	주구 또는 대상부 가장자리	–	마제형		I-2	영광 군동A-1호분 나주 용호10호분
		–	–	–	마제형 단제형		I-3	나주 용호 3호분
		전용옹관, 목관, 복수의 일상용기형옹관	주구	主從	단제형		II-1	나주 용호 17호분
		〃	대상부 가장자리		단제형		II-2	함평순촌 A-39호분
		〃	대상부 주축		제형		II-3	나주 용호 12호분
	복수(목관이 다수)	–	–	대등(병렬)	장제형 제형	1.5m 이상	III-1	함평 만가촌 13호분
	복수(옹관이 다수)	–	–		제형		III-2	영암 내동리 초분골 1호분
	복수(목관이 다수)	–	–		방형에 가까운 제형		III-3	영암 신연리 9호분

*영산강유역에서는 아직 명확한 실례 없음.
영광 군동 라-18호묘는 제형분 등장 이전의 방형주구묘

각도의 차이 등의 속성을 이용해 형식 분류와 변천 과정에 대한 검토가 이루어지기도 하였다[3]. 그런데 넓은 쪽 단변과 양 장변이 만나 이루는 각도 중 한쪽이 직각을 이루어 직각삼각형을 띠는 평면형을 하나의 형식으로 설정한 것은 사다리꼴을 의도하면서도 실제로 시공한 결과 나타날 수 있는 변이의 범위 내로 파악할 수 있을 정도로 두 각도의 차이가 크지 않거나 나주 복암리 2호분처럼 분구 조정과 관련된 특수한 사례일 가능성도 높아 타당한 분류 기준인지

---

3) 오동선, 2011, 「湖南地域 梯形墳의 變遷」, 『墳丘墓의 新地平』, 전북대학교 BK21사업단 · 전북대학교박물관.

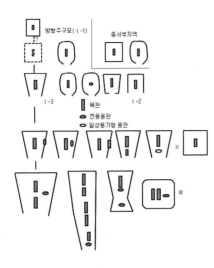

방형주구묘(I -1)

중서부지역

I -3

I -2

■ 목관
● 전용옹관
● 일상용기형 옹관

II

III

〈그림 4〉 제형분의 유형 및 변천 모식도

에 대해서는 좀 더 검토가 필요하다.

이러한 複合梯形墳의 중요한 속성은 단독 목관에서 복수 목관 안치로, 목관 중심에서 옹관 중심으로, 單葬에서 多葬으로, 한 종류의 매장시설(목관)에서 여러 종류의 매장시설 안치로, 목관에 대한 옹관의 배치가 종속적인 경우(主從)에서 대등한 경우(竝列)로 변화한다. 이와 연동되어 분구의 형태도 방형에서 사다리꼴(短梯形 → 長梯形)로, 다시 방형 또는 원형화 되며, 분구도 이러한 경향에 맞게 높아진다(그림 4).

2. 복합제형분 등장 이전의 양상

복합제형분이 등장하기 이전에도 영산강유역에서는 (장)방형의 주구를 돌린 무덤이 조성되었다. 영광 군동 '라'유적 A-18호[4]가 그것인데, 장단비 1.3 정도의 臺狀部 정중앙에 토광(목관)묘가 한 기만 시설되어 있다. 토광은 지반을 파서 만든 지하식으로 그 바닥은 주구의 바닥보다 더 깊다. 이 고분은 단독분으로 존재한다. 목관 위에 黑陶短頸壺를 부장하였는데, 형태는 홍도와 유사하나 표면처리는 흑도장경호와 유사하다. 원형·삼각형 점토대토기가 출토되고

---

4) 최성락·이영철·한옥민·김영희, 2001, 『영광 군동 유적 - 라지구 주거지·분묘』, 목포대학교박물관.

있는 같은 유적 B지구의 주구 없이 확인된 토광묘, 화덕시설이 내부에 설치된 A지구의 방형 주거지와 유사한 시기에 축조된 것으로 추정된다. 흑도단경호는 원형점토대토기와 공존하던 흑도장경호에 비해 목이 짧고 굽이 사라졌다. 함평 순촌 A지구 2호 단독 토광묘에서도 거의 같은 형태의 壺가 출토되었다. 이러한 점을 고려할 때 무덤의 하한 연대는 기원전후로 추정된다[5]. 여기서는 지하에 매장시설이 마련되었으며 방형으로 일주하는 주구를 돌린 무덤을 후대의 분구묘와 구별하기 위해 方形周溝墓로 부르겠다.

이 시기에는 주거지와 무덤이 한 곳에 공존하는데, 무덤은 서로 30m 이상 떨어져 있어 군집 현상을 보이지 않아 후대의 복합제형분과 대조적인 모습을 보인다.

한편 최근 유경식석검과 무문토기가 출토된 광주 외촌 3호 토광묘를 주구 토광묘로 인식하여 영산강유역 주구묘의 기원이 송국리문화단계까지 소급될 가능성이 제시된 바도 있다[6].

섬진강유역까지 범위를 넓혀 보면 이러한 지적은 매우 중요하다. 이와 관련된 유적으로 곡성 대평리 유적[7]이 있다. 섬진강변 충적대지에 남아 있는 이 유적에서는 송국리문화단계[8]의 세장방형 주구부 석개토광묘(16 · 20호묘가 해당되며 대상부에 비해 매장시설이 매우 작음. 장단비 2) → 홍도 기형의 무문토

---

5) 한옥민, 2001, 「전남지방 토광묘 성격에 대한 고찰」, 『湖南考古學報』 13輯, 湖南考古學會.

6) 한옥민, 2014, 「전남지역 마한 분구묘 사회의 연구 성과와 과제」, 『한국고고학의 신지평』 (자유패널1분과 마한 분구묘 사회의 비교 검토), 한국고고학회.

7) 박철원 · 오정훈 · 김석 · 나상수 · 최민주, 2013, 『곡성 대평리 유적』, 영해문화유산연구원.

8) 석개토광묘는 삼각형석도 등 송국리문화의 요소가 남아있다고 하더라도 초기철기시대까지 존속한 사례가 있다.

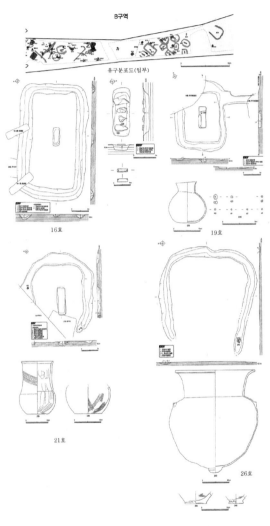

기가 출토된 장방형 주구부 토광목관묘(19 · 22호묘가 해당되는데 대상부가 작아져 매장시설의 규모가 16호묘 등에 비해 상대적으로 커졌음. 장단비 1.3) → 장경호 등 경질무문토기 등이 출토된 말굽형 혹은 단제형의 평면에 토광목관묘의 묘광이 지하에 일부 남아 있는 분구묘(18 · 21호) → 선황리식 옹관이 주구에 안치되고 주 매장시설이 지상에 설치된 것으로 추정되는 제형 분구묘(26호) · 격자문이 타날된 원저단경호가 주구에서 출토된 제형 분구묘(38호)가 함께 보이고 있어 주목된다(그림 5). 이 중 19 · 22묘는 평면형이나 출토 토기로 보아 영광 군동 '라'유적 A-18호묘와 병행하는 방형주구묘로 추정된다. 그리고 평면 제형 분구묘의 주구에서 경질무문토기가

〈그림 5〉 곡성 대평리 유적 분구묘(주구묘)의 변천

출토되어 이러한 평면형이 기원후 2세기 이전으로 올라갈 가능성도 생각할 수 있으나 주변에 초기철기시대 주거지가 분포하는 점으로 보아 재퇴적의 가능성을 배제할 수 없고 호남지역에서는 경질무문토기가 4세기까지도 사용된 점[9]을 고려하여야 한다. 출토맥락 등을 신중하게 검토하여 축조시기를 상정할 필요가 있다. 이처럼 대평리 유적에서는 네 가지 묘제가 연속하여 축조되었을 가능성이 높지만 매장주체시설 출토 자료가 부족하여 절대연대나 각 묘제의 지속기간 그리고 상호 연계성을 명확히 밝히기는 어려운 형편이다. 어쨌든 대평리 유적은 전남지역에서 주구를 돌린 묘제가 송국리문화단계 이후 등장하였고 그것이 제형분으로 이어졌을 가능성을 시사하는 자료로 중요하다. 다만 매장시설의 일부 혹은 전부가 지상에 위치한 분구묘로서의 방형분은 보이지 않는 점은 주목할 필요가 있다.

다시 영산강유역으로 돌아와 보면 영광 군동 '라'유적 A-18호묘에 이어지는 1~2세기의 분묘는 아직 실상이 명확하지 않다. 이중구연호 등 제형분에서 출토된 토기 중 일부를 2세기대까지 올려보는 견해도 있으나 편년의 근거는 아직 미약하다.

그런데 함평 松山遺蹟[10]에서는 제형분에 앞서 단독으로 축조된 옹관(6·8호 등)이 삼각구연 점토대토기에서 외반구연의 무문甕으로 변화하는 흐름을 보인다. 또한 함평 만가촌 7호분 1호 토광의 배장 옹관도 경질무문토기 계열의 무문 옹이며, 이것과 기형이 연결되는 회색 연질의 격자문 타날 원저 옹이 옹관으로 사용된 4호분 3호 옹관은 평저이중구연호와 공반되었다. 이와 같이 경질무문토기에서 환원염소성의 회색연질토기로 이어지는 양상을 보이고 있

---

9)   하진영, 2015,「호남지역 경질무문토기의 편년과 성격」, 전북대학교 석사학위논문.
10) 李暎澈 · 金永熙 · 劉香美, 2007,『咸平 松山遺蹟』, 湖南文化財研究院.

다. 따라서 제형분이 등장하는 3세기 이전까지는 이러한 경질무문토기 계열의 옹관이나 단독의 토광 또는 목관이 매장시설의 주가 되고, 주구를 돌린 분묘는 극히 일부에 한정되어 조성되었을 가능성이 있다.

한편 영산강유역에서는 중서부지역에서 보이는 방형 분구묘가 거의 확인되지 않는다. 고창 예지리·성남리Ⅲ, 영광 군동, 그리고 함평 순촌 유적의 능선 위쪽 등에서 확인된 분구묘의 주구는 한 변이 개방되었으나 'ㄷ'자형을 보이고, 무안 인평과 광주 평동 유적 등 극히 일부지역에서 방형의 분구묘가 확인될 뿐이다. 이러한 분구묘의 매장시설은 단독의 토광 또는 목관이다. 무안 인평 1호분[11]은 매장시설이 토광 단독이지만 분구에 비해 작은 편이다. 가장 이른 형태의 전용옹관이 토광을 파괴하고 들어섰으므로 토광의 축조 연대는 이 옹관보다는 빠른 3세기 중엽으로 추정된다. 무안 인평고분군에서도 방형분은 한 기만 확인되어 여전히 단독분의 전통을 보여준다. 광주 평동 유적[12]에서도 평면 방형의 분구묘가 7기 조사되었는데, 고분군 축조의 초기 단계에 제형분과 병행한 것으로 추정된다. 가장 이른 것으로 추정되는 A-30호분 토광에서는 무안 인평 1호분 출토품과 유사한 토기가 출토되었다. 그런데 이런 방형 분구묘와 영광 군동 A-18호묘는 시기적으로 단절되어 있다.

영광 군동 A-18호묘와 같은 (장)방형 주구묘가 중서부지역에서 보이는 방형 분구묘로 발전되었을 가능성도 고려할 필요는 있다. 다만 영광 군동 A-18호묘, 곡성 대평리 19·22호묘 등 기원전후까지 소급할 수 있는 방형 주구묘가 축조

---

11) 최성락·이영철·한옥민, 1999,『무안 인평 고분군 - 학산·구산리고분군』, 목포대박물관.

12) 盧美善·申興南·河辰榮·朴東洙·吳大鐘·姜炳善, 2012,『光州 平洞遺蹟』, 湖南文化財研究院.

된 호남지역에 중서부지역에서 유행한 것과 같은 전형적인 방형 평면의 분구묘가 유행하지 않고 처음부터 제형분 위주로 나타나는 현상은 그러한 설명을 부자연스럽게 만든다.

이처럼 영산강유역에서는 방형 분구묘가 주류를 이루지 않는다. 따라서 영산강유역에서는 방형 주구묘에서 방형 분구묘를 거쳐 제형 분구묘로 변천하는 과정을 설정하기 어렵다. 다른 과정을 상정할 필요성이 생긴다.

3. 전개 과정

영산강유역 고분의 변천에서 복합제형분 단계는 중심 매장시설의 종류와 수, 부속 매장시설의 존재 여부 그리고 이러한 매장시설 사이의 배치 관계에 따라 두 단계로 세분된다[13]. 복합제형분 1단계의 가장 중요한 특징은 사다리꼴 분형의 등장이다. 중심 매장시설은 여전히 단독의 목관이지만 대상부 가장자리나 주구에 전형 1형식 옹관[14]을 추가장 또는 배장하기 시작한다. 이 단계의 복합제형분은 영산강유역 전역에서 확인되지만 아직 반남지역에서는 조사되지 않았다.

방형에서 사다리꼴로 분구(주구)가 변화하며 규모가 커지고 매장시설도 지상에 축조되기 시작하였다. 즉, 성토하는 양이 많아져 고분의 단계에 들어섰다고 할 수 있다. 고분은 군집되어 있지만 아직 주구를 공유하지는 않는다. 같은 묘지에 단독의 목관묘, 옹관묘도 함께 조영된다.

이 단계에는 지역에 따라 전용옹관만을 매장시설로 하는 고분도 나타났다. 전용옹관 1·2형식을 매장시설로 사용한 고분이 복합제형분과 혼재되어 소수

---

13) 김낙중, 2009, 『영산강유역 고분 연구』, 학연문화사.
14) 옹관의 형식명은 김낙중(2009)의 분류를 따른다.

존재하거나 영산강유역 중핵지역인 영암 옥야리 · 와우리, 나주 화정리 마산에 서는 전형 2 · 3형식 옹관만으로 구성된 고분이 따로 무리를 이루기도 하여 지역공동체별로 매장시설에 대한 선호도와 차별이 존재하였음을 추정할 수 있다. 이것은 영암, 나주를 중심으로 전형 3형식 옹관만을 매장시설로 한 고총의 등장을 알리는 전조이다.

복합제형분 2단계는 목관과 함께 옹관이 중심 매장시설로 사용되며, 중심 매장시설도 복수화되는 것이 특징적이다. 옹관과 목관(곽)이 함께 사용되다가 점차 옹관이 주체를 점해 간다. 주체를 점하는 옹관은 전형 3형식으로서 영암 시종지역을 중심으로 4세기 중엽에 등장하는데, 복합제형분에서 옹관이 목관보다 우위를 차지해가기 시작하는 것도 이 때부터이다. 분형은 기본적으로 한쪽이 넓고 높은데 梯形, 長梯形이 유행하다가 나중에는 타원형을 띠거나 방형화되어 간다. 분구는 높아져서 고총의 전조를 보이며, 길이도 30m 이상으로 중 · 대형화한다. 광주 평동 유적 A-5호 분구묘의 경우 길이가 104m에 이르기도 한다. 각 분구가 주구를 공유하거나 매우 인접해 위치한다. 대표적인 유적으로 함평 만가촌고분군 · 반암고분군, 영암 내동리 초분골 · 만수리고분군 등을 들 수 있다.

복합제형분은 지속적인 추가장이나 분구 조정이 이루어져 조영기간이 긴 편이다. 나주 장등유적, 광주 평동 유적처럼 지역에 따라서 복합제형분은 6세기까지 축조되기도 한다. 늦은 단계에는 광주 평동 유적처럼 방(대)형분, 원형분이 하나의 고분군에서 함께 조영되기도 한다. 이것은 제형분이 고총기의 옹관분은 물론이고 초기석실분과도 일부 병존하였음을 의미한다.

4. 영산강유역권 분구묘의 지역성

영산강유역권에서 제형분(군)은 60여 개소 이상 확인되었는데, 그 중 대부분인 40여 개소 이상이 영산강유역에 분포한다[15].

해남, 장흥 등 영산강유역 외연지역의 복합제형분은 분형이 제형으로 수렴되는 정도, 매장시설의 종류 등에서 영산강유역의 그것에 비해 정형성이 떨어진다. 이 지역에서 다른 묘제가 유행하지 않은 점을 고려할 때 이러한 현상은 주변적인 지역성을 반영하는 것으로 추정된다. 이런 곳에서는 장제형과 같은 대형의 제형분은 유행하지 않았다.

Ⅲ. 제형분의 등장 과정 및 배경

1. 중서부지역 분구묘의 특징

마한계 분구묘에 대한 연구가 진전되면서 많은 사실을 알게 되었지만 아직 기원에 대한 논의가 분분하고[16], 등장 시점도 기원전으로 올라갈 가능성은 있으나 매장시설과 주구 및 주구 내 출토유물의 관계, 출토유물의 역연대에 대한 치밀한 분석이 미진한 편이다[17].

이런 과정에 중서부지역에서 2세기 중·후엽에 축조된 것으로 추정되는 분구묘의 사례가 늘어나고 있어 주목된다. 즉, 김포 운양동 27호묘, 서산 예천동 18호묘, 보령 관창리 KM-423호묘, 부여 증산리 6호묘, 공주 덕지리 12호묘 등

---

15) 김영희, 2014, 「제형 고분의 축조기술」, 『영산강유역 고분 토목기술의 여정과 시간을 찾아서』, 대한문화재연구원.

16) 임영진, 2014, 「마한 분구묘의 조사·연구 성과와 과제」, 『한국고고학의 신지평』(자유패널1분과 마한 분구묘 사회의 비교 검토), 한국고고학회.

17) 金承玉, 2011, 「중서부지역 마한계 분묘의 인식과 시공간적 전개과정」, 『韓國上古史學報』 제71호, 韓國上古史學會.

이 그것이다. 그런데 이러한 고분은 고분군 내에서도 극소수로 여타 고분과의 시기적인 연계성이 분명하지 않으며 일부는 주구와 매장시설의 상관성도 불분명하다. 이처럼 2세기 이전의 자료는 아직 불충분한 면이 있어 추후 자료의 증가를 기다려야 하겠지만 3세기 이후 김포부터 남쪽으로 서해안의 구릉지대를 따라 분구묘가 크게 유행한 것은 분명하다.

경기 지역에서는 김포, 인천 일대 등 서해안의 저평한 구릉에서 분구묘가 조사되었는데, 김포는 현재 분구묘 분포의 북한계이다. 이 지역의 분구묘에서는 백색 옹 등 토기, 동혈합장과 같은 낙랑의 요소가 확인된다. 주구는 'ㅁ', 'ㄱ', 'ㄷ'자형으로 남아 있으나 대상부는 기본적으로 평면 방형이다. 주구의 개방부는 분구 모서리에 한두 곳 남아 있다. 한 변의 중앙에 개방부를 두는 경우는 없다. 매장시설은 목관으로 단장이 유지된다. 김포 운양동 27호 분구묘 출토 세형동검, 낙랑토기 백색 옹, 철모, 철촉 등으로 보아 2세기 중엽 경에는 축조되기 시작하였으며 3~4세기에 성행하지만 인천 연희동 1-5지점 4호분, 화성 요리 유적처럼 5세기 전반까지 일부 지속된다. 출토유물 중에 철검 등 철기류가 특징적인데 영남지역의 목곽묘 출현기 단계의 무기류와 유사한 양상을 보인다[18].

충청 지역에서 분구묘는 서해안 일대와 금강 중·하류역에서 확인된다. 서산 예천동 18호묘처럼 2세기 중·후엽으로 올라가는 사례도 있지만 3세기 이후 유행하며 서산, 당진, 홍성 등 일부 지역에서는 삼족토기 등 전형적인 백제 양식토기가 부장되면서도 5세기까지 계속 축조된다. 매장시설은 거의 단수의 목관(곽)이다. 4세기 후반 이후에는 분구 연접, 분구 확장 현상이 나타난다.

---

18) 김기옥, 2014, 「경기지역 마한 분구묘의 구조와 출토유물」, 『경기지역 마한 분구묘 사회의 비교 검토』(마한 분구묘 사회의 비교 검토 1차 세미나 자료), 마한연구원.

5세기 이후에는 서산 부장리 유적에서 보이는 것처럼 하나의 분구에도 수평·수직적 확장을 통해 복수의 매장시설이 설치되기도 한다[19]. 평면형은 방형과 마제형이 주를 이루며 제형도 일부 등장한다. 한 변 중앙에만 개방부를 남겨둔 사례가 많다. 이것은 제형분 등장의 전제가 되는 특징이다. 개방부는 장축의 한쪽 변에 두었는데 매장시설의 장축과 일치하는 방향이다. 충청 지역의 분구묘는 주구가 겹치면서 분구가 연접하는 현상, 추가 매장에 따른 분구 확장, 대형화, 철정 매납 등에서 서남부지역 제형분과 상통하는 측면이 보이고 있으나 여전히 평면이 방형을 유지하고 매장시설이 목관 위주인 점은 경기 지역과 상통한다.

영산강유역에서 특징적으로 보이는 분구묘의 短梯形化는 서산 예천동·기지리 유적과 같이 충남 서해안지역에서도 나타났다. 그러나 이 지역에서는 대형의 제형, 장제형 분구묘로 변화하지는 않았다. 한성백제의 정치적 영향 범위를 보여주는 금동관 등 금속유물이나 흑색마연토기 등이 부장된 지역에서는 분형에 일부 梯形化의 경향이 보이지만 결국은 평면이 방형계에 머물고 매장시설도 목관(곽)이 중심적으로 사용되었다.

전북 지역은 서북부와 서남부의 양상이 조금 다르다. 서북부에서는 충남 지역과 유사한 분형을 유지하지만 매장시설에 옹관뿐만 아니라 나중에는 석축묘도 포함되며 전주와 완주 등 일부 지역에서는 분구의 규모가 커지며 분구묘 전통의 지속 정도가 영산강유역과 유사한 양상을 보인다. 전북지역에서 제형이 주류를 이루는 곳은 전북 서남부지역이다[20].

---

19) 정해준, 2014, 「충청지역 마한 분구묘의 구조와 출토유물」, 『충청지역 마한 분구묘 사회의 비교 검토』(마한 분구묘 사회의 비교 검토 2차 세미나 자료), 마한연구원.
20) 李澤求, 2008, 「한반도 중서부지역 馬韓 墳丘墓」, 『한국고고학보』 제66집, 한국고고학회.

충남 서해안의 경우는 부장리 고분군에서 보듯이 분구의 규모도 2m 남짓으로 고총화 단계에 이르지 못하고 5세기 중엽 이후에는 이러한 분구묘의 전통이 사라진 것으로 추정된다. 그런데 전주 마전 고분군에서 보듯이 금강 이남 지역에서는 횡혈식석실묘가 도입되는 단계까지도 분구묘 전통이 지속된다. 다만 분구묘의 고총화 현상은 고창을 포함하는 영산강유역권에 한정되어 있다. 이러한 현상은 백제의 지방 통치 과정과 해당 지역의 정치적 성격을 잘 반영하는 것으로 추정된다.

이처럼 분구묘는 지역에 따라 큰 차이 없이 3세기 중·후반 이후에 유행하는 것으로 추정된다. 따라서 이러한 묘제의 변화를 유발한 중요한 사회정치적인 변화가 마한지역에서 이 시기에 있었던 것으로 추정된다.

영산강유역에서도 이러한 변화에 따라 지역의 공동체에서 유력한 기초집단이 성장하여 정치적인 힘을 장악해가기 시작하였을 것으로 이해된다. 이러한 기초집단의 통합과 그 내부의 계층적 분화 상황을 보여주는 것 중의 하나가 분구묘로 여겨진다. 그런데 고분의 분형이 중서부지역의 방형과 달리 제형을 띠는 것은 이러한 유력한 기초집단의 구조나 집단의 정체성을 표현하는 방식에 차이가 있었음을 시사한다.

2. 분형의 제형화 과정

중서부지역의 분구묘에서도 일부 마제형이나 단제형의 평면이 보인다. 방형, 마제형, 단제형이 혼재한 사례를 통해 분형의 제형화 과정을 추정하면 다음과 같다. 사방으로 주구가 모두 돌려진 무덤은 방형의 평면 형태가 잘 유지된다. 주구가 일주하는 이런 폐쇄형 무덤은 조영 이후 분구로 다시 들어가는 상황을 상정하지 않았을 것이다. 이러한 방형분에 매장시설이 단수인 현상은 그것을 반영한다. 그런데 한 변에 개방부(통로)를 두게 되면서 형태 변화가 일어난 것

으로 추정된다. 이 점은 서
산 예천동 유적(그림 6)을
통해서 살펴볼 수 있다.

서산 예천동 유적은 같
은 서산에 있는 기지리 유
적이나 부장리 유적보다
시기가 한 단계 앞서는 무

〈그림 6〉 서산 예천동 유적(동사면 하단부) 분구묘

덤군이다. 거의 모든 무덤은 한 쪽 변 중앙에 개방부가 있으며 매장시설은 하
나의 목관이다. 그런데 평면 형태는 방형, 말굽형, 짧은 사다리꼴 등으로 다양
하다. 이러한 다양성의 원인은 대상부의 한 변 중앙에 통로를 넓게 설치한 사
정과 관련된 것으로 추정된다. 즉, 통로 부근을 넓게 남겨 두게 되면서 주구를
직각으로 꺾던 전형에서 점차 장변의 주구에 이어지는 통로 쪽 양편 주구를
호선이나 사선으로 처리한 것으로 추정된다. 이것은 주구 굴착보다 통로 확보
에 중점을 두면서 작업의 편의를 위해 나타난 자연스러운 현상이라고 할 수
있겠다. 통로는 무덤으로 출입하기 위한 항구적인 육교를 마련한 것을 의미한
다. 이러한 통로를 마련한 이유는 무덤의 관리, 제사(의례)와 관련될 것이며,
나중에는 매장시설의 추가와도 관계된다고 여겨진다. 이처럼 묘역 내 출입의
필요성이 증가하게 되면서 통로 공간을 확대할 필요성이 자연스럽게 생겼을
것인데, 이것은 통로 양편 주구의 사선화를 통해 해결할 수 있다. 이와 같이 통
로를 포함한 분구의 평면이 말발굽이나 사다리꼴로 변화하는 것은 무덤에 대
한 인식의 변화와 그에 따른 축조 과정에서 자연스럽게 나타날 수 있는 현상
이다. 경기 지역의 분구묘는 대상부의 모서리 부분에 주구의 끊김 현상이 보
여 그곳을 통해 출입을 할 수도 있었을 것이나 주로 구릉의 능선에 축조되어
참례자나 관리자들의 동선과 맞지 않고 각 변의 중심부를 좀 더 깊게 굴착하

는 주구의 특징으로 볼 때 원래는 주구를 의도하였으나 주변이 삭평되어 출입구처럼 보일 가능성도 있다. 개방부가 한 변의 중앙에 위치하는 것은 제형분이 사면부에 조성되는 상황과 관계되는 것으로 추정된다. 취락에서 참례자들이 고분에 자연스럽게 출입할 수 있는 방향은 사면부의 아래쪽일 것으로 여겨진다. 사면부에 제형분이 조영되는 것은 충남 서해안부터 보인다.

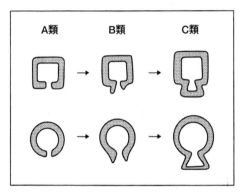

〈그림 7〉 일본 전방후원(방)분의 성립

한편 이러한 통로의 확대 및 분형의 변화와 비교할 만한 사례는 일본 전방후원분의 발생과정에서 찾아볼 수 있다. 일본의 전방후원분은 야요이시대의 분구묘에 돌출부가 부가되면서 발생하였다고 여겨지는데, 야요이시대 분구묘의 돌출부는 원분이나 방분의 분구와 외부를 연결하는 통로상의 부분이 점차 발달한 것으로 여겨지고 있다(그림7). 일본에서는 발달된 돌출부 주위에 다시 주구를 돌려 통로의 역할을 하지 못하면서 전방후원(방)분이 되었다[21]. 이에 비해 한반도 서남부지역에서는 출입을 전제하고 통로부 좌우의 주구를 사선화해 공간을 확보하면서 분구 전체의 평면형이 사다리꼴로 변화된 것으로 추정된다.

중서부지역에서 이러한 변화의 흔적이 보이지만 사다리꼴 평면형에 특별한 의미를 부여하여 하나의 양식으로 정형화한 것은 영산강유역집단이다.

---

21) 白石太一郞, 1999,『古墳とヤマト政權-古代國家はいかに形成されたか』(文春新書 036), 文藝春秋, pp.41~42.

3. 제형분 유행의 의미

중서부지역에서도 분형이 제형으로 변화된 양상이 일부 보이지만 방형이 주류이다. 이에 비해 전북 서남부 이남 지역에서는 대부분의 분구묘가 제형을 띤다. 제형 분구묘의 등장 및 정형화는 한반도 중서부·서남부에서 성립된 분구묘 전통을 기반으로 영산강유역에서 지역성을 드러내며 발전하는 양상을 보여주는 것이다. 따라서 영산강유역 고분의 분형이 사다리꼴로 변화하고 유행한 이유를 밝히는 것은 당시 이 지역의 사회 및 정치적 상황을 파악하는데 중요한 단서가 될 것이다.

사다리꼴이 분형의 주류가 되는 지역의 북쪽 한계는 부안 대동리 유적, 고창 성남리Ⅲ유적 등이 위치한 전북 서남부지역이다. 이곳에서는 한 변만 터진 'ㄷ'자형 분구묘에 이어 짧은 사다리꼴 분구묘가 본격적으로 조영되기 시작한다. 이중구연호, 1형식 전용옹관 등 공반 유물로 보아 3세기 중엽경에는 이러한 변화가 시작된 것으로 추정된다[22].

사다리꼴 분형의 발생에 대해서는 분구의 수평적 확장, 즉 수평적 추가장이라는 개념으로 설명된 바 있다[23]. 즉, 單葬으로 출발했던 방형 분구묘에 그와 관련된 인물들이 옆으로 추가 매장되면서 분구가 수평적으로 확장되었고, 결국 기다란 제형 분구가 되었다고 상정하는 것이다. 처음부터 제형 분구로 출발한 것이라 하더라도 그것은 수평적인 추가장을 염두에 둔 것이므로 크게 보아 수평적인 분구 확장이라는 범주에서 이해하고 있다[24].

---

22) 김낙중, 2009, 『영산강유역 고분 연구』, 학연문화사.
23) 林永珍, 1997, 「榮山江流域의 異形墳丘 古墳 小考」, 『湖南考古學報』 5輯, 湖南考古學會.
24) 林永珍, 2002, 「榮山江流域의 墳丘墓와 그 展開」, 『湖南考古學報』 16輯, 湖南考古學會, p.90.

그런데 나주 용호 고분군의 예로 본다면 확장 흔적이 보이는 12호분의 경우도 이미 사다리꼴을 보이는 1차 분구의 한쪽 끝부분에 덧대 분구를 확대하면서 단변 쪽에서만 주구를 새로 굴착하고 있다. 즉, 확장 이전부터 원래의 분구는 사다리꼴이었다. 대부분의 사례도 이와 같다. 그리고 최초의 분형이 방형인데 추가장에 따른 확장으로 나중에 사다리꼴로 변한 사례는 아직 확인되지 않았다. 이에 비해 중서부지방의 분구묘는 추가장이 이루어졌어도 분구가 方形系를 유지한다. 따라서 영산강유역의 분구가 제형을 띠는 것은 추가장에 의해 자연스럽게 생긴 현상이라기보다 분형 선택에 고도의 의도가 반영되었음을 시사한다.

초기의 제형분은 매장시설이 복수이지만 중심 매장시설은 한 기이고 나머지는 주변에 종속적으로 배치되어 있다. 또한 사다리꼴 분구 내에서 중심 매장시설인 목관은 평면적으로 넓고 수직적으로 높은 곳에, 옹관 또는 중심 매장시설보다 작은 목관은 좁은 곳이나 가장자리 또는 주구에 위치한다. 이러한 점을 보면 가족 또는 世帶 등 하나의 고분을 조영한 단위 기초집단 내의 서열에 따른 매장 공간의 차별적 이용을 위해 사다리꼴 분형이 고안되었을 가능성이 있다. 그리고 함평 만가촌 13호분에서 보이는 바와 같이 분구의 확대 조정을 통해 하나의 제형 분구에 포함되는 집단의 규모는 점차 커진다. 이것은 서열 구분이 단위 기초집단에서 좀 더 상위의 단위 집단으로 확대된 것을 시사한다.

이와 같이 사다리꼴 분형은 방형 분구에 매장시설을 순차적으로 추가하면서 생긴 모양이 아니고 처음부터 의도하여 마련되었을 가능성이 높다. 즉, 사다리꼴의 분구 형태는 多葬墓를 조성한 단위집단 내의 서열(위계) 구분의 표상이 반영된 것으로 보인다. 이러한 현상은 무덤에 묻히는 대상이 단위집단의 우두머리 한 사람에서 그가 소속된 집단의 구성원까지 포함되어 가는 사회 구조의 변화도 동시에 보여주는 듯하다. 또한 이는 기초 또는 지역공동체 내의 정치적 권력이 계열화, 세습화되는 현상과도 관련된 것으로 판단된다[25].

Ⅳ. 제형분이 시사하는 정치사회적 양상

이곳에서는 영산강유역 제형분에서 보이는 묘제적 특징을 통해 정치사회적 양상의 일면을 추론해 보고자 한다.

1. 周溝 共有

우선 영산강유역 제형분에서는 주구 공유 현상이 보인다. 주구란 배수, 묘역구분, 採土의 기능적인 면과 분구의 高大化, 不可侵區域으로 신성함을 부여하는 의미 등이 복합적으로 표현된 시설이라고 할 수 있다[26].

영산강유역에서는 영광 군동 '라'유적 A-18호묘와 같은 방형주구묘부터 무덤에 주구를 돌렸다. 이러한 방형주구묘는 서로 떨어져 있어 독립적인 묘역을 가지고 있다. 이에 비해 사다리꼴 분구는 서로 근접하기 시작하여 나중에는 밀착하여 주구를 공유하게 된다. 이렇게 주구를 공유한 사다리꼴 분구의 대표적인 사례로는 함평 순촌 고분군, 만가촌 고분군(그림 8), 함평 마산리 표산유적 및 광주 평동 유적 A지구 등을 들 수 있다.

중서부지방의 서산 기지리 고분군에서도 분구 확장과 분구묘 사이에 주구의 연접 현상이 보이지만 분구의 장축을 맞추며 공유하는 단계에는 이르지 않

---

25) 김낙중, 2009, 『영산강유역 고분 연구』, 학연문화사.
26) 임영진, 1997, 「전남지역 석실분의 백제계통론 재고」, 『호남고고학보』 6.

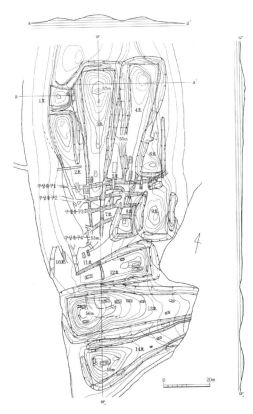

〈그림 8〉 함평 만가촌 고분군

았다. 기지리 고분군보다 늦은 서산 부장리 고분군에서도 주구의 공유 현상은 보이지 않는다. 영산강유역에 가까운 완주 상운리 고분군에서는 수차례 분구를 확장한 흔적이 '라'지구 1호분 등에서 확인되었지만[27] 주구를 매개로 한 개별 고분의 연접 현상으로 보기 어렵고 분형도 여전히 방형 계통이다. 따라서 사다리꼴 분구가 주구를 공유하는, 즉 주구를 매개로 한 고분의 連接 현상은 영산강유역 제형분의 고유한 특징이라고 할 수 있다.

주구 연접의 제형 고분군이 시사하는 사회적 의미에 대해서는 아직 이렇다 할 해석이 이루어지고 있지 못하다. 다만 주구를 공유하는 것은 墓地를 함께 쓰는 기초공동체 또는 취락 내에서 각 분구에 묻히는 기초집단 사이의 관계가 밀접하였음을 상징하는 것으로 판단된다. 즉, 단일 분구를 공유하는 집단들을 포괄하는 좀 더 큰 단위

---

27) 김승옥, 2009, 「분구묘의 인식과 시공간적 전개과정」, 『한국 매장문화재 조사연구방법론 5』, 국립문화재연구소.

집단의 공동체 의식을 더욱 강화하기 위한 장치로 사용되었을 가능성이 높다. 이러한 밀접한 관계는 주구를 매개로 하나로 묶인 고분군의 축조집단까지 확대되었을 것이다. 함평 만가촌 고분군의 경우에는 하나의 분구에도 일렬로 배치된 목관 및 옹관군이 몇 곳으로 나뉘어 있어 수 개의 피장자 계열이 형성되어 있음을 추정할 수 있다. 즉, 하나의 분구를 사용하는 기초집단은 서로 계승관계가 있는 몇 계열의 집합체였던 것 같다. 토기의 분석 결과[28]를 비추어보면 이러한 개별 계열은 몇 世代 동안 이어진 것으로 여겨진다.

목관 단장이면서 무덤이 개별적으로 존재하던 시기에 비해 함평 만가촌 고분군처럼 하나의 분구에 묻히는 구성원의 수가 증가하였으며, 그러한 분구 여러 개가 연접되어 集體化되어가고 있는 현상은 사회 운영이 이전보다 훨씬 큰 공동체 단위로 이루어진 것을 반영하는 것은 아닌가 생각된다.

2. 분구 확장

영산강유역 분구묘의 조영과 관련하여 주목되는 또 다른 현상이 분구의 확장과 조정이다. 제형분에서는 주로 수평 방향의 확장이 관찰된다. 분구의 확장은 방향에 따라 단축 방향(A), 장축 방향(B)으로 구분되고 장축 방향은 덧댄 위치에 따라 분구의 좁은 쪽(1), 넓은 쪽(2)으로 더 나뉜다[29]. 이 밖에도 장축 방향으로 확대된 것이지만 두 기의 제형분을 합체한 양상을 보이는 사례(C)도 관찰된다(그림 9).

---

28) 서현주, 2008, 「영산강유역권 3~5세기 고분 출토유물의 변천 양상」, 『湖南考古學報』, 湖南考古學會.

29) 김영희, 2014, 「제형 고분의 축조기술」, 『영산강유역 고분 토목기술의 여정과 시간을 찾아서』, 대한문화재연구원.

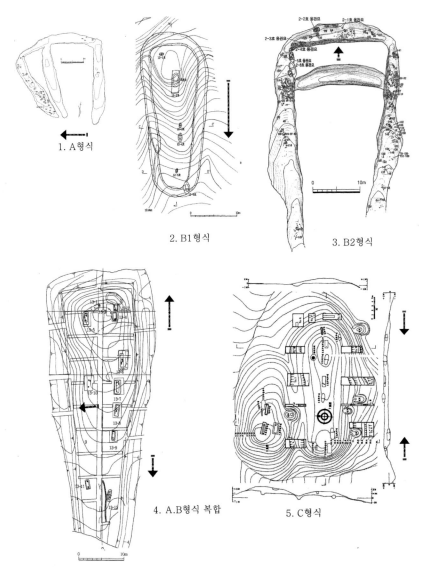

1. A형식

2. B1형식

3. B2형식

4. A.B형식 복합

5. C형식

〈그림 9〉 분구 확장 형식
(1. 나주 장등 3호분, 2. 나주 용호 12호분, 3. 나주 장등 2호분,
4. 함평 만가촌 13호분, 5. 영암 내동리 초분골 1호분)

단축 방향으로 확장된 사례(A형식)로는 함평 순촌 A-28호, 함평 반암 1호, 나주 장등 3호분을 들 수 있겠다. 이러한 수평적 확장은 서산 기지리 유적 등 중서부지역에서도 확인된다.

B1형식의 사례로는 나주 용호 12호분[30], 함평 만가촌 14호분[31] 등을 들 수 있겠다. 용호 12호분에서는 평면에서 주구가 두 번 굴착된 것이 확인되고, 분구 토층 조사에서도 당초 분구의 整地面이 끝나는 것이 현 분구 안에서 확인되었는데, 이 지점에서 주구가 중복되고 있어 한 차례 확장되었음을 알 수 있다. 중심 매장시설은 1차장은 목관, 2차장은 옹관인데, 옹관은 목관 바로 위에 설치되었다. 중심 매장시설이 상하로 중복된 점은 수직 확장을 의미하는 것이므로 주구에서 확인할 수 있는 수평적 확장은 이러한 수직적 확장에 수반되었을 가능성이 있다. 만가촌 14호분도 목관과 옹관이 두 곳에서 군집을 이루고 있는데 두 군집 사이에는 분구에 단차가 있고, 주구선이 굴곡하는데, 이러한 변화 지점의 분구 아래에서 주구가 확인되고 있다. 즉, 높고 넓은 서쪽 분구에 좁고 긴 동쪽 분구를 합치면서 대형화한 것으로 추정된다.

B2형식의 확장 사례로는 나주 장등 2·10호, 광주 평동 B-4호, 화순 내평리 7호 등을 들 수 있겠다. 제형분의 넓고 높은 곳에 해당 고분을 축조하게 된 계기가 된 피장자가 묻혔을 개연성이 높다면 개방부 반대쪽의 넓은 단변에 덧붙여 분구를 확장하는 것은 이러한 피장자보다 좀 더 해당 기초집단을 대표할 만한 새로운 유력자가 고분 초축 이후 등장한 것과 관련이 있지 않을까 추정해 본다.

---

30) 金建洙·李永德, 2004,『高敞 萬洞遺蹟』湖南文化財研究院.

31) 林永珍·趙鎭先·徐賢珠·宋恭善, 2004,『咸平 禮德里 萬家村古墳群』全南大學校 博物館.

함평 만가촌 13호분[32]은 A·B형식이 복합된 사례이다. 두 곳의 목관묘 군집 사이에서 선행하는 주구가 확인되어 현존의 분구는 이 주구를 메우면서 확장 한 것임을 알 수 있다. 조정한 분구의 가장 높은 곳에 늦은 시기의 목관묘가 무 리를 이루고 있다. 낮고 좁은 곳에도 목관과 옹관이 따로 군집한다. 즉, 13-6호 목관을 포함하는 최초 분구의 넓은 단변 쪽으로 확장하면서 새로운 중심 매장 시설군의 공간을 확보하고 분구의 폭도 함께 넓혀 13-10호 매장시설을 포함하 였으며 한편으로 좁은 쪽으로도 확장하여 13-11호 목관 등을 하나의 분구에 포함하였다.

C형식의 확장 사례로는 영암 내동리 초분골 1호분, 나주 신촌리 6호분을 들 수 있겠다.

영암 내동리 초분골 1호분은 양쪽이 약간 높고 가운데가 좀 잘록하며 주구 선이 동쪽은 직선, 서쪽은 호선형이어서 전방후원형이라고 보고된 바 있다[33]. 그러나 매장시설의 배치 및 바로 옆에 붙어있는 2호분과 분형을 비교해 볼 때 분구를 조정한 것으로 판단하는 것이 타당하다. 주구의 방향과 폭이 중간에서 잘 맞지 않는 점도 이를 방증한다. 그리고 매장시설은 대형옹관, 소형옹관 및 목관이 한 단위를 이룬 군집이 여럿 있음을 알 수 있다. 그리고 옹관의 형식과 출토유물을 보면 각 군집의 대표적인 옹관의 시기 차이가 분명하다. 이러한 차이를 고려하면 2·4호 옹관을 포함하는 동쪽 분구에 5호 옹관을 포함하는 분구를 만들어 덧댄 것으로 보인다.

나주 신촌리 6호분도 1939년 발굴조사 때는 물론이고 1988년의 측량조사에

---

32) 林永珍·趙鎭先·徐賢珠·宋恭善, 2004, 『咸平 禮德里 萬家村古墳群』, 全南大學校 博物館.

33) 서성훈·성낙준, 1986, 『영암 내동리 초분골고분』, 국립광주박물관.

서도 전방후원형고분으로 추정하였다. 그러나 정비복원을 위한 주구 조사 결과, 2개의 제형 분구가 좁은 쪽 短邊을 맞대고 있어 전체적으로 정연하지 못한 장고형을 띠게 된 것으로 파악되었다. 즉, 처음에는 넓고 높은 곳을 북쪽에 둔 제형분으로 출발하였다가 나중에 그 고분의 남변에 덧대 머리를 남쪽으로 둔 제형 분구가 새로 축조되면서 현재와 같은 형태가 된 것이다[34].

분구를 확장하는 이유는 애초 마련된 분구에 최초 피장자와 관련된 단위집단의 나머지 구성원을 모두 묻지 못하였기 때문일 것이다. 그러다가 하나의 분구에 여러 단위집단(예를 들면 세대)을 함께 수용하면서 개별 고분으로 대표하는 집단의 규모를 확대한 것으로 추정된다. 이것은 사회구조의 변화를 시사한다.

3. 매장시설로서 목관과 옹관의 차이

제형분을 통해 사회구조와 정치적 의미를 파악하는 것은 매우 어려운 일이다. 이와 관련하여 우선 주목되는 것이 왜 목관묘를 쓰던 집단이 매장시설로 옹관을 같이 썼으며, 나중에는 옹관으로 바꾸었는가 하는 점이다. 옹관이 매장시설의 주류를 차지해가는 경향을 대표적인 유적을 들어 살펴보면 함평 순촌-나주 용호-영암 와우리 · 옥야리-나주 화정리 마산-나주 반남 순이다. 옹관의 주류화는 반대로 목관의 비주류화이다. 고총이 군집한 반남지역에서 주 매장시설로 목관이 전혀 발견되지 않는 점은 주목할 만한 점이다. 두 가지 매장시설을 같이 쓰면서도 옹관을 중시하던 일정 집단이 영산강유역사회에서 우위적 위치를 차지하며 묘제에도 영향을 미친 것이 아닌가 추정한다.

---

34) 林永珍 · 趙鎭先, 2000, 『전남지역 고분 측량보고서』, 전라남도.

그런데 목관이 주 매장시설로 사용되던 제형분 단계의 배장 또는 추가장 된 옹관에 묻힌 사람은 목관 피장자와 어떤 관계였을까? 이러한 장법에 대해 혈연을 기반으로 한 가계 내의 중심적인 피장자를 臺狀部 중앙에 안치하고 성인이 되기 전에 사망한 親緣的 관계에 있는 자를 옹관에 배장한 것으로 해석하기도 하지만35) 매장시설을 구분할 이유에 대한 설명으로는 부족한 편이다.

이와 관련하여 고창 萬洞遺蹟36)과 나주 용호 고분군37)을 살펴보고자 한다. 우선 만동 유적의 경우, 옹관에는 목관에 비해 다양한 토기 기종이 부장되지만 도검류 등 철기는 거의 부장되지 않았다. 규모가 비슷하고 일정한 간격을 유지하며 정연하게 배치된 것으로 보아 각 분묘 사이에서 계층차를 뚜렷하게 확인하기는 힘들다. 부장품에서도 돌출되는 분묘는 없다. 구슬류, 단경호, 이중구연호는 거의 모든 무덤에 공통적으로 부장되고 있는데, 이 고분군 피장자 집단이 마한의 일원임을 알려주는 표지적 유물, 즉 집단의 정체성을 상징하는 것으로 볼 수 있다. 철제의 공구와 무기류가 목관묘와 대형의 옹관(9-4, 8-1호)에서만 출토되고 기타 옹관묘에서는 이러한 철기가 확인되지 않는 대신 다양한 기종의 토기가 출토되었다. 따라서 이러한 양상은 세대 안의 性 등 수평적 구분에 따른 차이에서 기인하였을 가능성이 높다.

나주 용호 고분군에서도 목관에는 철정, 철부, 철겸 등 공구류가 부장되는데 비해, 옹관에는 중심 매장시설인 18호분 옹관에서 철모 1점이 출토된 것을 제외하고 철기류가 전무한 점으로 보아 목관과 옹관 피장자의 사회적 역할에 차

---

35) 최완규, 2000,「湖南地域의 馬韓墳墓 類型과 展開」,『湖南考古學報』11輯, 湖南考古學會, p.139.
36) 金建洙·李永德, 2004,『高敞 萬洞遺蹟』, 湖南文化財研究院.
37) 金建洙·李暎澈·陳萬江·李恩政, 2003,『羅州 龍虎古墳群』, 湖南文化財研究院.

이가 있었음은 분명하다. 이러한 양상은 토기에서도 나타나는데 목관에서는 원저단경호, 평저이중구연호가 중심을 이루는 것에 비해 옹관에서는 평저광구호 등 평저토기 일색이다. 이처럼 부장유물의 양상이 다른 것은 사회적 역할의 차이에서 비롯된 것으로, 매장시설의 종류와도 상관관계를 가지고 있다.

다만 옹관만이 주 매장시설로 사용된 고분이 동시에 존재하였고 나중에는 고총으로 발전한 점을 고려하면 이러한 현상을 모든 제형분에 적용할 수는 없다.

4. 매장시설 · 고분의 배치와 사회구조

제형분에는 여러 피장자가 묻히는 특징이 있다. 이러한 多葬은 제형분을 축조한 집단의 사회구조의 일단을 반영할 것이다. 각 고분의 주 피장자는 취락 또는 기초공동체를 구성한 기초적인 단위집단의 대표자일 것인데, 그가 대표하는 단위가 무엇인지 단정할 만한 자료는 없다. 다만 피장자의 수로 보아 일단 세대(Ⅰ · Ⅱ형식 제형분) 또는 세대공동체(Ⅲ형식 제형분)로 상정하고자 한다. 세대(Household)는 家口와 상통하는 개념으로 가족이라는 용어가 가지고 있는 혈연적인 요소는 배제되어 있다. 따라서 복수의 세대로 구성된 세대공동체는 혈연 원리보다는 생계를 함께 한다는 측면에 중점이 있었지 반드시 혈연원리를 내포한 것은 아니었다. 세대의 구성은 단혼 부부와 혼인하지 않은 자식들로 이루어졌을 것으로 추정되고 있다[38].

중심 매장시설이 목관 또는 옹관의 단장일 경우에는 주구 등에 딸린 매장시설을 포함하는 제형분 1기는 世帶를 대표하며, 주변의 단독 목관 또는 옹관을 포함하며 인접하여 모여 있는 이러한 제형분의 일정한 군집은 세대공동체

---

38) 權五榮, 1996, 「三韓의 '國'에 대한 研究」, 서울대학교대학원 박사학위논문, pp.66-67.

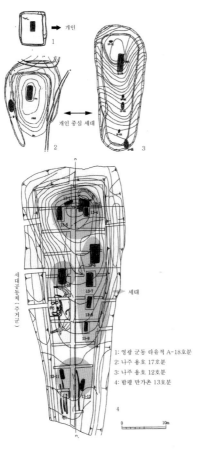

를 구성하는 것으로 추정된다. 한편 중
심 매장시설이 몇 곳에서 군집을 이루
며 계열을 이루는 함평 만가촌 고분군
과 같은 경우에는 조정된 사다리꼴 분
구 안의 각 系列·조정 이전의 개별 분
구 및 소규모 분구는 세대, 조정된 긴
사다리꼴 개별 분구는 세대공동체, 남
북과 동서로 장축을 달리하며 군집을
이룬 것은 기초공동체 내의 취락 또는
단위 주거군을 나타내는 것으로 판단
된다(그림 8·10). 이처럼 복합제형분
은 취락을 기본적인 단위로 조성되었
다. 취락에서도 주거군과 고분군 내의
소군이 연동하며 분포하는 양상은 장
성 환교 유적 등을 통해 확인할 수 있
다. 함평 만가촌이나 광주 평동 유적처
럼 고분군의 규모가 큰 경우에는 여러
취락이 모인 기초공동체의 공동묘지로
사용되기도 하였다.

〈그림 10〉 복합제형분의 매장 단위

이런 관점에서 살펴보면 복합제형분 단계의 취락 또는 기초공동체 내의 계
층은 무덤을 조성하지 못한 개인 및 집단, 단독의 토광이나 목관을 사용한 개
인 및 집단, 복합제형분을 사용한 집단으로 크게 구분된다. 복합제형분은 다시
규모 차이, 분구 안에서의 매장 위치에 따라 세분되므로 전체적으로는 4등급
정도의 계층을 상정할 수 있다. 취락 내에서는 고분 규모 및 부장품에서 계층

성이 확인되고 취락 사이에서도 고분군의 규모 등에서 차이를 보이므로 여러 취락으로 구성된 기초공동체 내에서는 대규모 취락을 중심으로 한 위계가 상정된다. 중국 사료에 보이는 「國」에 해당하는 것으로 여겨지는 지역공동체를 아우르는 우월적인 기초공동체가 상정되지만 고고학적으로는 4세기 후반에야 함평 만가촌, 영암 시종처럼 이전보다 통합 범위가 넓어진 지역공동체 내의 우월적인 기초공동체의 존재를 확인할 수 있다.

영광 군동 라-18호묘와 같은 방형주구묘와 중서부지역의 방형 분구묘 중 이른 단계에는 하나의 고분을 개인의 매장 단위로 삼았다. 그런데 이후 호남 서남부지역에서는 영남지역과는 달리 개인묘의 대형화가 이루어지지 않았다. 분구가 제형화되면서 나타나는 특징인 다장화는 단위 분묘에 단위 집단의 대표자인 개인뿐만 아니라 그 구성원까지 포함되었음을 의미한다. 그러면서 제형 분구에서 매장시설의 위치에 따라 우열을 나타내고자 한 모습은 보인다. 그러나 여전히 개인보다 집단이 우선이다. 함평 만가촌 고분군에서 보는 바와 같이 하나의 공동묘지 안에서도 장축이나 축조 지점에 따라 몇 개의 그룹으로 분류되는 매장시설의 계열은 철기의 부장량에서 조금 차이를 보이지만 하나의 친족집단이나 개인에게 정치적 권력이 집중된 양상을 보여주지는 않는다.

이처럼 복합제형분은 사다리꼴로 정형화된 분형, 목관과 옹관이라는 매장시설의 복합적 사용, 사회적 단위 집단별로 분구 및 고분군을 공간적으로 구분하여 사용한 특징을 보여준다. 이것은 제형분을 축조한 집단 사이에 일정한 장례 규범과 절차가 확립되었고 이것을 통해 사회적 관계도 표현하고 있음을 상정할 수 있다. 또한 추가장과 확대 조정이라는 무덤 조영을 매개로 기존의 사회관계를 재기억하거나 재해석하였을 것이다.

특이한 분형을 공통으로 채용하고 있는 것은 이를 채용한 집단의 集團表象으로서 일정한 통합의 범위를 나타낸다고 할 수 있다. 그것이 정치적인 성격도 포함된 것이라면 이러한 분형을 채택하지 않은 백제 왕권을 중심으로 한 중서부지역과는 차별화를 드러낸 것은 분명하다. 이러한 통합의 범위는 제형분의 분포범위로 보아 고창, 영광, 나주, 무안, 광주, 영암, 장흥, 강진 등 호남 서남부지역 전역에 이른다[39].

V. 맺음말

5세기 중엽까지 영산강유역을 대표하는 묘제는 梯形墳이다. 제형의 분구는 중서부지역에서 장축의 한 변에 무덤 관리, 제의 혹은 추가장과 관련된 통로가 만들어지면서 자연스럽게 주구의 형태가 변화되어 나타난 것으로 추정하였다. 전형적인 제형분은 고창 등 전북 서남부지역부터 영산강유역에 걸쳐 분포한다. 이 지역에서 제형분은 처음부터 사다리꼴 분형을 의도하여 마련된 것이고, 그러한 형태에는 多葬墓를 조성한 단위집단 내의 서열(위계) 구분의 표상이 반영된 것으로 보인다. 이러한 현상은 무덤에 묻히는 대상이 단위집단의 우두머리 한사람에서 그가 아우르는 구성원까지 포함되어 가는 사회적 변화도 동시에 보여주는 것이다.

제형분이 기본적으로 집단을 단위로 조영된 고분인 점은 주구의 連接이나 분구의 확장을 통해서도 확인할 수 있다. 복합제형분 단계에 개인의 무덤은 대형화되지 않았다. 제형분의 중심 매장시설은 목관 단장에서 3세기 중엽 이

---

39) 김낙중, 2009, 『영산강유역 고분 연구』, 학연문화사; 2011, 「榮山江流域 政治體의 成長과 變動 過程」, 『百濟學報』 제6호, 백제학회.

후 전용옹관이 추가되었는데, 나주, 영암 등 일부 지역에서는 옹관 고총으로 발전한다. 제형분 안에서 목관과 옹관이 함께 사용된 것은 세대 안의 性 등 수평적 구분에 따른 차이에서 기인하였을 가능성이 높다.

단위 집단의 수준에 따라 하나의 분구 안에 世帶 단위의 매장시설이 무리를 이루거나 하나의 분구에 이러한 계열이 몇 곳 형성되어 세대공동체를 이루기도 한다. 고분군은 친족을 기반으로 한 취락을 기본 단위로 조성되지만 여러 취락이 하나의 공동묘지를 함께 이용하기도 한다.

일정한 시기의 특정 집단이 제형이라는 공통의 분형을 채용하였다는 것은 그러한 집단 사이에 일정한 통합성이 있음을 알리며 또 그것이 정치적인 성격도 포함된 것이라면 이러한 분형을 채택하지 않은 백제 왕권을 중심으로 한 중서부지역과는 정치적으로 차별화되었음을 뜻하는 것이라고 하겠다. 이러한 통합의 범위는 제형분의 분포 범위로 보아 고창, 나주 등 영산강유역권 전역에 이른다.

마한 방대형 · 원대형 분구묘의 등장배경

최영주 전 전남문화재연구소

I. 머리말

분구묘는 '매장주체부가 지상의 분구에 위치하고 추가장이 이루어지면서 분구가 수평적, 수직적으로 확장되기도 하는 무덤'으로 규정된다[1]. 이러한 마한의 토착적인 분구묘는 백제 왕권(웅진기 이후 봉토분 축조)과 정치 문화적 차별성 및 통합과정, 신라·가야와는 구별되는 정체성, 왜와는 정치·문화적 친연관계 및 활발한 교섭과 교류 등을 설명하는 하나의 키워드라고 생각된다[2].

영산강유역 분구묘의 평면형태는 기본적으로 방형 → 제형 → 방(대)형·장고형 → 원형으로 변화해 나가는 한편, 매장주체시설은 목관(목곽) → 옹관 → 석실(곽)으로 변화하는 양상을 보인다. 분구묘의 평면형태와 매장주체시설의 관계 변화는 대체로 방형목관 → 제형목곽 → 방대형옹관 → 원형석실로 변화하는 것으로 이해되지만, 서로 명확하게 구분되는 조합을 이루지는 않는다[3]. 그래서 복합제형분1(제형 : 목관중심) → 복합제형분2(제형 : 목관 옹관병행) → 옹관분(원대형·방대형) → 초기석실분(전방후원형·원형·방대형) →

---

1) 임영진, 2014, 「마한 분구묘의 조사 연구 성과와 과제」, 『한국고고학의 신지평』 (제38회 한국고고학대회), p.180. 이러한 분구묘 용어는 일정한 시기에 한반도 중서부지역과 호남 서부지역을 중심으로 유행한 특징적인 무덤을 포괄하여 지칭할 수 있고, 이를 사용한 세력인 마한을 일괄적으로 표현 할 수 있으며, 유사한 묘제를 사용한 가야의 일부지역 세력이나 왜와의 긴밀한 관계를 파악하는데 중요한 지표가 될 수 있다. 따라서 일본처럼 묘제의 발전단계를 지칭하는 형식으로서가 아니라 축조방법, 매장의례 등과 관련된 특정지역의 '전통'으로 이해하는 견해도 있다(김낙중, 2014, 「방형·원형 고분의 축조기술」, 『영산강유역 고분 토목기술의 여정과 시간을 찾아서』 (2014 하반기 국제학술대회), 대한문화재연구원, p.35).

2) 김낙중, 2014, 앞의 논문, p.35.

3) 임영진, 2002, 「榮山江流域圈의 墳丘墓와 그 展開」, 『호남고고학보』 16, p.92.

백제식석실분(원형 : 반구형) 단계로 이해하는 의견도 있다[4].

본 논고에서는 영산강유역 분구묘의 발전과정 중에서 방대형과 원대형의 분구묘가 출현하게 되는 배경에 대해서 논의를 진행하고자 한다. 방대형·원대형 분구묘의 등장배경은 분구묘의 축조과정, 매장시설과 분구의 관계, 고분의 구획성토기술과 구축묘광, 분구의 수평적 수직적 확장 등을 통해서 알아보고자 한다.

II. 방대형 · 원대형 분구묘의 축조방법

1. 자료 검토

방대형·원대형 분구묘는 반남고분군을 제외하고는 1~2기 정도 분포하는 경우가 많다. 반남고분군은 대형분(30m 이상)인 신촌리 9호분과 대안리 9호분의 경우 각각 소형 방대형 분구가 딸려 있다. 소형 방대형 분구는 수장을 보좌하는 직능을 가진 사람들의 무덤으로 추정하기도 한다. 원대형분구도 대형분(30m 이상)인 경우 반남을 제외한 지역에서는 나주, 영암 등을 중심으로 산발적으로 분포하고 있다<그림 1>[5].

입지는 하천에 가까운 저평한 구릉이나 평지에 자리하는 경우가 많다. 방대형·원대형 분구묘가 성행했던 5~6세기는 영산강 내해가 매우 발달하여 그 당시 해안선과 포구 인근에 주로 입지하고 있는 것을 알 수 있다[6]<그림 2>.

---

4) 김낙중, 2009, 『영산강유역 고분 연구』, 학연문화사, pp.97~103.
5) 김낙중, 2014, 앞의 논문, p.34.
6) 문안식, 2014, 「백제의 해상활동과 신의도 상서고분군의 축조 배경」, 『전남 서남해지역의 해상교류와 고대문화』, 혜안, pp.143~145.

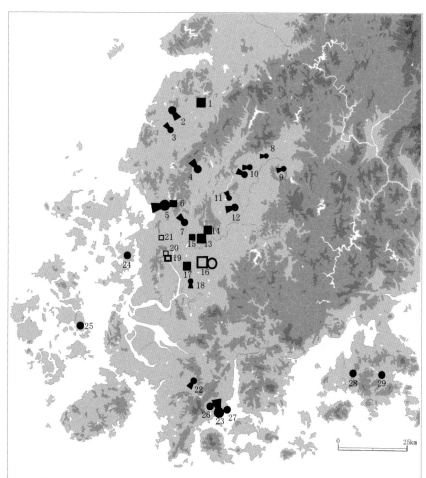

1. 고창 봉덕리 1호분, 2. 고창 칠암리고분, 3. 영광 월계고분, 4. 함평 신덕고분, 5. 함평 장고산고분, 6. 함평 금산리
(미출) 방대형고분, 7. 함평 마산리고분, 8. 담양 고성리 고분, 9. 담양 성월리고분, 10. 광주 월계동 고분군, 11. 광주
명화동고분, 12. 광주 요기동고분, 13. 나주 복암리고분군, 14. 나주 복암리 정촌고분, 15. 나주 가홍리 신흥고분,
16. 나주 반남고분군, 17. 영암 옥야리 방대형고분, 18. 영암 자라봉고분, 19. 무안 사창리 저두 1호분, 20. 무안
구산리고분, 21. 무안 고절리고분, 22. 해남 용두리고분, 23. 해남 장고봉고분, 24. 무안 신기고분, 25. 신안 배널리
3호분, 26. 해남 신월리고분, 27. 해남 외도 1호분, 28. 고흥 야막고분, 29. 고흥 길두리 안동고분

〈그림 1〉 방대형 · 원대형 분구묘와 전방후원형고분 분포도

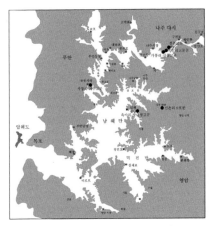

〈그림 2〉 영산내해의 포구 및 유적분포
(문안식 2014)

분구와 매장주체시설의 관계를 보면, 방대형 분구묘에서 목관과 옹관이 혼재하는 양상은 영암 신연리 9호분, 옹관과 석실이 혼재하는 것은 나주 횡산고분 등이 있다. 그 나머지는 옹관과 석실(석곽) 등이 주로 확인된다. 옹관이 매장주체시설인 경우는 나주 신촌리 1호분·9호분, 나주 대안리 3호분·9호분, 나주 대안리 방두고분, 무안 덕암 2호분 등이 있다.

석실이나 석곽이 매장주체시설인 경우는 영암 옥야리 방대형고분, 나주 가흥리 신흥고분, 함평 금산리(미출) 방대형고분, 나주 복암리 3호분, 나주 정촌고분, 고창 봉덕리 1호분, 무안 사창리 저두 1호분(추정) 등이 확인된다.

원대형 분구묘는 옹관이 매장주체시설로 확인되는 경우가 대부분이다. 일부 원형 분구묘에서는 영산강식석실을 사용했을 것으로 추정되며, 6세기 중엽 이후에는 백제식석실을 매장주체시설로 사용한 반구형에 가까운 원분이 등장하며, 보통 산사면에 군집 분포한다.

규모는 평면형태의 크기와 직경에 따라 10~20m(소형), 20~30m(중형), 30m 이상(대형)으로 나누어진다. 방대형 분구묘 중에서 40m 이상의 대형분은 대안리 9호분, 복암리 3호분, 함평 금산리 방대형고분, 무안 사창리 저두 1호분, 고창 봉덕리 1호분 등이 있다. 또한 30m 이상은 나주 신촌리 9호분, 가흥리 신흥고분, 영암 옥야리 방대형고분, 무안 고절리고분 등이 있다. 중형분은 나주 횡산고분, 나주 대안리 방두고분, 나주 복암리 2호분, 복암리 정촌고분 등이 해당된다. 소형분은 나주 신촌리 1호분, 나주 대안리 3호분, 무안 덕암 2호분,

[표 1] 방대형 · 원대형 분구묘의 현황

번호	고분명	분형	규모(m) (길이×너비×높이)	매장 시설	편년	출전
1	고창 봉덕리 1호분	방대형	52×27×7	석곽 (실)	5C후엽~6C전엽	원광대학교 마한 백제문화 연구소, 2012,『高敞의 鳳 德里 1號墳-석실 옹관-』.
2	나주 신촌리 1호분	방(대) 형	12.6×10.4×3.1	옹관	5C후엽	국립광주박물관, 1998,『羅 州 潘南古墳群』.
3	나주 신촌리 2호분	원형	20×5	옹관	6C전엽	국립광주박물관, 1998,『羅 州 潘南古墳群』.
4	나주 신촌리 3호분	원형	17×3.5	옹관	6C전엽	국립광주박물관, 1998,『羅 州 潘南古墳群』.
5	나주 신촌리 9호분	방대형	30×27×4.5	옹관	5C중엽~후엽	국립문화재연구소, 2001, 『羅州 新村里 9號墳』.
6	나주 덕산리 3호분	원대형	45.5×9.2	옹관	6C초	전남대학교박물관, 2002, 『羅州 德山里古墳群』.
7	나주 덕산리 4호분	원대형	25×5	옹관	6C초	전남대학교박물관, 2002, 『羅州 德山里古墳群』.
8	나주 덕산리 5호분	원대형	36×5	옹관	6C초	전남대학교박물관, 2002, 『羅州 德山里古墳群』.
9	나주 덕산리 6호분	원형	18×?	옹관	6C전엽	전남대학교박물관, 2002, 『羅州 德山里古墳群』.
10	나주 덕산리 9호분	원형	18.5×2.5	옹관	6C전엽	전남대학교박물관, 2002, 『羅州 德山里古墳群』.
11	나주 대안리 3호분	방대형	18.3×14.1×3.3	옹관	5C후엽	국립광주박물관, 1998,『羅 州 潘南古墳群』.
12	나주 대안리 3호분	방대형	44.3×35×8.4	옹관	5C후엽~6C전엽	국립광주박물관, 1998,『羅 州 潘南古墳群』.
13	나주 대안리 10호분	원형	31×?	옹관	6C전엽	국립광주박물관, 1998,『羅 州 潘南古墳群』.
14	나주 대안리 방두고분	방대형	20×(20)×(2.5)	옹관	5C중후엽~ 6C초전엽	국립나주문화재연구소, 2009,『羅州 化丁里 馬山 古墳群 大安里 方斗古墳』.
15	나주 복암리 2호분	방대형	20.5×14.2×4.5	옹관	5C중엽	전남대학교박물관, 1999, 『복암리고분군』.
16	나주 복암리 3호분	방대형	42×38×6	석실	5C후엽~7C전엽	국립문화재연구소 전남대 학교박물관, 2001,『羅州 伏岩里 3號墳』.
17	나주 복암리 정촌고분	방대형	30내외×11.6	석실	5C후엽~6C전엽	국립나주문화재연구소, 2014,「나주 정촌고분 지도 위원회자료」.

18	나주 횡산고분	방(대)형	20×20×1.5	옹관석실	옹관:3C중엽~4C전엽 주구:5C말~6C전엽 석실:6C후엽	국립나주문화재연구소, 2009, 『羅州 東谷里 橫山古墳』
19	나주 가흥리 신흥고분	방대형	31.4×()×1.8	석실	5C중엽	대한문화재연구원, 2014, 「나주 신흥리 가흥고분 지도위원회 자료집」
20	영암 옥야리 방대형 고분	방대형	30×26.3×3.3	석실	5C중엽~후엽	국립나주문화재연구소, 2013, 『영암 옥야리 방대형고분』
21	영암 신연리 9호분	방형	19×16×2	목관옹관	4C말~5C전엽	국립광주박물관, 1993, 『영암 신연리 9호분』
22	함평 금산리(미출) 방대형고분	방대형	51×9	(석실?)	5C후엽~6C전엽	전남문화재연구소, 2014, 「함평 금산리 방대형고분 지도위원회자료」
23	무안 덕암 1호분	원형	13.8×(2.2)	옹관	5C중엽~후엽	대한문화재연구원, 2012, 『務安 德巖古墳群』
24	무안 덕암 2호분	방대형	14.8×(13.7)×(2.5)	옹관	5C중엽~후엽	대한문화재연구원, 2012, 『務安 德巖古墳群』
25	무안 구산리고분	방(대)형	12.2×9×()	옹관	5C전엽~후엽	목포대학교박물관, 1999, 『무안 인평고분군』
26	무안 사창리 저두 1호분	방대형	40m이상×추정	석실?	(5C후엽~6C전엽?)	국립나주문화재연구소, 2011, 『영산강유역의 고대 고분 정밀분포조사보고서』
27	무안 고절리고분	방대형	38.2×37.5×3.8	확인	6C전엽	목포대학교박물관, 2002, 『무안 고절리고분』

무안 구산리고분 등이 있다. 원(대)형 분구묘에서 대형분은 나주 덕산리 3호분 (40m이상)·5호분, 대안리 10호분 등이 있다. 중형분은 나주 덕산리 4호분, 나주 신촌리 2호분 등이 있으며, 소형분은 무안 덕암 1호분, 나주 신촌리 3호분, 덕산리 6호분 9호분 등도 해당된다.

2. 축조방법

1) 유적 검토

방대형·원대형 분구묘의 축조과정과 방법을 살펴보기 위해 몇 기의 대표적인 고분을 대상으로 검토하고자 한다. 최근에 발굴 조사된 영암 옥야리 방대형고분[7]은 5단계의 축조과정을 거쳤다<그림 3-1>. 1단계는 묘역 조성 및 분구 기반을 성토(정지작업)하고, 2단계는 매장주체부 기반을 조성(성토 1단계)한다. 3단계는 2단계로 나누어진다. 3-1단계는 중심 매장주체부 설치를 위해 성토하는 단계(성토 2단계)로 매장주체부 내측 목주 및 외측은 토괴로 구획 후 성토하고 구축묘광을 설치한다. 3-2단계는 매장주체부의 천정석을 설치하고 외측은 토괴로 구획 후 성토한다. 4단계는 중심 매장주체부 밀봉을 위한 성토(성토 3단계 : 매장주체부를 밀봉하고 토괴로 구획 후 성토)하고, 5단계는 분구 피복 및 원통형토기를 수립(분구 피복단계)하는 축조과정을 보인다.

무안 덕암 1·2호분[8]도 5단계의 축조과정<그림 3-2>을 보이는데 영암 옥야리 방대형고분과 비슷한 양상을 나타낸다. 1단계는 정지작업, 2단계는 1차 성토층을 조성하는 단계로 분구 가장자리를 복발형태로 조성한다(구축묘광 1차). 3단계는 매장주체부(1호 옹관)를 안치하기 위한 2차 구축묘광을 구축(전형적인 구축묘광 형태)한다. 4단계는 매장주체부 밀봉 후 2차 구축묘광 내부를 채우고, 5단계는 분구를 피복하는 성토가 이루어진다.

---

7) 전용호·이진우, 2013, 「영암 옥야리 방대형고분의 조사 방법과 축조 기술」, 『삼국시대 고총고분 축조 기술』(대한문화재연구원 학술총서 4책), 진인진, pp.94~124.

8) 대한문화재연구원, 2012, 『務安 德巖古墳群』.

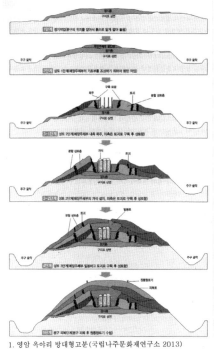

1. 영암 옥야리 방대형고분(국립나주문화재연구소 2013)

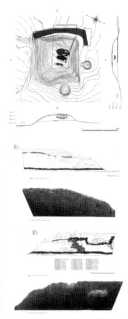

2. 무안 덕암 2호분(대한문화재연구원 2012)

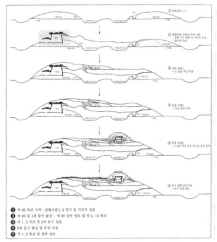

❶ 석 96 축조 시작 : 선행고분1,2 정지 및 기단부 성토
❷ 석 96 및 1차 분구 완성 : 석 96 상부 성토 및 석 4, 15 축조
❸ 석 1, 2 축조 및 2차 분구 성토
❹ 2차 분구 완성 및 주석 시설
❺ 석 1,2 축조 및 상부 성토

3. 나주 복암리 3호분(오동선 2009)

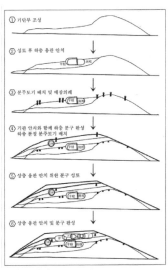

4. 나주 신촌리 9호분(오동선 2009)

〈그림 3〉 방대형분의 축조과정

나주 복암리 3호분[9]도 5단계의 축조과정을 보인다<그림 3-3>. 1단계는 선행고분(1·2) 정지 및 기단부가 성토(96석실 축조시작)되고, 2단계는 상층 조성 1단계로 96석실과 1차 분구를 완성하고 4호 석실과 15호 석곽을 축조한다. 3단계는 상층 조성 2단계로 12호 옹관이 안치되고 2차 분구가 성토된다. 4단계는 상층 조성 3단계로 석실 1·2호를 축조하고 1호 옹관을 안치한다. 2차 분구를 완성한 다음에는 부석을 시설한다. 5단계는 분구 상면에 즙석이 시설(분구 조영 완료)된다.

나주 신촌리 9호분[10]은 6단계 축조과정을 보인다<그림 3-4>. 1단계는 기단부를 조성하고, 2단계는 성토 후 하층 옹관이 안치된다. 3단계는 분주토기가 배치되면서 매장의례가 진행되고, 4단계는 중간 옹관(乙棺) 안치와 함께 하층 분구가 완성되면서 하층 분정에 분주토기가 배치된다. 5단계는 상층 옹관 안치를 위한 분구 성토가 진행되고, 6단계는 상층 옹관이 안치되면서 분구가 완성된다. 나주 신촌리 9호분은 하층 분구(방대형)를 수직으로 확장하여 다시 방대형 분구를 만들면서 축조과정 단계가 더 추가된 것으로 보인다.

고창 봉덕리 1호분[11]은 4단계의 축조과정을 보인다<그림 4>. 1단계는 자연 구릉을 정지하고, 1호분과 2호분을 분리하여 구릉의 사면을 경사지게 깎아 장방형의 묘대를 마련한다. 2단계는 회갈색점질토를 전체적으로 깔아 구지표와 기저부를 정지하는 단계인데, 이 층은 5호 석실을 축조하기 위한 기반층인 성토층 1에 해당된다. 3단계는 5호 석실 축조와 함께 성토층 2를 성토하고, 4단계

9)   국립문화재연구소·전남대학교박물관, 2001, 『羅州 伏岩里 3號墳』.

10) 국립문화재연구소, 2001, 『羅州 新村里 9號墳』.

11) 이문형, 2014, 「고창 봉덕리 1호분의 대외교류와 연대관」, 『고분을 통해 본 호남지역 대외교류와 연대관』(제1회 고대 고분 국제학술대회), 국립나주문화재연구소, pp.130~134.

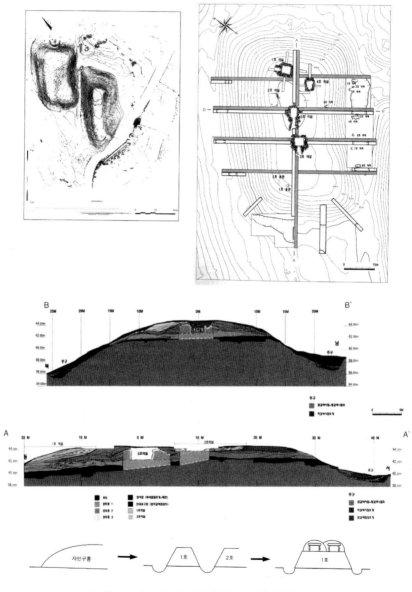

〈그림 4〉 고창 봉덕리 1호분의 축조과정(이문형 2014)

는 5호 석실 상부를 피복하여 분구가 완성된다. 이러한 축조방법이 반복(2 -4단계)되면서 5호 → 4호 → 1호 → 3호 석실 순으로 축조된 것으로 파악된다.

2) 분석

이상의 대표적인 고분들은 축조과정과 방법에 있어서 특징적인 양상을 보인다. 영암 옥야리 방대형고분과 무안 덕암 1 · 2호분 등은 토괴[12](점토블럭)를 이용하여 방사상이나 동심원, 거미줄 형태의 구획열을 만들고 있으며(구획성토), 매장주체시설을 안치하기 위해 구축묘광을 조성한 것이 특징이다. 분구묘의 구축재로 토괴를 사용한 것은 기본적으로 백제 고분에서는 확인되지 않는다. 발굴조사로 확인된 영산강유역의 고분에서는 토괴, 점토블럭, 표토블럭, 토낭 등 일반적인 성토재와는 다른 점성이 강한 재료를 분구 축조과정에 사용하였다[13]. 그리고 나주 신촌리 9호분과 복암리 3호분, 함평 금산리 방대형고분 등은 분구 가장자리에서 제방처럼 쌓은 형태[토제]의 성토가 확인되는데, 이는 분구가 고대화되면서 나타난 기술로 구획성토기술과 같은 역할을 한

---

12) 한반도 고분의 축조에 사용된 토괴는 대부분 점토블록으로 보는 견해(손재현, 2015, 『한국 고대 성토구조물에서 토괴의 사용과 그 의미』, 한신대 석사학위논문 ; 손재현, 2015, 「삼국시대 고분의 축조에서 토괴의 사용과 그 의미」, 『제26회 고분문화연구회 발표자료집』, 고분문화연구회, pp.17~28)가 있지만, 그 기준이 모호한 부분이 있어 여기서는 크게 토괴로 보고자 한다.

13) 조영현, 1993, 「封土墳의 盛土方式에 관하여」, 『영남고고학보』 13, pp.31~54 ; 권오영, 2011, 「고대 성토구조물의 성토방식과 재료에 대한 시론」, 『한강고고』 5, (재)한강문화재연구원 편, pp.75~97 ; 권오영, 2012, 「고대 성토구조물의 재료에 대한 재인식」, 『백제와 주변세계』, 성주탁교수 추모논총 간행위원회, pp.668~679 ; 전용호 · 이진우, 2014, 「영암 옥야리 방대형고분의 대외교류상과 연대관-토괴 활용 분구 축조 기술을 중심으로-」, 『고분을 통해 본 호남지역 대외교류와 연대관』(제1회 고대 고분 국제학술대회), 국립나주문화재연구소, pp.73~89.

것으로 생각된다.

영산강유역에서 토괴를 구축재로 사용한 고분은 영암 옥야리 방대형고분<그림 3-1>, 무안 덕암 1 · 2호분<그림 3-2>, 나주 신촌리 9호분<그림 3-4>, 나주 복암리 3호분<그림 3-3), 나주 가흥리 신흥고분, 나주 장동리고분, 무안 고절리고분, 영암 자라봉고분, 해남 만의총 3호분 등이 확인된다. 가야지역에는 창녕 교동고분군, 고성 송학동고분군, 고성 기월리 1호분, 대구 성하리고분, 부산 연산동고분, 고령 지산동고분군 518호분 등에서도 토괴를 사용한 양상이 확인되어 분구를 축조하는 기술에서도 가야 및 신라와의 관련성이 상정된다.

일본열도에서 토낭 혹은 토괴를 구축재로 사용하는 기술은 츠도시로야마(津堂城山)고분, 구와쇼보(グワショウ坊)고분, 모즈오츠카야마(百舌鳥大塚山)고분, 미네가즈타(峯ケ塚)고분, 쿠라즈카(藏塚)고분 등에서 확인된다. 특히 6세기 중엽경의 쿠라즈카고분에서 토괴를 열상 또는 방사상으로 쌓아올리는 방식은 한반도에서 도입된 것으로 이해하고 있다[14].

이상과 같이 토괴를 구축재로 사용하여 구축묘광을 만들고, 구획열(방사선 동심원 거미줄 형태)을 만드는 구획성토기술은 분구가 高大化되면서 나타나기 시작한다. 그 시점에 바로 방대형과 원대형 분구묘가 만들어지기 시작한다. 한편 이러한 고분 축조기술은 강수량이 풍부하고 남방적인 기후대로 태풍과 홍수 등 자연 재해가 빈번하게 발생하는 지역에서 자연스럽게 발생한 것으로 보는 의견[15]도 있다.

---

14) 靑木敬(2013)는 가야지역에서 분구를 성토하는 방식 중에 할석을 방사상으로 쌓아 올리는 방법이 차용되어 일본열도에 영향을 준 것으로 파악했다. 靑木 敬, 2013,「日本古墳の墳丘築造技術とその系統」『連山洞古墳 意義 評價』(국제학술심포지움 자료집), 부산대학교박물관.
15) 전용호 · 이진우, 2014, 앞의 논문, p.8.

그밖에 방대형 분구묘에서 주목되는 특징은 분정부의 경사면이다. 분정부의 경사면은 영산강유역 고분에서 반구형 고분을 제외한 대부분의 제형, 방대형, 원대형 분구묘에서 확인된다. 이렇듯 다양한 분형에서 분정부 경사면이 확인되는 원인은 명확하지 않지만, 영산강유역 고분 축조방법의 특징 중 하나인 분구의 최정점이 두부쪽으로 치우쳐지는 현상이 지속적으로 반영되었을 가능성이 높다[16]. 제형분의 특징은 후대의 분구묘에도 그대로 나타나는데, 나주 복암리 3호분, 나주 신촌리 9호분, 함평 금산리 방대형고분, 나주 대안리 3호분, 나주 덕산리 2호분 등이 해당된다.

Ⅲ. 방대형 · 원대형 분구묘의 등장배경

1. 유형화

방대형 분구묘는 영암 신연리 9호분<그림 5>에서 처음 시작된 것으로 보이지만, 제형의 흔적(목관과 옹관 혼용)이 보여 전형적인 방대형 분구묘는 아니다. 영암 옥야리 14호분<그림 5, 2형식 전용옹관>과 나주 화정리 마산고분군(전용옹관)은 이른 시기의 원(대)형 분구묘로 추정되는데, 일반적인 원형 분구가 보편화되는 시기는 5세기 이후로 서남해안의 왜계고분이 축조되면서부터 시작된다는 의견도 있다[17].

---

16) 임영진 · 조진선, 2000,『전남지역 고분 측량보고서』, 전라남도, p.274 ; 오동선, 2009,「羅州 新村里 9號墳의 築造過程과 年代 再考 - 羅州 伏岩里 3號墳과의 비교 검토 -」,『한국고고학보』73, p.67.
17) 김낙중, 2014, 앞의 논문, p.34.

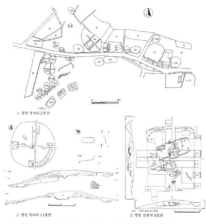

〈그림 5〉 영암 옥야리고분군과 신연리 9호분

그렇다면, 전형적인 방대형과 원대형 분구묘가 축조되는 시기는 언제이고 어떤 고분이 해당되는 것인가? 5세기 중엽경의 영암 옥야리 방대형고분과 나주 가흥리 신흥고분[18]이 해당될 것으로 판단된다. 이 고분들은 매장주체시설을 횡구식석실로 만든 전형적인 방대형분으로 보고 있다. 이런 고분들은 성행하는 고분에서 많은 영향을 받은 것으로 이해되고 있다. 기존의 고분(영암 신연리고분군, 내동리 초분골고분 등)은 목관 위주의 매장시설을 일렬로 배치하다가 목관과 옹관이 병렬로 배치되면서 길이가 줄어들고 폭이 넓어져 방형에 가까운 형태를 보이는데 이러한 형태를 방대형 분구의 원형으로 추정[19]하기도 한다. 즉 제형분이 수평(횡·종적)으로 확장하면서 방대형으로 발전해 나가는 것으로 보고 있다<그림 5>.

하지만, 영암 옥야리 방대형고분과 나주 가흥리 신흥고분은 기존 고분에서 직접적으로 확장되지 않고, 완성된 형태의 방대형 분구를 보인다. 이런 점을

---

18) 이 고분의 조사자들은 전방후원형으로 보고 있지만, 필자는 방대형고분으로 보고 있다. 그 이유는 이 고분이 전방후원형의 분형으로 보기에는 분구의 형태가 모호하고, 원분으로 추정되는 주구의 형태도 분명하지 않고, 고분의 남쪽과 주구 밖에서 옹관묘가 확인된 점과 고분의 규모(매장시설에서 주구까지의 거리 등), 매장시설이 횡구식석실(내부 목주)인 점, 방사선상의 구획성토기술 등이 영암 옥야리 방대형고분과 매우 유사한 양상을 보이기 때문에 방(대)형으로 보는 것이 더 타당하리라 생각된다. 그리고 5세기 중엽경에 전방후원형고분이 등장할 시대적인 상황은 아니라고 생각한다.
19) 김낙중, 2014, 앞의 논문, 38쪽.

주시하여 백제의 영향(토목기술 유입)으로 방대형 분구묘가 5세기 중엽경에 만들어진 것으로 보는 견해[20]도 있다. 최근에 조사된 김제 벽골제 중심거에서 토낭(퇴괴)의 흔적이 명확히 확인[21]되고 있으며, 화성 요리 1호 분구묘에서도 토괴(점토블럭)의 흔적이 확인[22]되는 상황을 감안한다면, 영산강유역 고분의 고대화에 백제의 토목기술이 영향을 주었을 것으로 추정된다.

5세기 후엽 이후에는 제형분이 수직으로 확장되어 정형화된 방대형고분이 나타난다. 나주 신촌리 9호분은 기존의 분형(하층)을 방형으로 유지하면서 수직방향으로 재성토하고 중층의 매장시설과 분주토기를 사용했다. 무안 구산리고분은 수직확장과 함께 원형에서 장방형으로 분형을 바꾸고 있으며, 고창 봉덕리 1호분<그림 4>은 횡혈식석실을 추가하면서 분구도 수평 혹은 수직으로 성토한다. 나주 복암리 3호분<그림 3-3>은 다장을 위한 공간 확보와 분구 고대화를 위해 짧은 시간에 선행 분구를 조정하여 방대형 분구로 확대한 현상[23](선행의 제형분구 2-3기를 포괄하여 증축한 것으로 수직적 확장 범주에 해당)이 확인된다.

이와 같은 분구의 확대조정은 횡혈식석실의 도입과 시기를 같이한다. 이는 당시 지역사회의 성장(내재적인 사회 · 정치적인 의미와 왜와의 교류 등) 및

---

20) 이영철, 2014b, 「나주 가흥리 신흥고분의 대외교류상과 연대관」, 『고분을 통해 본 호남지역 대외교류와 연대관』(제1회 고대 고분 국제학술대회), 국립나주문화재연구소, 106~109쪽.

21) 전북문화재연구원, 2012~2015, 「김제 벽골제(사적 제111호) 중심거(1차~4차) 학술 발굴조사 자문회의 자료」.

22) 한국문화유산연구원, 2014, 「화성 향남2지구 동서간선도로(F · H지점) 문화유적 발굴조사-전문가검토회의 자료-」.

23) 김낙중, 2011, 「분구묘와 옹관분」, 『동아시아의 고분문화』(중앙문화재연구원 학술총서1), 서경문화사, 209~213쪽.

<표 2> 방대형 분구묘의 유형

	완성형	확장형		비고
		수직확장	선행분구 조정	
5세기 중엽	영암 옥야리 방대형고분 나주 가흥리 신흥고분	나주 신촌리 9호분 (하층-수직확장 전 방형 분구)	나주 복암리 2호분	5세기 전반 왜계고분의 영향 (고흥 야막고분, 길두리 안동고분, 신안 배널리고분 등) 백제의 토목기술의 영향(김제 벽골제, 화성 요리 1호 분구묘 등)
5세기 후엽 ~ 6세기 전엽	나주 복암리 정촌고분, 함평 금산리 방대형고분	나주 신촌리 9호분(상층) 고창 봉덕리 1호 분	나주 복암리 3호분 무안 구산리 고분	전방후원형고분 출현

백제 왕권의 영향력 확대와 밀접한 관련이 있는 것으로 파악된다[24].

지금까지 확인된 방대형 분구묘 중에서 출현 양상을 살펴보면, 방대형 분구묘가 완성된 형태로 나타나는 것과 선행 분구를 수직확장하거나 조정하여 방대형분으로 완성한 것으로 구분된다. 전자는 영암 옥야리 방대형고분과 나주 가흥리 신흥고분이 해당하고, 후자는 나주 신촌리 9호분·복암리 3호분·무안 구산리고분·고창 봉덕리 1호분 등이 해당된다. 이러한 두 가지 양상의 고분들은 토괴를 구축재로 사용하면서 구획성토하는 기술을 사용하고 있다는 점에서 모두 같은 특징을 보인다. 이 기술은 분구가 고총화되면서 나타난 것으로 이해되고 있다. 그리고 일부 고분에서는 분구의 토층에서 토제와 같은 양상을 보이기도 한다. 이러한 기술이 처음으로 사용되는 시기와 고분들의 분포를 고려하면, 방대형 분구묘의 출현 배경에 대해서 심도 있는 검토가 가능하리라 생각된다.

---

24) 김낙중, 2014, 앞의 논문, pp.39-40.

2. 등장배경

분구묘는 목관이 위주가 되면서 단장으로 출발하였고, 영산강유역에서는 추가장이 이루어지고 분구가 수평적으로 확장되면서 제형분이 성행하게 된다. 제형분은 점차 옹관이 중심이 되면서 방(대)형이나 원(대)형분으로 변화하는데 이는 당시의 우주관과 관련된다[25]. 고대에는 天圓地方 사상이 일반적이었는데(중국 후한 이후에 일반화), 고구려 · 백제 · 신라 · 가야는 모두 방형 고분들이 성행하다가 점차 원형 고분으로 바뀌었는데 영산강유역권에서도 그러한 경향을 따랐을 것으로 생각된다[26].

참고로 일본 야요이시대의 가나이지역은 방형과 원형의 분구묘가 혼재하다가 중국 후한에 들어서서 원분화되고, 야요이 중 · 후기에는 중소형분에도 원분이 도입되는데 이러한 변화는 동아시아 정세도 고려할 필요가 있다[27].

방대형 · 원대형 분구묘의 연원에 대해서는 여러 의견들이 있다. 특히 방대형 분구의 연원이 다양한 편이다. 방대형 분구의 연원은 고구려의 적석총이나 대동강유역의 방대형 분구묘에 있으며, 직접적으로는 원삼국시대 방형주구묘나 서울 가락동 2호분 등 초기백제 고분과 관련된 것으로 이해하거나[28], 낙랑

---

25) 성낙준, 1997, 「甕棺古墳의 墳形」, 『호남고고학보』 5, pp.39~54.

26) 임영진, 1997, 「榮山江流域의 異形墳丘 古墳 小考」, 『호남고고학보』 5, pp.19~37.

27) 黃曉芬, 2000, 『中国古代葬制の伝統と変革』, 勉誠出版. 일본 기나이지역은 방형의 분구묘가 성행했던 곳으로 어떠한 경위를 거쳐 원형의 분구 형식이 채용되어 우위를 점하게 된다. 현재로서는 야요이 전기에 세토우치 중부에서 만들기 시작한 원형 분구묘가 기나이의 세츠 서부로 파급된 것은 야요이 중기 후엽, 카와치 이즈미에서 후기 전엽부터 중엽, 야마토에서 후기 말부터 종말기 초두에 해당한다. 종말기 초두에는 수장묘로서 전방후원형 분구묘가 주로 축조되었을 가능성이 높다(和田晴吾, 2004, 「古墳文化論」, 『日本史講座』, 第1券(和田晴吾, 2004, 「古墳文化論」, 『日本史講座』, 第1券(歷史學硏究会 · 日本史硏究会編), 東京大学出版会, pp.167~200).

28) 성낙준, 1997, 앞의 논문, p.46.

의 방대형 목곽봉토분으로 보는 견해[29], 서울 석촌동고분군으로 대표되는 백제 중앙 묘제의 영향 하에서 출현한 것으로 이해되기도 한다[30]. 영산강유역에서는 방대형 분구의 발생을 제형분구의 변화 양상으로 보고, 영암 신연리 9호분과 나주 복암리 2호분에서 기원을 찾기도 한다[31].

한편 중서부지역에서 방형분의 등장은 5세기 중엽 이전에 이루어지지만, 영산강유역에서는 5세기 중엽 이후에 고총화 현상과 함께 나타나는데, 방대형분구의 발전은 나주 신촌리 9호분(수직확장), 나주 복암리 3호분(선행분구 조정 및 확대) 등에서 보이는 고총화를 유발하는 정치 사회적인 배경 속에서 이 지역의 분구 전통에 기반하여 나타난 것으로 보고 있다[32]. 최근에는 분구의 구획성토를 기반으로 하는 고총의 등장과 밀접하게 관련되어 있으며, 이 고총은 백제와 왜의 교섭, 백제의 지역사회에 대한 지배력 확대와 관련하여 각 지역집단 중에서 특정 친족집단이 두드러지면서 등장한 것으로 이해한 의견도 있다[33].

이외에도 방대형 고총의 등장을 1인 피장자로, 백제의 관여와 연결하여 해석하는 의견도 있다[34]. 영암 옥야리 방대형고분이 영산강유역 초입부에 5세기 중엽경에 축조된 것은 백제의 중앙이나 지방 세력과 관련된다. 이후 나주 신

---

29) 성정용, 2000, 「백제 한성기 저분구분과 석실묘에 대한 일고찰」, 『호서고고학』 3, pp.1~22.

30) 우재병, 2013, 「5~6세기 백제의 중층적 묘제교류와 그 정치적 상호작용」, 『한국사학보』 53, 고려사학회, p.144.

31) 임영진·조진선·서현주, 1999, 『복암리고분군』, 전남대학교박물관, pp.169~172 ; 임영진·조진선, 2000, 앞의 보고서, pp.274~276.

32) 김낙중, 2006, 「墳丘墓 傳統과 榮山江流域型 周溝」, 『羅州 伏岩里 三號墳』, 국립나주문화재연구소, pp.357~381.

33) 김낙중, 2014, 앞의 논문, pp.38~40.

34) 이영철, 2014a, 「백제의 지방지배-영산강유역 취락자료를 중심으로-」, 『2014 백제사 연구 쟁점 대해부』(제17회 백제학회 정기발표회), 백제학회.

촌리 9호분이나 복암리 3호분처럼 최고 정점의 방대형고분이 만들어지는데, 영암 옥야리 방대형고분의 축조를 계기로 백제의 새로운 관계 질서 속에 포함된 것으로 보고 있다[35].

이상의 연구 성과를 참고하면서 방대형·원대형 분구묘의 등장배경에 대해서 살펴보고자 한다. 5세기 중엽경 영산강유역에서는 방대형이 완성된 형태로 출현하는데, 영암 옥야리 방대형고분과 나주 가흥리 신흥고분이 해당한다. 이 고분들은 기존의 제형에서 방대형 분구묘로 발전한 것으로 보이며, 백제의 토목기술(김제 벽골제, 화성 요리 1호 분구묘 등)의 영향이 더해져 나타난 것으로 이해된다. 이 시기에 방대형 분구묘가 출현하는지, 제형분에서 분구가 고대화되는지에 대한 역사적인 배경에 대해서 검토할 필요가 있다.

한반도 남부지역은 5세기 대에 왜계고분이 확인되고 있다. 대표적인 왜계고분은 고흥 야막고분, 길두리 안동고분, 해남 외도 1호분, 해남 신월리고분, 신안 배널리 3호분, 무안 신기고분, 마산 대평리 M1호분 등이 확인된다[36]<그림 6>. 이런 고분들은 대체로 5세기 전반경으로 편년되며, 그 피장자에 대해서는 왜계 도래인으로 보면서 백제와 깊은 정치적인 관계를 가진 자로, 왜와 백제의 정치 경제적인 연결을 맺고 있던 '복속성'을 갖춘 인물로 추정된다[37].

---

35) 이영철, 2014b, 앞의 논문, pp.106~109.

36) 김낙중, 2013, 「5~6세기 남해안지역 倭系古墳의 특성과 의미」, 『호남고고학보』 45, pp.160~184.

37) 왜계 도래인 집단은 서남해안지역에 형성된 네트워크에 참가, 재지의 제집단과 교류를 하면서 항로상의 항구를 기항지로서 활용하거나 항행의 안내를 의뢰했던 것으로 보고, 항행상의 요충지에 일정기간 체재하면서 재지의 집단과 잡거했을 가능성이 높다. 高田貫太, 2014a, 「5·6세기 한반도 서남부 '왜계고분'의 조영 배경」, 『영산강유역 고분 토목기술의 여정과 시간을 찾아서』(2014 하반기 국제학술대회), 대한문화재연구원, pp.116~118.

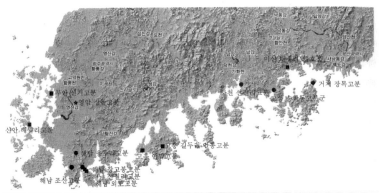

1. 서남해안지역 왜계고분 분포도(●횡혈식석실,■수혈식석곽,★횡구식석실)

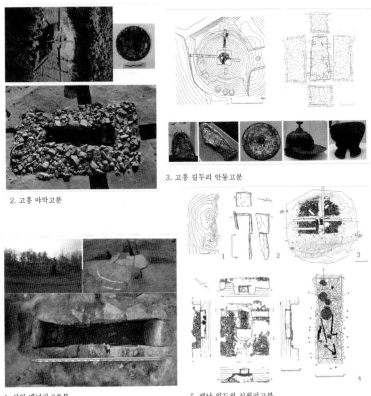

2. 고흥 야막고분

3. 고흥 길두리 안동고분

4. 신안 배널리 3호분

5. 해남 외도와 신월리고분

〈그림 6〉 서남해안지역의 왜계고분(김낙중 2013)

〈표 3〉 남부지역 왜계고분 현황

번호	고분명	분형	규모(m) (길이×너비×높이)	매장 시설	편년	출전
1	고흥 야막고분	원형	22×2	석곽	5C전엽	국립나주문화재연구소, 2014, 『高興 野幕古墳』.
2	고흥 길두리 안동고분	원(대)형	36×3.6	석곽	5C중엽	임영진, 2011, 「고흥 길두리 안동 고분의 발굴조사 성과」, 「고흥 길두리 안동고분의 역사적 성격」, 전남대박물관.
3	해남 신월리고분	방대형	20×14×1.5	석곽	5C전반 ~중엽	목포대학교박물관, 2010, 『해남 신월리고분』.
4	해남 외도 1호분	원형	24×1.5	석곽	5C중엽	국립광주박물관, 2001, 「해남 북일면일대 지표조사보고」, 『해남 방산리 장고봉고분 시굴조사 보고서』.
5	신안 배널리 3호분	원형	10×1.5	석곽	5C전반	동신대학교문화박물관, 2011, 「안좌면 읍동고분 및 배널리고분 발굴조사 현장설명회자료」.
6	무안 신기고분	원형	6.7×1	석곽	5C전반	목포대학교박물관, 2011, 「무안 신기고분」, 『무안 송현리유적』.

따라서 백제와 왜, 영산강유역 제지역 집단의 상호관계 속에서 영산강유역의 특정 집단들은 정치 사회적인 변화의 요구를 충족하기 위해 분구의 고대화(고총)를 추진했다. 분구의 고대화에 수반되는 것이 고분의 축조기술이다. 이렇듯 5세기 중엽경 방대형 고분은 토괴를 구축재로 사용하여 구축묘광을 만들고, 구획성토기술(일부에서는 토제 등)을 사용하고 있다. 한편으로는 백제와 왜, 영산강유역 제집단의 상호 교류관계 속에서 백제 토목기술(김제 벽골제, 화성 요리 1호 분구묘 등)의 영향이 있었을 것으로 추정된다. 이 기술들은 백제, 가야, 신라, 일본열도에서도 확인되어 토목기술의 교류도 활발하게 이루어진 것으로 생각된다.

5세기 후엽 이후(6세기 전엽까지)에는 영산강유역의 전방후원형고분이 출현하게 된다. 그 배경에 대해서는 앞 시기부터(5세기 전반경) 왜와 영산강유역의 교섭이 지속되면서 왜계 집단에 의해 전방후원형고분과 관련된 물자 기술

정보(매장시설 관, 외표시설, 부장품)가 들어왔으며, 특히 중·북부 큐슈지역에서 횡혈식석실 구축에 종사한 집단과의 관계가 상정된다고 보았다[38].

이 시기 한반도의 정세변화를 보면, 고구려에 의해 낙랑군(313년)과 대방군(314년)이 병합된 후, 고구려와 백제의 국경선이 인접하게 되면서 빈번하게 전쟁이 일어나고, 근초고왕의 남정(369년)과 370년 이후, 對고구려에 대한 압박(371년 평양성 함락)이 이루어졌다. 그 이후는 반대로 고구려가 對백제에 대한 압박 속에서 475년 한성의 함락되는 등 여러 나라가 관계되어 역동적인 모습을 보인다. 이러한 정세 변화 속에서 영산강유역은 5세기 전반에 왜계고분이 출현하고, 5세기 후엽에서 6세기 전엽 사이에는 전방후원형고분이 등장하게 된다[39].

이 시기 일본열도의 정세에 대해서 간단히 살펴보고자 한다. 먼저 큐슈세력의 확대 현상으로, 큐슈계통의 매장시설이나 관에 관한 제요소가 4세기 후엽에서 5세기 전반경에 일본열도 동쪽으로 확산된다. 큐슈계통의 고분 요소가 확산된 것은 고분시대 다른 예에서는 보이지 않는 것으로 큐슈세력의 적극적인 확장정책이다. 왕권의 동요기에 있어서 아리아케카이의 수장연합을 중심으로 급속하게 세력을 강화하고 독자적으로 각 방면에 세력을 확대한 것으

---

38)　高田貫太, 2014b, 「5·6세기 백제, 영산강유역과 왜의 교섭-'왜계고분' 전방후원분의 조영배경을 중심으로」, 『전남 서남해지역의 해상교류와 고대문화』, 혜안, pp.234~243.

39)　백제와 영산강유역과의 관계 변화는 후술할 일본열도의 정세를 통해서 추정이 가능하다. 왜 왕권의 동요기에 규슈세력의 성장을 영산강유역에 방대형과 원대형분이 등장하는 것과 동일한 맥락으로 보고, 이후 왜에 강력한 야마토왕권이 등장하면서 지역 수장층이 재편되는 것을 안정화된 백제가 영산강유역을 다시 강력한 영향권 내에 두는 것으로 이해하고자 한다. 이 시기의 백제와 영산강유역과의 관계 설명은 다음 논문을 참고하길 바란다. 崔榮柱, 2012, 『三國·古墳時代における韓日交流の考古學的研究-橫穴式石室を中心に-』, 立命館大學大學院博士學位論文, p.155.

로 추측된다[40]. 큐슈세력의 확대는 한반도에도 영향을 미쳐 왜계고분이 등장한다. 이후 일본 고분시대 후기는 대수장의 고분이 사라지고, 그것을 중핵으로한 고분군과 중소수장고분군도 쇠퇴·소멸한다. 이러한 현상은 고구려의 남하나 신라의 확장에 의한 한반도 정세의 긴박화에 대처하기 위해 보다 강력한국가를 지향한 왕권에 의해 수장층의 재편과 민중의 편성을 목적으로 한 정책의 결과로 이해된다[41].

한편으로 영산강유역 제지역 집단들은 연안항로를 통해 백제나 왜와 지속적인 교류관계를 가졌다. 그러한 증거는 직접적인 교류를 통해 도입된 유물과해양거점으로 활용되었음을 입증할 수 있는 유구 등이 있다. 특히 해양 거점의 간접적인 증거로 신안 배널리고분군, 해남 외도고분군, 고흥 안동고분과 야막고분 등을 들 수 있다. 이 유적들의 축조 시기는 5세기 전반경으로, 중국 백제 가야왜 등을 잇는 동북아 해양 교류가 전남 해안지역을 끼고 이루어졌던시기이다. 이러한 항로는 『삼국지』 상의 항로가 계속 유지되었을 가능성과 새롭게 고흥반도[42]나 제주도[43]에서 일본열도의 五島列島로 직접 이어졌을 가능

---

40) 큐슈계통의 횡혈식석실이 카와치, 키비, 이세, 와카사 등 지역으로 확산되며, 수혈계 횡구식석실도 서일본 각지에서 대규모로 확산된다. 이러한 큐슈계 석실의 확산은 기나이계 석실 이전에 서일본 각지에서 대규모로 이루어진다. 和田晴吾, 2004, 앞의 논문, pp.167~200.

41) 이 시기는 새로운 묘역에 중소수장분이 만들어지게 되면서 방형주구묘가 쇠퇴하고, 소형 원분으로 대두되는 古형식의 고분군이 형성되는데, 중기에 집권한 대수장이나 중소 수장은 급속히 몰락하고, 신흥의 중소 수장이 대두되는 동시에 처음으로 공동체의 家長層이 왕권의 질서 속에 편입되는 것으로 이해된다. 「古墳時代は国家段階か」, 『古代史の論点4-権力と国家と戦争』, 小学館, pp.142~162.

42) 임영진, 2013, 「전남지역 마한제국의 사회 성격과 백제」, 『전남지역 마한제국의 사회 성격과 백제』(2013년 백제학회 국제학술회의), 백제학회, pp.17-18.

43) 문안식, 2014, 앞의 논문, pp.132~134.

〈그림 7〉 연안항로와 근해항로(문안식 2014)

성이 있다〈그림 7〉.

이러한 연안항로 내륙 수운에 위치하는 영산강유역 중류지역에 위치한 나주 복암리 일대와 주변의 거점집단은 영산강의 수위 상승에 따라 5세기 후엽경부터 내륙 수운의 중심지가 될 수 있었으며, 지리적 잇점을 살려 영산강유역권이 교통과 물류의 중심지이자 정치적 중심지로 부상할 수 있었던 것으로 추정된다[44]. 영암 옥야리 방대형고분도 남해만의 내륙 수운에 위치하고 있어 그 당시 연안항로의 중요한 거점지로 추정된다.

이상에서 검토한 내용을 중심으로 방대형 및 원대형 분구묘의 등장배경을 종합하여 살펴보고자 한다. 영산강유역 방대형 및 원대형 분구묘는 5세기 중엽에 등장한다. 그 배경에는 방대형 및 원대형 분구묘가 제형 분구묘의 전통(매장시설 · 주구 · 분정면 경사도)속에서 분구가 수평 · 수직 확장 현상을 보이고 있으며, 5세기 전반경 영산강유역에 등장하는 왜계고분(원분 · 횡구식석실 · 부장품)의 영향과 백제 토목기술의 영향도 상정된다. 분구의 고총화(고대화)는 이러한 역사적인 배경(한반도와 일본열도의 정세변화) 속에서 분구의 구획 성토기술이 수반되어 나타난다. 한편 중국의 天圓地方 사상의 영향과 고대 동

---

44) 임영진, 2011, 「나주 복암리 일대의 고대 경관」, 『호남문화재연구』, 10, (재)호남문화재 연구원, pp.49~65 ; 임영진, 2012, 「3~5세기 영산강 유역권 마한 세력의 성장 배경과 한 계」, 『백제와 영산강』, 학연문화사, pp.101~103.

북아 정세 변화로 분구묘의 형태가 변화되기도 한다.

특히 방대형과 원대형이 일반화되는 5세기 후엽에는 전방후원형고분(분형, 횡혈식석실, 부장품, 장례의례 등 정보)의 영향이 두드러진다. 이 고분들은 백제와 왜의 교류관계 중에 나타나는데, 영산강유역 제지역 집단들이 정치 사회적인 우월성을 확보하기 위한 수단으로 활용했을 것으로 파악된다. 그들은 연안항로를 이용하여 교류관계를 지속하였고, 기항지이면서 영산내해의 중심지인 영산강 제지역 집단 거주지는 교류의 중심지로 부상된다. 그러한 관계 속에서 고분의 고총화(고대화)를 통한 정치 사회적인 부상과 연대를 모색한 것으로 생각된다.

Ⅳ. 맺음말

마한 방대형·원대형 분구묘의 등장은 동북아 정세변화 속에서 백제와 왜와의 관계 변화에 편승하여 출현한 것으로 이해되며, 교류의 당사자인 영산강유역 제지역 집단들은 정치 사회적인 부상과 연대 모색을 통해 독자적인 고분문화 등을 추구할 수 있었다. 방대형 및 원대형 분구묘는 토괴를 구축재로 사용한 분구 축조기술이 필요로 했으며, 이러한 분구의 구획성토기술은 고총의 출현과 함께 나타난 것으로 이해된다.

'마한' 분구묘의 출토유물과 성격

성정용 충북대학교

I. 머리말

마한이란 과연 무엇이며 언제부터 시작된 것이고, 그 공간적 범위는 항상 일정하였던 것일까? 또 처음부터 일정한 지배영역과 조직을 갖춘 정치적 결사체로서 등장한 것일까 아니면 종족적 혹은 문화적 동질성을 갖고 있던 집단에 대한 일반적인 호칭이었을까? 마한을 논의할 때 기원 이전과 이후, 그리고 문화적인 측면과 종족적 · 정치적인 단위를 구분할 필요가 있다고 생각하지만, 실상 이들이 그리 딱 구분되는 것만은 아니다. 본 학회의 주제인 분구묘를 마한의 묘제라고 할 경우 문화적인 측면과 정치적인 측면을 동시에 고려해야할 것으로 생각된다. 사실 "마한의 분구묘"를 다루기 위해서는 마한의 성격에 대한 개념규정이 선행되어야 할 것인데, 그리 간단치는 않다. 필자는 일단 문화적인 측면에서 점토대토기단계 토광묘를 韓의 시작 나아가 마한의 기원으로 보는 입장에 서 있지만, 기원전과 기원후 그리고 A.D.4세기 이후의 마한사회가 정치적인 연속성을 그리 갖고 있었던 것은 아니라 생각하고 있다[1]. 즉 문화적 측면에서 마한을 조망할 필요가 좀 더 있을 듯하다.

20여년전 보령 관창리와 서천 당정리 등에서 분구묘로 인식될 수 있는 것들이 조사된 이래 각지에서 많은 발굴조사들이 이루어지면서 그 형성과정에 대한 이해도가 크게 늘어나게 되었다. 분구묘의 개념에 대해서는 이성주[2]가 선분구후매장방식의 개념을 정립하여 제시한 이래 최근까지 많은 논의가 이루

---

1) 成正鏞 2013 ,「韓의 시작과 馬韓」,『마한 · 백제의 분묘문화Ⅰ-서울 · 경기 · 인천 · 강원』, 진인진.
2) 이성주, 2000, 「분구묘의 인식」,『한국상고사학보』32, 한국상고사학회.

어져 왔다3). 본고의 주제인 분구묘 출토유물은 사실 지역적으로나 시간적으로 대단히 폭이 넓기 때문에 일괄하여 다루기가 쉽지 않다. 또 바로 얼마 전에 서울·경기4), 충청5), 전북6), 전남7) 지역권으로 나누어 각 지역 분구묘의 구조와 출토유물, 연구성과와 과제 등이 자세하게 다루어진 바 있어 새로운 내용을 도출하기도 쉽지 않다. 본고에서는 일단 출토유물을 다루기 위해 분구묘에 대한 간략한 개념과 변화상을 제시하고, 몇 가지 주요유물을 중심으로 그 성격을 살펴보고자 한다.

---

3) 용어와 개념 등의 연구사적 문제에 대해서는 임영진(2014)과 서현주(2014)의 논고에 잘 정리되어 있다.

4) 김기옥, 2014,「경기지역 마한 분구묘의 구조와 출토유물」,『한국고고학의 신지평』, 제38회 한국고고학전국대회 발표요지문, pp.196~202; 조가영, 2014,「경기지역 마한 분구묘 사회의 연구 성과와 과제」,『한국고고학의 신지평』, 제38회 한국고고학전국대회 발표요지문, pp.203~213.

5) 정해준, 2014,「충청지역 마한 분구묘의 구조와 출토유물」,『한국고고학의 신지평』, 제38회 한국고고학전국대회 발표요지문, pp.214~236; 서현주, 2014,「충청지역 마한 분구묘 사회의 연구 성과와 과제」,『한국고고학의 신지평』, 제38회 한국고고학전국대회 발표요지문, pp.237~251.

6) 이택구, 2014,「전북지역 마한 분구묘의 구조와 출토유물」,『한국고고학의 신지평』, 제38회 한국고고학전국대회 발표요지문, pp.252~268; 박영민, 2014,「전북지역 마한 분구묘 사회의 연구 성과와 과제」,『한국고고학의 신지평』, 제38회 한국고고학전국대회 발표요지문, pp.269~281.

7) 오동선, 2014,「전남지역 마한 분구묘의 구조와 출토유물」,『한국고고학의 신지평』, 제38회 한국고고학전국대회 발표요지문, pp.282~293; 한옥민, 2014,「전남지역 마한 분구묘 사회의 연구 성과와 과제」,『한국고고학의 신지평』, 제38회 한국고고학전국대회 발표요지문, pp.294~306.

II. 전제로서 분구묘의 개념

분구묘의 핵심이 기본적으로 '선분구후매장' 방식의 묘제라는 점에 대해서는 대부분 동의하고 있지만 이에 대한 많은 논란이 있는 것[8]의 근저에는 분구묘로 구분되는 초기 형태들의 구조적 모호함때문이라 할 수 있다. 임영진(2014)에 의하면 분구묘는 분구 성토시 凹부를 조성하여 시신을 안치한 다음추가 성토하여 완성하거나 분구를 조성한 다음 다시 파서 시신을 안치한 후추가 성토하여 완성하는 전형적인 '선분구후매장'방식의 것뿐만 아니라, 지면에 얕은 토광을 파서 수평면을 조성한 다음 시신을 안치하고 성토하여 완성하는 '선매장후분구' 방식도 포함하는 것으로 구분하고 있다. 분구가 수평으로확장되는 경우 '선매장후분구'에 해당되는 것도 적지 않지만 이와 같은 차이는 분구묘 축조과정에 나타나는 순서 차이에 불과할 뿐 분구묘의 본질에서 벗어나는 것은 아니며, 결국 분구묘의 근본적인 특징으로 "매장주체부가 지하의토광이 아니라 지상의 분구에 위치하는 무덤"으로 규정하고 있다.

보령 관창리와 서천 봉선리 · 도삼리 · 추동리, 서산 예천동 · 여미리 방죽골,태안 당산리, 홍성 석택리, 해미 기지리유적 등지에서 매장시설을 생토면 일부까지 굴착하고 조성함으로써 선매장-후분구의 축조양상을 보이는 것[9]들은 주체부가 지하의 토광에 있었다고 볼 수 있다. 비록 먼저 분구를 낮게 만든 다음

---

8) 임영진, 2014, 「마한 분구묘의 조사 · 연구 성과와 과제」, 『한국고고학의 신지평』, 제38회 한국고고학전국대회 발표요지문, pp.175~193; 한옥민 2016, 「축조공정을 통해 본 영산강유역 제형분구의 성격과 의미」, 『韓國上古史學報』 32, 韓國上古史學會.

9) 정해준, 2014, 「충청지역 마한 분구묘의 구조와 출토유물」, 『한국고고학의 신지평』, 제38회 한국고고학전국대회 발표요지문, pp.214~236.

묘광을 생토면까지 굴착하였을 가능성을 배제할 수 없다고 하지만, 그렇지 않은 경우 분구묘 요소에서 남는 것은 주로 주구의 평면형밖에 없게 되며 분구묘의 근본적인 정의에 의문이 제기될 수밖에 없다. 결국 이는 분구묘의 변화과정에서 파악해야할 문제로 생각된다.

필자는 이전에 주구토광묘를 관창리형과 청당동형으로 구분하는 안을 제시한 바 있는데[10], 주구묘 또는 분구묘로 불리워왔던 관창리형 주구토광묘는 처음부터 분구묘의 형태로 등장한 것이 아니라 초기철기시대 이래의 토광묘에 일정한 묘역을 구획하려는 주구가 결합되면서 나타난 것이 아닌가 생각해볼 수 있다. 즉 분구묘는 처음부터 지상에 주체부가 위치하는 형태로 등장한 것이 아니라 지하식의 토광묘부터 상당한 시간을 두고 일정한 발달과정을 거쳐 나타난 것이며, 지역적으로도 단일한 과정을 거친 것은 아닌 듯 하다<그림 1>. 홍도형태의 흑도가 공반되는 영광 군동18호묘[11]나 곡성 대평리 19호묘[12] 등이 그 초기 형태의 대표적이라 할 수 있을 듯하다<그림 2·3>. 이 유형은 대개 지표면을 정지한 다음 묘광을 지표면 아래로 낮게 굴광하여 매장주체시설을 안치하고 주구를 사방으로 돌려 일정한 묘역을 구획하고 낮은 분구를 성토하였던 것으로 볼 수 있다. 이들은 또한 공간적으로 주구를 제의의 장으로 활용하는 빈도가 높아 보이는데, 이를 일종의 "先분구묘"로 구분할 수 있을지 모르겠다.

---

10) 成正鏞, 1998,「3~5世紀 錦江流域 馬韓·百濟 墓制의 樣相」『3~5世紀 錦江流域의 考古學』第22回 韓國考古學全國大會 발표자료집, 韓國考古學會.
11) 木布大學校博物館, 2001,『영광 군동유적』.
12) 영해문화유산연구원, 2012,『곡성 대평리유적』.

Ⅲ. 출토유물과 성격

최근 정리된 내용을 보면 성토분구묘로 생각되는 유적이 경기지역에서는 10개소 140여기[13], 충청지역은 24개소에 460여기[14], 전북지역은 34개소에 400여기[15], 전남지역은 480여건에 2000여기[16]로서, 전남지역이 압도적으로 많은 분포를 보이고 있는데, 이는 분구묘의 시간적 소장 및 그 성격과 무관하지 않다고 생각된다. 이에 대해 정해준은 백제토기의 출토유무를 기준으로 충청지역 분구묘를 2기로 나눈 바 있는데, 크게 보아 다른 지역에도 적용할 수 있다고 생각되며 다만 여러 기준으로 세분할 수 있을 듯하다.

먼저 이른 단계 출토유물 가운데 가장 주목되는 것 중 하나는 적석분구묘부터 성토분구묘에 이르기까지 가장 폭넓게 분포되어 있는 중층유리옥과 백색옹을 비롯한 낙랑계유물의 존재이다<그림 4>. 이러한 유물상에서 보이는 낙랑의 영향과 연관시켜 볼 수 있는 것 중의 하나가 합장묘의 존재이다<그림 5>. 정해준[17]이 Ⅲ유형으로 분류한 합장분구묘는 인천 중산동유적 11지역 1호묘

---

13) 김기옥, 2014,「경기지역 마한 분구묘의 구조와 출토유물」,『한국고고학의 신지평』, 제 38회 한국고고학전국대회 발표요지문, pp.196~202.
14) 정해준, 2014,「충청지역 마한 분구묘의 구조와 출토유물」,『한국고고학의 신지평』, 제 38회 한국고고학전국대회 발표요지문, pp.214~236.
15) 이택구, 2014,「전북지역 마한 분구묘의 구조와 출토유물」,『한국고고학의 신지평』, 제 38회 한국고고학전국대회 발표요지문, pp.252~268.
16) 오동선, 2014,「전남지역 마한 분구묘의 구조와 출토유물」,『한국고고학의 신지평』, 제 38회 한국고고학전국대회 발표요지문, pp.282~293.
17) 정해준, 2014,「충청지역 마한 분구묘의 구조와 출토유물」,『한국고고학의 신지평』, 제 38회 한국고고학전국대회 발표요지문, pp.214~236.

(병혈합장)[18]와 김포 양촌유적 3지점 나-5호묘(추정 동혈합장)[19], 서산 예천동 18호묘(이혈합장)[20] 등에서 확인된 바 있다.

이러한 합장묘는 중부 내륙지역 특히 미호천유역 일대의 주구토광묘 또는 토광묘에서 빈번하게 확인되는 합장묘들과 묘제 양상에서 차이가 없는 것으로, 김포 양촌 3지점 나-5호묘처럼 바닥이 일부만 남아 있는 경우도 있으나 이는 삭평에 의한 것으로서 주체부가 지상 또는 성토분구에 구축되었다고 보기는 어려울 듯하다. 결국 방형 또는 이에 가까운 주구 평면형을 제외한다면 일반적인 주구토광묘들과 묘제 자체는 그리 차이가 없다고 할 수 있으며, 낙랑의 토광묘문화가 중부지역으로 확산되는 것과 그 궤를 같이하는 것으로 생각된다. 비록 관창리형 주구토광묘에서의 밀도는 떨어지는 편이지만, 토광묘를 비롯한 낙랑문화가 중부지역으로 확산된 이후, 관창리형 주구토광묘 축조집단에도 그 영향이 미쳤음을 알 수 있다.

이러한 합장묘의 축조시기와 성격은 출토유물에서 엿볼 수 있는데, 서산 예천동18호묘에서는 漆鞘鐵劍과 鐵長劍, 관부돌출 직기형철모, 유경철촉, 二條突帶 주조철부와 단조철부, 철겸, 철사, 철제집게, 수정옥(18-1호), 평저직구호와 철도자(18-2호) 등이 출토되었다. 단면6각형의 二條突帶 주조철부로 보면 A.D. 2세기 대까지 소급될 수 있어, 비교적 이른 시기에 합장요소가 도입된 셈이 된다.

다음으로 김포 운양동유적에서 출토된 3건의 금제품이 북방계통과 관련하

---

18) 中央文化財研究院, 2011, 『仁川 中山洞遺蹟』.
19) 高麗文化財研究院, 2013, 『金浦 陽村遺蹟-김포 한강신도시 2단계 문화재 시발굴조사 (1~6지점)-』.
20) 백제문화재연구원, 2012, 『서산 예천동유적』, 文化遺蹟 調査報告 第34輯.

<표 1> 마한 · 백제 합장 토광묘 출토유적 일람표

유적	분구묘/주구토광묘				토광묘				계
	단장	이혈	병혈	동형	단장	이혈	병혈	동형	
김포 양촌	32	–	–	1	10	–	–	–	43
인천 중산동	1	–	1	–	10	–	–	–	12
서산 예천동	103	1	–	–	–	–	–	–	104
서산 여미리 방죽골	15	1	–	–	7	–	–	–	23
오산 궐동	12	–	–	–	23	–	1	–	36
청주 송절동	6	–	–	–	6	–	3	1	16
청주 산남동42-6번지	–	–	–	–	6	2	1	–	9
청원 송대리 상평리	11	–	1	–	82	4	2	–	100
공주 덕지리	6	–	–	–	42	1	–	–	49
공주 하봉리1	6	2	–	–	3	1	–	–	16
연기 응암리	2	1	1	–	7	–	2	–	13
연기 석삼리 대박골	44	1	1	1	26	1	–	–	74
대전 궁동	12	1	–	–	7	–	–	–	53
충주 금릉동 유적	–	–	–	–	133	3	13	–	149
충주 문성리 유적	20	–	1	–	47	–	2	–	73
청주 봉명동	–	–	–	–	231	7	3	–	242
연기 송담리 · 송원리	42	1	1	–	46	1	1	–	92
청주 신봉동	–	–	–	–	297	1	4	–	302
계	312	8	6	2	686	20	28	1	1,104

여 주목된다. 이는 1-11지점 12호묘에서 1점, 2-9지점 6구역 1호묘에서 2점이 출토되었다<그림 6 · 7>, 한강이남에서 처음 출토된 형태의 것으로서 金製護指[21] 또는 金地甲套[22]로 보는 견해도 제기되었으나, 출토위치와 형태로 볼 때

---

21) 이귀영, 2011,『백제 금속공예기술사연구』, 고려대학교 박사학위논문, p.39.
22) 이송란, 2012 ,「백제 한성기 금속공예의 투각연속육각문의 수용과 전개」,『百濟文化』 47, 公州大學校 百濟文化硏究所.

이식으로 봄이 타당할 듯하다[23]. 이는 이한상에 의해 지적된 것과 같이 吉林 榆樹縣 老河深遺蹟 41호·93호·103호[24]와 압록강 雲鳳댐 수몰지구내 石湖 八王脖子墓群[25]에서 유사례가 있다. 지금까지 문헌으로만 언급되던 북방지 역 요소가 한강이남지역에서 구체적으로 확인된 점에서 그 의의가 크며, 삼국 사기 초기 기록에 보이는 백제 건국세력의 유이민 집단 남하와도 관련시켜 볼 여지가 있다. 물론 전체적인 유구나 유물상이 북방지역과 직결되는 것은 아니 기 때문에 이 유적 자체가 이주를 가리키는 것으로 해석하는 것은 무리이나, 북방에서 이입된 것으로 보이는 물품이 구체적으로 확인되었다는데 그 의의 가 있다.

한편 인천 운서동유적 2지점 1호분구묘 목관 내부에서 출토된 철기류 가운 데 '6'자형으로 꼬아 제작된 궐수문(고사리모양)장식도 주목된다. 궐수문은 영 남지역의 경주, 포항, 부산, 김해, 창원지역 등의 남동해안을 중심으로 확인되 며 주로 철모, 유자이기, 철검, 환두대도, 도자, 겸, 재갈, 갑주 등에 장식되는 것이다[26]. 이는 본체를 오리거나 늘려서 말아 제작하는 경우가 대부분으로 따 로 제작하여 본체에 붙이는 경우는 검이나 刀에서 확인되는 정도인데, 연기 용호리유적 1호 주구토광묘[27]와 김해 양동리 212·313호 목곽묘[28]에서 출토

---

23) 이한상, 2013, 「김포 운양동유적출토 금제이식에 대한 검토」, 『김포 운양동유적 II (2 권)』, 유적조사보고36책, 한강문화재연구원.
24) 吉林省文物考古研究所, 1987, 『榆樹老河深』, 文物出版社, 도판 41·43.
25) 安文榮·唐音, 2008, 「鴨綠江右岸雲鳳水庫淹沒地區古墓葬與發掘」, 『2007中國重要 考古發現』, 文物出版社, p.83.
26) 우병철·김민철 2009, 「궐수형철기를 통해 본 진·변한 정치체의 상호작용-대등 정치 체 상호작용 모델(peer polity interaction model)의 적용-」, 『韓國上古史學報』 65, 韓國 上古史學會.
27) 李南奭·李賢淑, 2008, 『燕岐 龍湖里遺蹟』, 公州大學校博物館.
28) 林孝澤·郭東哲, 2000, 『金海 良洞里古墳文化』, 東義大學校博物館.

된 철검에 장식된 것과 동일한 형태이지만, 운서동에서는 철검이 출토되지 않아 차이가 있다. 아마도 궐수문장식이 철도가 아닌 다른 철기에 부착되었던 것으로서, 이러한 장식이 주로 영남지역에서 확인되고 중서부지역에서는 희소하였던 바 3세기대에 진변한지역에서 반입되었을 가능성을 제기한 바 있었다[29]. 이 궐수문장식을 비롯하여 유개대부호와 관부돌출형철모, 철장검, 마형대구 등과 같은 보다 이른 시기의 것들이 모두 영남지역에서 이입되었거나 그 영향을 받은 것으로 보는 경향이 있다. 이 경우 마한지역에서 그동안 잘 알려지지 않았던 이른 시기의 문물들이 낙랑에서 진변한을 경유하여 마한지역으로 다시 유입된 셈이 될 수 있다. 형식학적으로 보아 그 가능성을 배제할 수는 없으나, 마한과 진변한지역의 상대편년을 좀 더 정교하게 한 다음 재검토할 여지가 충분하다.

분구묘 축조집단의 성격과 관련하여 금강유역의 연기 대평리유적에서는 매장주체부가 비교적 얕은 단장 토광에 방형 또는 원형에 가까운 주구들이 연접하며 90여기가 축조되어 있는데, 출토유물에서 대단히 흥미로운 점이 발견된다. 각 분묘마다 상당한 규모의 묘역을 갖고 있음에도 불구하고 각 무덤에서 출토된 유물을 보면 토기는 대개 1~3점 정도이고, 철기는 무기는 거의 없고 주로 철겸 위주의 농공구가 부장되어 있다고 한다[30]. 이처럼 유적의 밀집도나 개별 묘역의 규모에도 불구하고 개별 무덤의 부장량 뿐만 아니라 무기류가 전혀 매납되어 있지 않은 점은 유적 축조집단의 성격과 관련하여 시사하는 바가

29) 成正鏞, 2007, 「漢江 · 錦江流域의 嶺南地域系統 文物과 그 意味」, 『百濟研究』 40, 忠南大學校百濟研究所, pp.1~30.
30) 한국고고환경연구소, 2013, 『행정중심복합도시 3-1생활권(3-1-D지점) 문화재 발굴조사 학술자문회의(4차)자료』.

많다고 생각된다. 경질무문계토기와 심발형토기, 파배 등으로 미루어 4세기대를 중심으로 축조된 것으로 추정되는데, 이 단계의 유적들이 일반적으로 갖고 있는 군사적인 측면과 거의 관계없는 농경 종사 집단의 집단 묘지군으로 볼 수 있을 듯하며, 생산 위주의 집단이 이처럼 대규모 묘지군을 축조할 수 있는 사회적 배경도 대단히 흥미롭다. 한성 백제 사회 내부의 계층화와 사회적 편제를 엿볼 수 있다.

분구묘 축조집단의 성격을 가장 잘 보여주는 것이 금동관모와 식리를 비롯한 금공 위세품들이 집중적으로 출토되는 유적들이라 할 수 있다. 백제 한성기~웅진기에 걸쳐 금동관모를 비롯한 백제계 위세품들이 출토되는 유적은 최근 그 출토례가 늘어 20여개소 가까이 되는데, 나주 지역에는 반남 신촌리 9호분과 복암리3호분, 정촌고분 등 근거리에 위치하면서 비슷한 시기에 집중되어 있는 점을 주목할 수 있다.

금공품이 출토된 분구묘 가운데 서산 부장리와 고창 봉덕리는 한성기에 해당되지만, 영산강유역 분구묘들은 대개 웅진기에 해당된다. 신촌리 9호분의 연대는 논란이 많고 하층은 5세기 전반 대까지 비정되기도 하지만[31], 대개 웅진기를 전후하여 나주 지역에도 금공품들이 이입되는 것으로 보인다[32]. 이들 나주 지역의 금공품은 상징성과 생산 및 제작기반 등을 고려하면 백제에서 분여된 것으로 봄이 역시 타당할 것인데, 이 점에서 비록 토기양식은 독자적인 영산강유역 양식을 갖고 있다 할지라도<그림 8>, 이 지역 정치체의 성격이 어

---

31) 小栗明彦, 2000,「全南地方 出土 埴輪의 意義」『百濟研究』32, 忠南大學校百濟研究所, pp.111~148.
32) 成正鏞, 2001,「4~5世紀 百濟의 地方支配」『韓國古代史研究』24, 韓國古代史學會, pp.77~116.

〈표 2〉 百濟系 金工威勢品 出土遺構 共伴遺物狀況

種類 / 遺構	遺構	金工製品				中國陶瓷器	馬具			武器					農工具	玉	其他
		冠	飾履	耳飾	帶具		鑣	鐙子	其他	環頭刀	木柄刀	鐵矛	鐵鏃	盛矢具			
瑞山 富長里 5號 墳丘墓	土광	◎		◎						◎		◎ 盤附			刀子,斧,鎌	曲玉 ◎	鐵製鐎斗,黑色磨研土器
瑞山 富長里 6號 墳丘墓	土광		◎	◎		青磁四耳壺				◎					斧	◎	
瑞山 富長里 8號 墳丘墓	土광		◎	◎						◎					刀子,斧	◎	
高昌 鳳德里 1號墳	石槨		◎	◎		青磁壺				銀裝			◎	◎		◎	子持壺,청동착잔
羅州 新村里 9號墳 乙棺	甕棺	◎	◎							金銅/銀裝		三枝槍	◎		銀粧刀子,斧,	◎	弓
羅州 伏岩里 3號墳 96石室	石室		◎				◎			◎							
羅州 정촌고분	石室		◎				◎	◎		◎		◎	◎				
華城 요리	木槨	◎	◎	◎			◎			◎			斧		鐵鋌		
天安 龍院里 9號墳	石槨	◎				黑釉鷄首壺	◎		劍菱形杏葉	◎			◎	◎			
燕岐 羅城里	木棺		◎														
公州 水村里 1號墳	木槨	◎	◎		◎ 銀製	青磁有蓋四耳壺				◎					살포		漆器
公州 水村里 3號墳	石槨		◎					壺鐙		◎		◎					
公州 水村里 4號墳	石室	◎	◎		◎	黑釉磁器(鷄首壺,小瓶壺),青磁小盌			◎	◎					살포	유리관옥,구슬	
原州 法泉里 1號墳	石室		◎	◎			◎	◎	雲珠	鐵劍		◎	◎	◎			青銅鐎斗
益山 笠店里 86-1號墳	石室	◎	◎			青磁四耳壺		鐵製輪鐙	◎ 銀製								
高興 안동古墳	石槨	◎	◎														板甲

느 정도 독자성을 띠고 있는 것으로 간주하기는 어려울 것이다. 웅진기에 들어와 먼저 신촌리 9호분 을관의 피장자에게 금공품이 집중되고 이어 주변의 나주 복암리 3호분을 비롯한 고분과 전방후원분이 대두되는 것은 어떻게 이해될 수 있을까? 이는 고구려에 의한 南遷이라는 위기를 경험하면서 허약해진 백제가 영산강유역의 전통적인 토착세력인 신촌리 9호분 집단을 영산강유역 장악을 위한 발판으로 활용한 다음, 다양한 세력들을 활용하여 지배력의 강도를 높여갔던 데 기인하는 것이 아닐까? 한성기에 서해안과 전북 지역의 분구묘에 보였던 모습이 웅진기로 이어지면서 나주 일대에 나타나는 셈이며, 이는 백제가 지방을 장악하고 통제해나가는 과정이 지역적·시기적으로 다양한 방법을 통해 이루어진 것으로 요약된다.

Ⅳ. 맺음말

본고에서는 소위 마한의 분구묘에 대해 출토 유물을 중심으로 그 성격을 논의하여 보고자 하였다. 이를 위해서는 먼저 마한을 논의할 때 기원 이전과 이후, 그리고 문화적인 측면과 종족적·정치적인 단위를 구분할 필요가 있다고 생각하지만, 실상 이들이 그리 딱 구분되는 것만은 아니며, 분구묘를 마한의 묘제라고 할 경우 문화적인 측면과 정치적인 측면을 동시에 고려해야 할 것으로 생각한다. 먼저 분구묘의 기원과 관련하여 필자는 주구토광묘를 관창리형과 청당동형으로 구분하는 안을 제시한 바 있는데, 분구묘가 처음부터 지상에 주체부가 위치하는 형태로 등장한 것이 아니라 일정한 발달과정을 거쳤다고 생각한다. 주구묘 또는 분구묘로 불러왔던 관창리형 주구토광묘는 초기철기시대의 토광묘에 일정한 묘역을 구획하려는 주구가 결합되면서 나타나는 것이 아닌가 생각해볼 수 있다.

분구묘에서 출토된 유물 가운데 가장 주목되는 것 중 하나는 적석분구묘부터 성토분구묘에 이르기까지 가장 폭넓게 분포되어 있는 중층유리옥과 백색 옹을 비롯한 낙랑계유물의 존재라 할 수 있다. 중부지역 마한 분묘에는 유물뿐만 아니라 합장토광묘를 비롯한 묘제까지 낙랑의 영향이 매우 짙게 나타나고 있다. 한편 분구묘 축조집단의 성격을 가장 잘 보여주는 것이 금동관모와 식리를 비롯한 금공 위세품들이 집중적으로 출토되는 유적들인데, 금공품이 출토된 분구묘 가운데 서산 부장리와 고창 봉덕리는 한성기에 해당되지만, 영상간유역 분구묘들은 대개 웅진기에 해당된다. 이들 나주 지역의 금공품은 상징성과 생산 및 제작기반 등을 고려하면 백제에서 분여된 것으로 봄이 역시 타당할 것인데, 이 점에서 비록 토기양식은 독자적인 영산강유역 양식을 갖고 있다 할지라도 이 지역 정치체의 성격이 독자성을 띠고 있는 것으로 간주하기는 어려울 것으로 생각된다.

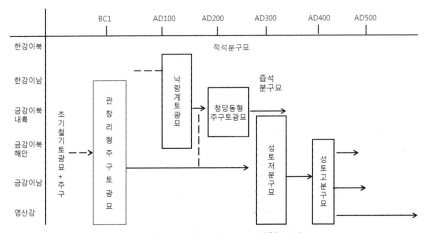

〈그림 1〉 주구토광묘와 분구묘 변천 모식도

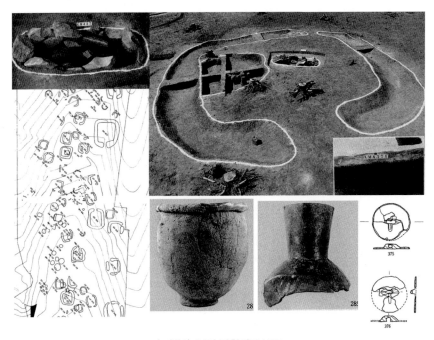

〈그림 2〉 보령 관창리KM437

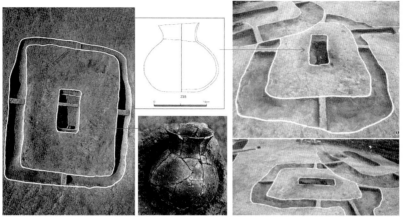

영광 군동18호묘 곡성 대평리19호묘

〈그림 3〉 초현기 관창리형 주구토광묘

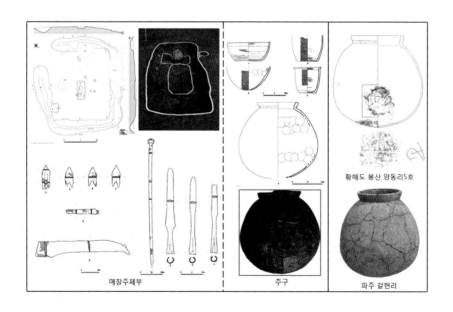

매장주체부 주구 파주 갈현리

황해도 봉산 양동리5호

〈그림 4〉 김포 양촌 3지점 나구역 1호묘 출토품과 비교유물

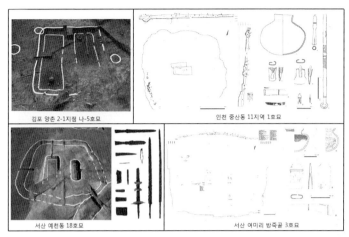

김포 양촌 2-1지점 나-5호묘

인천 중산동 11지역 1호묘

서산 예천동 18호묘

서산 여미리 방죽골 3호묘

〈그림 5〉 합장묘와 출토유물

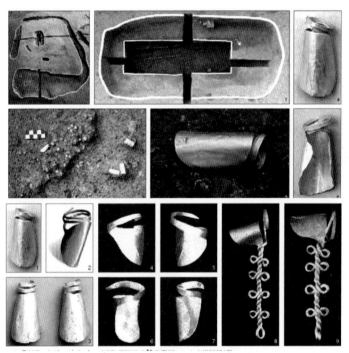

〈그림 6〉 김포 운양동 출토 금제이식과 비교자료
(상:2지점 9호분구묘, 하:1 · 3.김포 운양동, 2.石湖 八王脖子墓群,
4〜9. 吉林 楡樹老河深, 이한상 2014 圖 2 · 4)

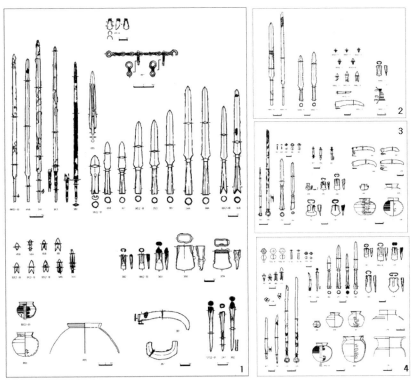

〈그림 7〉 김포 운양동유적 편년안
(1. Ⅰ-1기, 2. Ⅰ-2기, 3. Ⅱ-1기, 4. Ⅱ-2기, 한강문화재연구원 2013)

함평 진양리 중랑	고창 왕촌리	광주 월계동

〈그림 8〉 분주토기

〈표 3〉 한강이남지역 성토분구묘계 유적 일람표 (김기옥 2014, 표1 개변)

유적	분구묘형식	매장주체	토기															청동기	철기				금공품	기타
			경질무문	원저호	유개대부호	양이부호	이중구연	주구토기	분주토기	조형토기	개배	심발형	삼족기	흑색마연	광구장경호	직구단경호	기타		무기	농공구	마구	기타		
예시	Ia Ib IIa IIb III	토광 옹관 석곽 석실															세형동검	검 환두도 도장식 모 촉	이조돌대주조철부 단조철부 철겸 철착 도자	재갈 등자 행엽 운주	鐵鋌	이식 금동관 금동식리	구슬
김포 양곡	?/4	?															대옹			이조돌대주조철부,철서				
김포 구래동	I a/1 ?/1	토광															대옹							
김포 양촌	/32 III/1	토광		◎		◎						◎					백색옹,장란형,완,광구소호,대옹,직구호		환두도 모,무경촉	겸,부,착,도자				
김포 운양동	I a/26 ?/6	토광		◎		◎												세형동검	장검,환두도,무경촉,능형촉,직기형모	서,겸,단조철부,주조철부,도자	재갈?		금제 이식	마노 수정 탄목 유리 구슬
인천 동양동	?/1											◎												
인천 연희동	I a/12 ?/46	토광															대옹,호형토기		환두도,직기형모,연미형모,모촉			鐵鋌		
인천 중산동	I a//1 III/1	토광		◎													직구호		환두도,직기형모,무경촉,부,서					
인천 운서동	I a//1	토광																	환두도,무경촉능형촉직기형모			궐수문장식		수정유리구슬
인천 구월동	I a/2 ?/11	토광		◎													완,소호,대옹,장동호		환두도	겸,서,모형철부		鐵鋌		
화성 행남요리	?/1																							

<표 4> 충청지역 분구묘계 유적일람표(정해준 2014, 표1)

분기	유적명	분구묘 기수	토기	철기	장신구·위세품류
I기	보령 관창리	99기	원저단경호, 직구옹	철모	
	서천 당정리	23기	대형옹편		
	서천 추동리 II	3기	타날문토기편		
	서천 도삼리	2기	원저단경호	철부	
	서천 봉선리	14기	양이부호, 파수부주구토기, 대형옹편, 심발형토기	환두대도, 도자, 철모, 철부, 철겸 등	구슬
	서천 옥남리	9기	원저단경호		
	서천저산리·수성리	1기			
	서천 덕암리	1기			
	서천 이사리·월기리	7기			
	서천 화산리 수리넘어재	14기			
	서산 여미리 방죽골분묘군	16기	단경호, 양이부호, 완, 개	환두도, 철부, 철겸, 철모, 철정	
	서산 명지리	3기	대형원저호	환두도, 철부, 쇄스랑, 철정, 철겸	
	서산 예천동	104기	원저단경호, 양이부호, 이중구연호, 심발형토기	칠초철검, 환두도, 목병도, 철겸, 철모, 철정, 철제집게 등	
	당진 도성리	5기	파수부편	철부	
	태안 달산리	10기	원저단경호, 대형옹(거치문), 경질무문발형토기	철모, 도자	
	홍성 봉신리·대동리	6기	원저단경호, 양이부호		
	부여 증산리	8기		철착, 철겸, 단면육각주조철부	
	공주 덕지리	19기	원저단경호, 완, 양이부호, 장동호	환두도, 철도자, 철부. 철겸	관옥
	천안 두정동	1기	직구단경호		
II기	해미 기지리龍院里	60기	흑색마연토기, 평저직구호, 광구호	환두대도, 도자, 철정, 철부	사유훼룡문경, 청동환·방울
	서산 언암리	48기	광구장경호, 직구호	철겸	
	서산 부장리	13기	원저직구호, 광구원저호, 흑색마연토기, 삼족토기	환두대도, 철부, 철겸, 반부철모	금동관모·식리, 중국청자
	당진 가곡2리	6기	원저호, 원저소호, 삼족토기, 완, 병	목병도, 도자, 철겸	
	홍성 신경리·자경동	4기	단경호, 원저호, 표주박형토기	철부	

유적	분구묘형식	매장주체	경질무문	원저호	유개대부호	양이부호	이중구연	주구토기	분주토기	조형토기	개배	심발형	삼족기	흑색마연	광구장경호	직구단경호	기타(토기)	청동기	무기	농공구	마구	기타(철기)	금공품	기타
예시	Ⅰa Ⅰb Ⅱa Ⅱb	토광 옹관 석곽 석실	◎														기타	세형동검	검 환두도 도 장식도 모 촉	이조돌대 주조철부 단조철부 철겸 철착 도자	재갈 등자 행엽 운주	鐵鋌	이식 금동관 금동식리	구슬
익산 장선리	Ⅰa/1			◎																				
익산 어량리	Ⅰa/3	토광 옹관																						
익산 서두리1	Ⅰa/3	토광 옹관		◎																				
익산 율촌리	Ⅰa/2 Ⅱa/2	목관 옹관		◎	◎		◎	◎												도자,겸, 단조철부				
익산 간촌리	Ⅰa/2																◎	고배, 우각형 파수 두형토기						
익산 영등동	Ⅰa/4	토광																두형토기			부,도자				토제 어망추 지석
군산 계남	Ⅰa/1						◎																	유리 구슬
군산 산월리	Ⅰa/1 Ⅱa/1	목관																						
군산 축동	Ⅰa/6 Ⅰb/2	토광		◎				◎							◎									
군산 신관동	Ⅰa/1	토광?		◎											◎				검	도자				
완주 상운리	26기	점토곽 목관 옹관 석곽		◎						◎	◎				◎		흑, 고배 병형토기		대도, 환두도, 모, 촉	도자, 겸, 집게, 부, 착 망치, 톱		鐵鋌		
전주 안심		토광 석실				◎				◎									환두도	부				
부안 옥여리		옹관																						
정읍 신면	8기	목관 옹관		◎			◎	◎		◎					◎									
부안 부곡 1	Ⅰa2																							
부안 하림석리	14기	옹관		◎													시루			겸				
부안 대동리	9기	옹관		◎													우각형 파수							토제 어망추
부안 신리1	Ⅱa 1	목관								◎							우각형 파수							
부안 신리2	Ⅰa 3									◎							고배							

유적	형식	묘제									탁잔	대도,모,성시구,촉		등자재갈	금제이식금동식리	구슬
고창 봉덕	IIa2	석실 옹관	◎			◎		◎			◎	유공광구소호, 고배, 청자반구병, 이형토기		대도, 모, 성시구, 촉		등자 재갈	금제 이식 금동 식리	구슬
고창 선동	5기	옹관	◎		◎	◎											금박 유리 옥, 유리구슬
고창 부곡리 중산	Ia/3 Ib/5	목관 옹관	◎			◎											
고창 예지리	Ia6	목관	◎														
고창 성남리3	Ia11 Ib4	목관	◎			◎					◎	시루, 파수부				도자	
고창 성남리4	Ia2											완					
고창 광대리	Ia11 Ib3	옹관 목관															
고창 석남리	Ia1																
고창 자룡리	6기	토광										유공광구소호, 잔, 투창무개고배, 시유도기					
고창 왕촌리	2기					◎											
전주 장동	IIb1	옹관 토광	◎								◎	병형토기 무개고배					
전주 마전	IIa1	석실 석곽 토광 옹관	◎					◎			◎	파배					
익산 모현동 내장3	Ia/1	석곽								◎		고배					
익산 모현동 묵동	Ia/5	토광						◎		◎				환두도			

<표 6> 전남지역 성토분구묘계 유적 일람표

유적	분구묘형식	매장주체	토기															청동기	철기				금공품	기타
			경질무문	원저호	유개대부호	양이부호	이중구연	주구토기	분주토기	조형토기	개배	심발형	삼족기	흑색마연	광구장경호	직구단경호	기타		무기	농공구	마구	기타		
광주 쌍촌동	Ia/1	토광														◎	완			철도자				
광주 선암동	Ia3/Ib9	토광 옹관	◎			◎				◎							유공광구소호							
나주 용호		토광 옹관	◎																	철겸철부				옥
나주 복암리 (1~8호) 주구		옹관 석실 석곽																						
나주 복암리 1,2,4, A,B		석실 옹관	◎			◎	◎		◎										촉	철도자철겸				
나주 신촌리 9호분									◎															
나주 덕산리 (1~9, 1,13,14 호분)									◎															
함평 만가촌	연접 다장 14기	옹관 목관	◎			◎	◎	◎				◎			◎	◎	파수부발경배		환두도 모, 촉	철도자 단조철부 철겸	鐵鋌			구슬
함평 소명	Ia1	?	◎														파수							
함평 향교	Ia1	토광 석곽	◎							◎							합							구슬
함평 신흥동																								
함평 진양리 중랑	Ia1/IIa1	토광 목관 옹관	◎					◎									시루 유공광구소호 이형토기			철겸 철도자				옥
함평 월야리 순촌	Ia10/Ib27/IIa11	토광 옹관				◎						◎				◎	완 파수부호			철도자 단조철부 철겸				구슬
함평 성남	Ia1	토광	◎																	단조철부				구슬
함평 반암	Ia7/Ib2/	토광 옹관																						
함평 송산																								
무안 고절리	IIb26	옹관 토광	◎					◎			◎		◎		◎	◎	유공광구소호 고배							

유적	형식	묘제	1	2	3	4	5	6	7	8	9	토기(특수)	철기	찰갑	기타
무안 덕임															
무안 사창리	?	토광 옹관	◎	◎								유공 광구 소호			옥
무안 인평		토광 옹관													
영암 월송리 송산		옹관		◎									철도 자		
영암 선황리 계양	?	옹관													
영암 금계리	Ib 26		◎	◎			◎	◎	◎	◎		유공 광구 소호 고배			석촉 어망추 석착 옥
영암 만수리 4호분	IIa1	토광 옹관	◎							◎		유공 광구 소호	철도 자		
영암 내동리 초분골	IIa2	옹관 토광	◎	◎						◎			철도 자 철 겸		옥
영암 내동리 1~7 호분															
영암 옥야리 방대형 1호분	IIa1	석실 석곽 옹관 목관	◎				◎					유공 광구 소호		찰갑	곡옥 유리구 슬
영암 옥야리 6호분	IIa1	옹관		◎				◎		◎		유공 광구 소호			옥 유리
영암 옥야리 14호분	IIa1	옹관, 토광											철도 자		옥 구슬
영암 옥야리 17~19 호분															
영암 옥야리 신산	?	옹관		◎									단조 철부 쇠스 랑		
영암 신연리 9호분	IIa1	옹관 토광	◎						◎	◎	◎				
영암 만수리 1~2 호분	Ia1 IIa1	옹관	◎	◎				◎				유공 광구 장군 유공 광구 소호	철도 자		옥
영암 와우리 서리매 리제	Ia2	옹관											부형 철기 철도 자 겸		
영광 군동	Ia 16/ Ib 5/ IIa1	토광 옹관	◎	◎	◎	◎		◎	◎	◎			겸		옥
무안 고읍	Ia1												철도 자		

『마한 분구묘의 기원과 발전』 지정토론문

조가영 서울대학교박물관

오동선 국립나주문화재연구소

한옥민 목포대학교박물관

정해준 백제문화재연구원

「마한 분구묘의 출현 과정과 조영 집단」에 대한 토론

조가영(서울대학교박물관)

발표자께서는 '마한'이라는 용어가 가진 다양한 함의와 한반도 중부 이남의 지역의 다양한 종족 집단의 존재가 '한'으로 통칭될 수 없음에 대한 논의를 발표하신 바 있습니다[1](권오영 2009; 2010). 오늘의 발표 역시 '마한'의 구성체의 다양성을 바탕으로 하고 있다고 생각됩니다.

그간 마한의 고분을 다룬 여러 논고들은 묘제간의 차별성에 주목하여 지역권 설정하거나 정치체 종족을 비정하는 시도를 주로 행했다고 생각됩니다. 이 과정에서 묘제 간에 보이는 공통성은 무시되거나, 혹은 공통성이 의미하는 바에 대한 고민은 이루어지지 못하였습니다. 오늘 발표는 마한 묘제의 공통성에 주목함과 동시에 다양성이 발생한 원인에 대한 시론의 성격을 띠고 있다고 보여집니다. 특히 이 시기 분묘들의 발생과 확산의 방향 뿐 아니라, 경계의 모호함의 원인을 '출현 과정'에서 찾음으로써 거시적인 분묘의 변화상에 대한 이해

---

1) 권오영, 2009, 「원삼국기 한강유역 정치세력의 존재양태와 백제국가의 통합양상」, 『고고학』 8-2, 31~49.
    권오영, 2010, 「馬韓의 종족성과 공간적 분포에 대한 검토」, 『한국고대사연구』 60, 5~33.

의 틀을 제시해주셨다고 생각합니다.

　자료에 대한 관찰 결과와 글의 큰 흐름에 대해서는 대체로 동의하기 때문에
제시하신 몇 가지 개념에 대한 부연 설명을 청하는 것으로 토론을 대신하고자
합니다.

1. 분구묘와 봉토묘의 인식

　발표자께서는 분구묘와 봉토묘의 특징적인 차이로 추가장의 방법 차이에
따른 고분 외형의 변화에 주목하고 있습니다. 이 때, 봉토묘는 1차 매장 후 추
가장 과정에서 일부 봉토가 제거되지만 다시 복원되어 봉토의 원형이 크게 변
하지 않는 것으로, 이와 달리 분구묘는 최초 매장주체부가 아닌 별도의 공간
에 추가장이 이루어지면서 분구의 수평, 수직적인 확장이 이루어지는 것으로
파악하고 있습니다.

　봉분의 완성형을 기준으로 한 접근 방법은 '선분구 후매장주체부 설치'혹은

〈그림 1〉 석촌동 76-파괴분 일대의 봉분

'지상에 매장주체부 설치' 등의 기준에 비해 일견 편의성을 가지는 것으로 생각되지만, 실제로 적용할 때 난관에 봉착하게 되는 것이 사실입니다. 우선, 발표자도 지적하고 있는 것과 같이 두 묘제에서 초기 것들은 단장 중심이라는 점입니다. 추가장이 이루어지지 않은 분묘의 경우 발표자가 제시한 구분 방법은 애초에 적용할 수 없게 됩니다.

동일한 기준을 적용할 때, 연접묘는 어떻게 처리할 것이냐 역시 고민입니다. 영남지역에서 확인되는 연접묘들은 완성형에서 타원형 혹은 부정형을 나타내기도 하지만 봉토묘로 분류하는 것이 일반적입니다.

또한 가락동 석촌동 일대의 즙석봉토분에 대해 어떻게 인식하고 계신지도 궁금합니다. 그간 가락동 석촌동 일대의 즙석 봉토분에 대해서는 축조방법에 주목해 봉토분으로 보는 입장과 다장의 요소에 주목해 분구묘로 보는 입장으로 구분되어 왔습니다. 가락동 석촌동 일대의 즙석봉토분은 대체로 지표를 정지하여 토광을 설치하고, 이 후 봉분의 외연에 덧붙여 추가장하는 것으로 파악된 바 있으며, 그 완성형이 부정형 혹은 타원형임이 확인되기도 하였습니다.

2. 동시 발생과 차별화의 동인

발표자는 큰 틀에서 목관, 마운드, 주구라는 공통성을 지니는 분구묘와 주구토광묘가 '한 묘제가 다른 묘제에 영향을 끼쳐서가 아니라 유사한 환경에서 비슷한 시기에 유사한 방향으로 묘제의 변화가 이루어지다가 점차 다른 길로 접어들면서 나타난 결과'로 등장하는 것으로 파악하고 계십니다.

이러한 논리가 성립하기 위해서는 '유사한 환경'이 조성되어 있어야 하며, '유사한 방향'으로의 변화를 촉발시킬 변동인자가 필요할 것입니다. 주구 관념의 등장이라는 측면에서 청동기시대 주구묘에 주목하고 있으나, 발표자도 지적하고 있듯이 시기적 단절성 등을 고려할 때 직접적인 연결고리를 찾기 어려운 것이 사실입니다. 분구묘와 주구토광묘가 동시 다발적 발생할 수 있었던 공통 분모에 대한 부연 설명을 부탁드립니다. 아울러 짧은 시간 동안 차별화를 만들어낸 동인은 무엇이라고 생각하시는지요.

3. 자생설? 외부영향설?

앞선 질문에서의 논리에 따라 발표자께서는 주구분묘의 자생설에 무게를 두고 있다고 생각됩니다. 그러나 최근 파주 운정, 인천 운남동 등지에서 출토된 깔대기형 토기가 중국 강남 지역의 것을 조형으로 한다는 견해2)(임영진 2014), 오산 궐동, 아산 밖지므레 등지에서 출토된 원통형토기, U자형토기 등을 요동, 산동 등지의 외래 기원으로 볼 수 있다는 견해3)(김장석 2014) 등 이 시기 분묘 출토품의 외래 기원설이 제시된 바 있습니다. 발표자께서는 이러한 토기의 등장 배경에 대해 어떻게 생각하시는지 궁금합니다.

4. 확산의 방향

큰 마운드가 발생하는 계기에 대해 2세기 중엽 이후 낙랑 등 군현의 유민의 역할을 염두에 두고 계신 듯합니다. 또 마침 이 시기는 앞선 예천동, 운양동 등 이른 시기의 분구묘의 등장 연대와 상통하고 있습니다. 그러나 유민의 이동 방향을 고려한다면 초기형으로 지적되고 있는 관창리, 당정리, 영등동 등 분구묘의 연대가 불확실하다는 점, 그리고 군동 18호묘에서 출토된 흑도 기원전

---

2) 김장석, 2014, 「취사용기를 통해 본 중부지역 원삼국시대 편년」, 『쟁점, 중부지역 원삼국시대~한성백제 물질문화 편년』(제11회 매산기념강좌), 7~30.

3) 임영진, 2014, 「마한 분구묘의 조사연구 성과와 과제」, 『마한 분구묘 사회의 비교 검토』(제38회 한국고고학전국대회 패널발표), 175~193.

1세기로 비정할 수 있다는 견해 등을 참고하여 분구묘의 출현과 확산의 방향 중서부에서 서남부로 이루어졌음에 의문을 제시한 것과 다소간의 모순이 발생하게 됩니다. 이에 대한 부연 설명을 부탁드립니다.

5. 주구의 기능

발표자께는 매장주체부 위에 큰 마운드를 덮는 관념이 도입되는 과정에서, 이를 덮기 위한 채토의 기능을 가지고 주구가 발생한 것으로 파악하고 계십니다. 그렇다면, 주구의 형태적인 변이, 예를 들면 원형, 방형 등의 평면 형태와 '교량부(다리)'의 방향 차이의 발생 원인은 무엇이라고 생각하시는지 궁금합니다.

6. 명칭의 문제

맺음말에서 외형과 매장주체의 종류를 함께 병기해야 할 필요성에 대해 이야기하시면서도, 그 현실적인 어려움이 대해 토로하고 계십니다. 발표자께서 가지고 계신 다장 분묘의 명칭에 대한 복안이 있으신지 여쭙고 싶습니다.

「馬韓 梯形墳丘墓의 성립 과정과 의미」에 대한 토론

오동선(국립나주문화재연구소)

김낙중 교수님의 주요 논지는 3세기 이후 영산강유역의 마한세력이 제형분이라는 분형과 개인보다는 집단을 우선시한 장법을 채택한 것은 동시기 백제의 영향력이 증대되던 중서부지역과 차별화를 드러낸 것이고, 5세기 이후에 이르러서는 나주와 영암을 중심으로 개인의 우월한 지위가 강조된 옹관 고총으로 발전한다는 것입니다.

토론자도 이 견해에 큰 틀에서 동의합니다. 아울러 토론자 역시 3~5세기 영산강유역에서 성행한 제형분은 동일 세대의 묘역이며, 친족의 개념이 어느 정도는 유지된 것으로 보고 있습니다. 제형분이 군을 이루는 경우 거의 동일한 유물상을 보이는 제형분 여러 기가 공존하고 있기 때문입니다. 이러한 묘역들이 모여 함평 예덕리 만가촌이나 월야리 순촌, 광주 평동, 담양 태목리 유적과 같은 대단위 취락의 공동묘역이 조성될 수 있었던 것으로 보고 있습니다.

따라서 토론요지는 김낙중 교수님의 세부 논지와 관련된 부분을 중심으로 작성하였습니다.

1. 제형분의 형식분류와 관련하여 김낙중 교수님은 제형분의 단변과 장변

의 길이 비를 기준으로 나누셨습니다. 그런데 장변의 길이 속성은 잔존하는 길이일 뿐 본래의 길이로 보기 어렵다고 생각됩니다. 장변의 계측을 현존하는 길이로 하신 것인지, 아니면 다른 기준을 추가로 적용하신 것인지 질문 드립니다.

2. 제형분 형식분류와 관련하여 나비장형을 추가하셨습니다. 그 예로 나주 신촌리 4호분과 영암 내동리 초분골 고분을 들고 계십니다. 나주 신촌리 4호분은 층위 조사를 통해 명확하게 확인되었습니다만, 영암 내동리 초분골 1호분을 반드시 나비장형으로 분류해야 하는지에 대해서는 약간의 의문이 있습니다. 확실한 나비장형으로 볼 수 있는 예가 많지 않는 한 나비장형을 하나의 형식으로 보기 보다는 분구 수평확장과 관련된 예로 보아야하지 않을까 생각합니다.

3. 제형분의 성립과 관련하여 정치사회적인 의미 외에 무덤 출입을 위한 통로를 만들기 위해 장변을 사선화시키면서 진행된 것으로 보고 계십니다. 이 경우에 나주 용호 12호분, 함평 월야리 손촌 A31호분, 영암 내동리 초분골 1호분, 나주 신촌리 4호분처럼 네 변의 주구가 온전히 남은 제형분은 추가장이 모두 완료된 것으로 볼 수 있는 것인지 궁급합니다. 아울러 김낙중 교수님의 견해를 따르면 효율적인 매장시설 안치를 위해서 두부 쪽에서 통로가 있는 미부 쪽으로 매장시설 안치가 진행될 가능성이 높은데, 동일 제형분 내의 매장시설 간 선후 관계가 확인되는지도 궁급합니다.

4. 복합제형분 단계에 목관에는 철기류와 원저계의 토기가 부장되고, 옹관에는 주로 평저계토기가 부장되는 것은 세대 내의 남녀 성별 차에 의한 것일

가능성을 제시하셨습니다. 이와 관련한 구체적인 데이터가 제시되면 좋겠습니다. 그런데 복합제형분에서 목관의 경우에는 중서부지역과 마찬가지로 단경호와 심발형토기를 비롯한 칼이 셋트를 이루는 경우가 많이 있는 것 같습니다. 그리고 옹관은 주로 목관의 주변에 배장되고 기본적으로 박장입니다. 후대의 대형 전용옹관에서도 특수한 경우를 제외하면 철기류와 위세품의 출토량은 소수라고 할 수 있습니다. 따라서 출토유물의 차이를 성별차로 보기 보다는 위계와 같은 보다 큰 범주로 이해하면 여러 변수들을 포괄할 수 있지 않을까 생각합니다.

5. 마지막으로 영산강유역에 공백기처럼 존재하는 1~2세기 묘제는 반드시 해결해야할 과제라고 생각합니다. 아울러 김낙중 교수님이 언급하신 3세기 중·후반 이후의 마한사회에 일어난 정치적인 변화는 구체적으로 무엇인지 교수님의 고견을 듣고 싶습니다.

「마한 방대형 · 원대형 분구묘의 등장 배경」에 대한 토론

한옥민(목포대학교박물관)

발표자는 영산강유역에서 확인되고 있는 방대형과 원대형 분구묘 자료를 토대로 축조방법을 검토 · 분석하고, 등장배경에 관한 기존의 주장을 종합한 후 견해를 밝히는 내용으로 논고를 구성하였다. 특히, 이번 학술대회의 키워 드인 '분구묘'개념에 관해 '매장주체부가 지상의 분구에 위치하고 추가장이 이 루어지면서 분구가 수평적, 수직적으로 확장되기도 하는 무덤'이라는 주장[1]에 동의하면서 영산강유역 방대형과 원대형 분구묘의 출현은 제지역 집단들이 정치 · 사회적인 부상과 연대 모색을 통해 독자적인 고분문화를 추구한 결과 로 그 배경을 이해하였다.

최근 영산강유역에서는 방대형과 원대형의 (고총)고분 조사가 활발히 진행 되면서, 전통적 분형인 제형분과는 다소 이질적인 분형의 출현과 그 배경에 관한 관심과 연구가 증가하고 있는 추세이다. 토론자 또한 얼마 전 발굴조사

---

1) 임영진, 2014, 「마한 분구묘의 조사 · 연구 성과와 과제」, 『한국고고학의 신지평』, 제38회 한국고고학대회, p.180.

를 통해 학계에 보고된 바 있는 나주 복암리 정촌고분과 함평 금산리 방대형 고분이 고대(高大)한 방대형 분구를 갖춘 고총고분이라는 점에서 발표자의 논고는 매우 유익한 도움이 되었다. 이에 발표자의 논고 내용과 관련해 몇 가지 보충적인 설명을 듣고자 토론 요지를 작성하였다.

첫째, Ⅱ장 2절과 관련한 질문이다. 분구묘 축조기술과 관련해 정밀한 분구 조사가 이루어졌던 영암 옥야리 방대형고분 1호분과 무안 덕암 1·2호분에서 보고자들이 사용한 '구축묘광'의 개념에 관한 발표자의 견해를 부탁한다. 두 유적의 보고서 내용을 검토해보면, 구축묘광이라는 용어의 적용에서 다소 차이가 있는 듯하다. 또한 분구 축조 과정에서 구축묘광을 구축하는 이유가 축조 공법만의 문제인지, 고분축조 의례와 같은 장제적 제도까지를 반영키 위한 것인지에 대해 발표자의 견해를 듣고 싶다.

둘째, Ⅲ장 1절의 방대형 분구묘의 유형 구분과 관련한 질문이다. 발표자는 나주 가흥리 신흥고분을 '완성형의 방대형'분구로 보고 있다. 신흥고분은 분형 조사가 일부만 이루어져 분형에 대해 단정 짓기는 어려운 상황이다. 그러나 2013년 시굴조사를 통해 조사단은 (추정)원부 직경 19.7m, 원부 높이 1.8m, (추정)방부 길이 11.7m, 방부 너부 7.2m로 원부에 비해 방부의 길이가 짧은 분형으로 판단하였다. 또한 조사단은 발굴조사를 진행하면서 확인된 몇 가지 사항(방형·원형의 경우 매장주체시설이 정중앙에 있는데 반해 전방후원형은 중앙부에서 약간 벗어난 형태를 보이는데 신흥고분은 후자의 양상을 보이는 점, 구획열의 중심이 매장주체시설이 아니라 원부와 방부의 접합부로 추정되는 지점에서 확인되고 그것의 방향성에서 전방후원형에 가까운 점, 주구의 북동쪽 지점에서 요부를 형성하듯 좁아드는 양상이 두드러진 점)을 조합하여 방대형이 아니라 '전방후원형'일 가능성에 무게를 두었다.

한편, 분구란 입체가 점유하는 일정 공간을 차지하는 체적이라는 점을 중시할 때, 관람자가 어떤 선입견이 없는 상태(고고학적 정보가 없이)에서 시각적으로 보이는 분구에 대해 어떤 형태로 인지하는지를 생각할 수 있을 것이다. 즉, 신흥고분은 남서쪽에 위치한 동산에서 내려다보았을 때의 형상이 자라와 닮았다고 하여 일찍이 조산 내지는 자라봉이라는 지명으로 불리고 있어 지표조사 당시부터 전방후원형일 가능성이 제기되었다는 점이다. 따라서 발표자의 견해대로 신흥고분의 분형을 '방대형'으로 확정하기에는 보완되어야할 사항이 많다고 보는데 이 부분에 대한 견해를 밝혀주기 바란다.

셋째, Ⅲ장 2절의 내용과 관련한 질문이다. 방대형 분구의 출현 배경과 관련해 발표사는 기존의 제형 분구묘에서 점차 방대형으로 발전한 것으로 이해하였다. 더불어 5세기 중엽경에 축조된 영암 옥야리 방대형고분과 나주 가흥리 신흥고분이 정형화되어 출현하고 있다는 점을 유념할 필요가 있다고 피력하였다. 이러한 주장은 결국 영산강유역 방대형 분구묘의 출현 루트가 정형화된 분구묘의 출현인 경우와 제형분에서 분구가 고대화 되어가는 경우로 나누어진다는 주장인 듯한데, 이같이 구분되는 이유에 대해 발표자의 견해를 밝혀주기 바란다.

넷째, Ⅲ장 2절의 영산강유역 제지역 집단과 외부 세력(백제)과의 관계와 관련된 것이다. 영산강유역 고총고분(발표자의 방대형·원대형 분구묘)의 등장 배경은 제형 분구묘의 전통(매장시설, 주구, 분정면 경사도) 속에서 점차 발전되며, 외부적으로는 동북아 정세변화, 백제·왜 등과의 교류의 영향이라는 배경 속에서 나타난 것으로 보았다. 발표자가 영산강유역 세력과 외부와의 관계(특히 백제)를 '교류'로 표현한 것은 직접지배나 간접지배 등의 상하 관계로 보지 않고, 영산강유역 제집단들의 적응과 모색을 통한 자체적 발전 과정으로써 '독자적인 고분문화'를 이룩한 것으로 이해하고 있다.

그러나 고총단계의 고분은 정치적 의미가 강하게 내포되었다는 전제에서 보면 이 지역은 북쪽에 '백제'라는 보다 강한 국가와 맞닿아 있는 상황이고, 내부적으로는 영산강유역은 여러 세력 중 어느 세력도 전체를 아우르지 못하여[2] 정치적인 영향력이 한정적[3]이었을 것이라는 일면의 반영을 염두했으면 하는 생각이다. 따라서 백제와의 관계를 상호 대등하다는 의미를 내포하는 '교류'라는 표현으로 해석하는 것이 적절할지 의문이 들며, 제형분에서 고총고분으로의 점진적인 발전으로 이해하고 있는데 그렇다면 축조 기술에서 계승적인 요소가 보이는지에 대해서도 구체적으로 알고 싶다.

---

2) 이영철, 2001, 「영산강유역 옹관고분사회의 구조 연구」, 경북대학교 석사학위논문, pp.97-98 ; 김낙중, 2009, 『영산강유역 고분 연구』, 학연문화사, p.346.
3) 한옥민, 2010, 「분구 축조에 동원된 노동력의 산출과 그 의미」, 『호남고고학보』 34집, p.124.

「마한 분구묘의 출토유물과 그 의미」에 대한 토론

정해준(백제문화재연구원)

마한 분구묘가 한반도 중서부 전역에서 조사되었으며, 이제는 마한의 분묘 유형으로 완전히 정착화되었다고 볼 수 있다. 그러나 기존에 분구묘의 가장 큰 구조특징을 '선분구 후매장'으로 규정하고 있었지만 최근에 경기·충청지 역에서 조사된 분구묘들은 반드시 '선분구 후매장'의 축조구조를 갖지는 않는 다. 따라서 여러 연구자분들께서 분구묘의 개념정의를 다각도로 정의하시면 서 최근에 임영진 선생님께서 한국 분구묘의 구조적 특징을 일목요연하게 정 리하신 바 있다.[1]

그동안 마한 분구묘에 대한 연구는 대부분 개념·용어의 문제, 축조방식과 매장시설의 특징과 전개과정, 조영집단의 성격에 치우쳐져 연구되어 왔으며 전반적인 출토유물에 대해서는 그다지 연구된 바가 없다. 토론자는 마한 분구 묘의 출토유물과 그 의미를 검토하면서 느낀 점은 한마디로 '지역성과 다양성 의 공존'이라고 느꼈다. 그만큼 출토유물상에서 어떤 일관성을 도출하기 어렵

---

1) 임영진, 2014, 『한국고고학의 신지평 -마한분구묘 사회의 비교검토-』, 「마한 분구묘의 조 사·연구 성과와 과제」제38회 한국고고학전국대회, 한국고고학회, pp178-179.

고, 지역에 따른 부장유물의 양상이 다양하게 나타난다고 보인다.

성정용 선생님께서 발표하신 마한 분구묘의 출토유물과 그 의미에 대한 논지는 이 방면 공부에 큰 도움을 줄 수 있을 것으로 생각된다. 다만 마한 분구묘의 출토유물 검토에 대한 진전을 도모하는 차원에서 평소에 가지고 있던 몇가지 궁금한 사항을 여쭤보고자 한다.

1. 출토유물의 지역성

분주토기(墳周土器)와 유공광구호 - 마한 분구묘 출토유물을 살펴보면 분주토기와 유공광구호의 지역성이 관찰되는데, 분주토기와 유공광구호는 영산강 유역을 비롯한 금강 이남 지역의 3~6세기 유적에서만 출토되고 있다. 그러나 경기·충청지역 분구묘에서는 아직까지 단 1점도 출토되지 않고 있어 호남지방 분구묘와 가장 큰 부장유물의 차이점이라고 판단된다. 전라북도 고창 왕촌리 유적 뿐만 아니라 충청남도 서천과 금강을 사이에 두고 경계를 이루는 전라북도 군산 축산리 계남유적과 군산 축산유적에서도 다량의 분주토기가 출토된 바 있다. 이와 같이 분주토기와 유공광구호의 부장양상이 명확한 지역차를 보이는 이유가 무엇인지 발표자의 의견을 듣고 싶다. 또한 더불어 호남지역 이외의 고성 송학동 고분군과 거제 장목고분에서도 분주토기가 출토되는데 이와 같은 양상을 마한과 연관성을 가진 것인지, 아니면 왜와 더 연관성을 가진 것인지 궁금하다.

용어의 통일성 시급 - 현재 분주토기(墳周土器)는 고분의 분구 주변을 장식하는 특수한 기능을 지닌 토기로 원통형토기, 분구수립토기, 토제식륜(土製埴輪) 등으로 불리기도 하는데 이제는 통일성을 기해서 용어를 사용해야 되지 않을까 생각된다.

馬具 - 호남지방 다수의 분구묘 유적(완주 상운리 유적·고창 봉덕리 유적)

에서는 기마와 관련된 마구류가 출토되었다. 그러나 경기·충청지역 분구묘에서는 아직까지 마구류가 출토된 바 없다. 따라서 호남지방의 분구묘에서 출토된 마구의 존재가 어떤 의미를 가지고 있는지 발표자의 의견을 듣고 싶다. 왜냐하면 분구묘의 입지가 대부분 해안가 또는 해안가와 지근거리의 강변에 자리잡고 있어 일부 연구자들은 분구묘 조영집단을 해양세력과 결부시켜 많이 이야기해 왔기 때문에 토론자는 마구류와 해양세력과는 서로 결부시키기에 약간의 모순점이 보이기 때문이다.

2. 분구묘에 나타나는 유물의 대외성

경기지역의 분구묘인 김포 운양동 27호에서 낙랑토기 백색옹을 포함하여 북방계 금제이식과 철제장검 등 외래계 유물이 다수 출토된다. 반면에 호남지방 분구묘에서는 가야·왜·신라계 유물 등이 속속 출토되고 있는 실정이다. 이와 같은 유물속성의 차이는 분구묘가 조사된 지역의 지리적·지정학적인 요인이 크게 작용한 것으로 판단되는데, 혹시 호남지방에서도 낙랑계 유물이 부장된 사례가 있는지, 반대로 경기·충청지역의 분구묘에서도 가야·왜·신라계 유물들이 확인되었는지 궁금하다.

3. 전남 서남해안 분구묘와 왜 분구묘 유물의 연관성

전남지역 분구묘 중 특히 지리적으로 왜와 가장 가까운 서남해안에 자리하고 있는 해남 성산리 만의총 고분과 월송리 조산고분에서 야요이 분구묘에서 다수 출토되는 동경, 조개팔찌가 출토되고 있어 왜와의 상관성이 주목된다. 발표자는 이와 같은 부장유물의 패턴양상이 한반도에서 왜로 영향을 주었는지? 아니면 반대로 왜에서 한반도로 영향을 주었는지 이에 대한 발표자의 견해를 듣고 싶다. 아니면 중국으로부터 영향을 받아 한반도와 왜에 동시에 이와같은 부장패턴이 나타났는지 궁금하다.

4. 마한계 묘제의 주구토광묘와 분구묘의 유물 부장양상과 부장품 조합

마한계 묘제의 하나의 주구토광묘와 분구묘를 계통적 차이로 보는 견해와 지형적·시간적인 차이로 보는 견해가 있다. 따라서 주구토광묘와 분구묘간의 유물부장양상과 부장품 조합을 관찰해 보면 주구토광묘는 착장품만 목관내부에 부장하고, 토기와 같은 유물은 목관 밖(목관과 목곽사이), 또는 부장곽을 별도로 만들어 부장하면서 마형대구를 중점적으로 부장하면서 후장의 양상을 보인다. 반면에 분구묘 매장시설에 부장되는 토기유물은 대체적으로 목관내에 부장하는 양상이 강하게 나타나며 철정을 중점적으로 부장하면서 박장의 양상이 보인다. 이와 같은 부장양상(목관내외)과 부장품 조합이 주구토광묘와 분구묘 집단을 구별할 수 있는 하나의 방증자료로 볼 수 있는지 이 외에도 주구토광묘와 분구묘 집단간의 부장유물상에서 또 다른 차이점이 인지되는지 의견을 듣고 싶다.

5. 금동관모·금동신발·중국제 청자 등 최고위계의 부장품과의 관계

고창 봉덕리 1호분 4호 석실과 서산 부장리 5호분, 그리고 나주 신촌리에서도 금동관모와 금동신발 등 최상의 위세품이 출토되었다. 이들 분구묘에서 출토된 최고 위세품은 백제의 중앙 및 중국과 교류할 수 있는 강력한 지방세력이 존재하고 있음을 알려주는 자료로 평가할 수 있다. 기존의 연구성과들은 이들 위세품을 백제로부터 사여, 분여 받았다고 보고 백제의 지방통치와 관련시켜 연구하는 경향이 대세를 이루고 있다. 발표자도 이와 같은 견해에 동조하는지 아니면 마한세력이 백제세력과 대등한 관계에서 문화교류가 이루어졌는지 고견을 듣고 싶다.

6. 분구묘 초축 조영연대에 대한 문제

분구묘 조영연대와 관련해서 토론자께서 한반도에서 조사된 분구묘 유적 중 가장 상한시기를 올려볼 수 있는 분구묘는 어느 유적의 분구묘인지? 그 근거가 되는 이유는 무엇인지 의견을 듣고 싶다. 토론자는 보령 관창리 유적의 KM-437호분은 대상부 중앙에서 약간 남쪽으로 치우친 곳에서 적석토광묘가 확인되었고, 내부에서 점토대토기와 흑도장경호, 동경, 관옥이 출토되었는데 분구묘와 관련된 유물인지는 정확하지 않다. 따라서 분구묘 상한연대와 관련된 기원전 2세기 전후의 연대에 대해서는 아직까지 수용하기 어렵다고 보이기 때문이다.

『마한 분구묘의 기원과 발전』 토론녹취록

좌장　최성락 목포대학교

주제발표　임영진 전남대학교, 林留根 中國 江蘇省考古研究所,

中村大介 日本 埼玉大學, 권오영 한신대학교, 김낙중 전북대학교,

최영주 전 전남문화재연구소, 성정용 충북대학교.

지정토론　조가영 서울대학교박물관, 오동선 국립나주문화재연구소,

한옥민 목포대학교박물관, 정해준 백제문화재연구원.

종합토론　김기옥 한강문화재연구원, 문안식 전남문화재연구소, 박중환 국립나주박물관,

성낙준 전 국립해양문화재연구소, 이남규 한신대학교, 이성주 경북대학교,

이영철 대한문화재연구원, 이 훈 공주대학교, 조상기 중앙문화재연구원,

조영현 대동문화재연구원, 최완규 전북문화재연구원,

하승철 경남발전연구원 역사문화센터.

강평　최병현 대한민국학술원

최성락 안녕하세요. 오늘 마한 분구묘의 기원과 발전에 대해 종합토론을 맡은 목포대학교의 최성락입니다. 오늘 아침부터 크게 보면 한국, 중국, 일본의 분구묘 현황 비교, 더불어서 마한 분구묘의 기원과 발전이라는 그런 발표가 있었습니다. 오늘 아침부터 많은 발표를 들었는데 저 자신도 많은 공부가 되었고요. 중국, 일본뿐만 아니라 우리나라 경기도, 충청도, 전라북도, 전라남도의 분구묘에 대한 종합적인 얘기가 나왔기 때문에 아주 복잡합니다. 많은 것을 두 시간 안에 토론한다는 것은 결코 쉬운 일은 아니고요. 저 자신도 벅찬 일입니다. 그래서 우선 토론 진행 방향을 말씀드리고 본격적으로 토론하도록 하겠습니다.

오늘 아마도 분구묘에 관심이 있는 대부분의 연구자들이 여기 모였습니다. 비록 시간은 두 시간이지만 오늘 무언가 결과를 얻어야 하죠. 그래서 제가 토론사회를 맡을 때 얘기하는 것이 있습니다. 토론에는 두 가지가 꼭 있어야 된다. 하나는 재미가 있어야 된다는 거고요. 그리고 두 번째는 흥미가 있어야 된다는 거죠. 그냥 단순히 모이면 된다는 것이 아니라 무언가 공감할 수 있는 것이 있어야 된다는 것입니다. 재미가 있으려면 어떻게 해야 되냐면 발표자나 토론자가 길게 하면 재미가 없어. 아주 짧아야 됩니다. 더구나 오늘 토론할 분이 10분이 훨씬 넘습니다. 그래서 지정토론자에게 먼저 말씀드리면 5분 안에 지정토론을 해야 되고 답변은 3분 안에 해야 됩니다. 그렇게 하더라도 마이크 한번 돌아가기 힘듭니다. 여기 계신 분 말고도 저 앞에 있는 분들도 질문하셔야 되거든요. 그래야 재미가 있습니다. 그 점 명심해주시고 토론과 진행을 빨리 해주시는게 좋겠다. 그게 제 부탁입니다.

그리고 진행은 지정토론을 40분 정도 진행하고요. 그 다음부터는 추가로 토론자에게 질문하고 답하는 것으로 하겠습니다. 그래서 전체적으로 끝나면, 시간이 여유가 되면 앞에 계신 분들께도 기회를 주고요. 최후에 최병현 선생님의 강평과 임영진 선생님의 마지막 종합 코멘트, 이렇게 진행을 하도록 하겠습니다.

그러면 시간을 아끼는 의미에서 토론자 소개는 생략하고 바로 첫 번째, 우선 마한 분구묘의 기원과 발전이라는 주제로 네 사람의 지정토론자가 먼저 토론하게 되겠습니다. 그 첫 번째로 권오영 선생님의 발표에 대해서 조가영 선생님의 토론을 바로 시작하겠습니다.

조가영 서울대학교박물관 조가영입니다. 그간 마한 분구묘 관련 연구들은 주구토광묘와 분구묘, 그리고 분구묘 간의 차별성에 주목하여 지역권을 설정하거나 정치체를 비정하는 시도를 주로 행했다고 생각됩니다. 이 과정에서 묘제 간에 보이는 공통성은 무시되거나, 혹은 공통성이 의미하는 바에 대한 깊은 고민은 이루어지지 못 한 듯합니다. 오늘 발표는 마한 묘제의 공통성에 주목함과 동시에 다양성이 발생한 원인에 대한 시론적인의 성격을 띠고 있다고 보여집니다. 자료에 대한 관찰 결과와 글의 큰 흐름에 대해서는 대체로 동의하기 때문에 제시하신 몇 가지 개념에 대한 부연 설명을 청하는 것으로 토론을 대신하고자 합니다.

먼저 발표자께서는 분구묘와 봉토묘의 특징적인 차이로 추가장의 방법 차이에 따른 고분 외형의 변화에 주목하고 있습니다. 이 때, 봉토묘는 1차 매장 후 추가장 과정에서 일부 봉토가 제거되지만 다시 복원되어 봉토의 원형이 크게 변하지 않는 것으로, 이와 달리 분구묘는 최초 매장주체부가 아닌 별도의 공간에 추가장이 이루어지면서 분구의 수평, 수직적인 확장이 이루어지는 것으로 파악하고 있습니다. 그러나 실제로 적용할 때 난관에 봉착하게 되는 것이 사실입니다. 우선, 발표자도 지적하고 있는 것과 같이 두 묘제에서 초기 것들은 단장 중심이라는 점입니다. 추가장이 이루어지지 않은 분묘의 경우 발표자가 제시한 구분 방법은 애초에 적용할 수 없게 됩니다. 그리고 동일한 기준을 적용할 때, 연접묘는 어떻게 처리할 것이냐 역시 고민입니다.

또한 발표자께서는 가락동, 석촌동 일대의 즙석봉토분에 대해 어떻게 인식하고 계신지도 궁금합니다. 가락동, 석촌동 일대의 즙석봉토분은 대체로 지표를 정지하여 토광을 설치하고, 이 후 봉분의 외연에 덧붙여 추가장하는 것으로 파악된 바 있으며, 그 완성형이 부정형 혹은 타원형임이 확인되기도 하였습니다.

다음으로는 발표자는 큰 틀에서 목관, 마운드, 주구라는 공통성을 지니는 분구묘와 주구토광묘가 '한 묘제가 다른 묘제에 영향을 끼쳐서가 아니라 유사한 환경에서 비슷한 시기에 유사한 방향으로 묘제의 변화가 이루어지다가 점차 다른 길로 접어들면서 나타난 결과'로 파악하고 계십니다. 이러한 논리가 성립하기 위해서는 '유사한 환경'이 조성되어 있어야 하며, '유사한 방향'으로의 변화를 촉발시킬 변동인자가 필요할 것입니다. 주구묘 관념의 등장이라는 측면에서 청동기시대 주구묘에 주목하고 있으나, 발표자도 지적하고 있듯이 시기적 단절성 등을 고려할 때 직접적인 연결고리를 찾기 어려운 것이 사실입니다. 분구묘와 주구토광묘가 동시 다발적 발생할 수 있었던 공통 분모에 대한 부연 설명을 부탁드립니다.

덧붙여서 4번 질문을 함께 드리자면, 큰 마운드가 발생하는 계기에 대해서는 2세기 중엽 이후 낙랑 등 군현의 유민의 역할을 염두에 두고 계신 듯합니다. 이렇게 된다면 각지에 동시에 발생한 묘제가 낙랑유민이라는 동일한 동인을 계기로 다른 방향으로 발전한 것이 됩니다. 그렇게 짧은 시간에 차별화를 만들어낸 이 이유는 무엇이라고 생각하시는지요. 앞선 질문에서의 논리에 따라 발표자께서는 주구묘의 자생설에 무게를 두고 있다고 생각됩니다.

그러나 최근 임영진 선생님께서도 자료를 모으셨지만 깔대기형 토기라든지 조형토기 같은 것들이 한·중·일 공통적으로 확인되고 있고 오산 궐동, 아산 밖지므레 등지에서 출토된 원통형토기, U자형토기 등이 외래 기원이 될 수 있다는 견해가 발표된바 있습니다. 발표자께서는 이러한 토기의 등장 배경에 대해 어떻게 생각하시는지 궁금합니다. 시간관계상 여기까지 질문하겠습니다.

최성락 권 선생님, 답변 부탁드립니다.

권오영 1번부터 말씀드리겠습니다. 1번 질문은 정치한 발굴을 통할 수밖에 없다. 김승옥 선생님이 매장문화재 조사방법론을 말씀하셨는데 생토면까지 하강하고 나서 묘광을 찾는 방법을 쓰는 한은 분구와 봉토의 구분을 할 수 없다는 것은 분명합니다. 좀 더 발굴자체를 치밀하게 하는 방법 외에는 없다 생각합니다. 그 부분에서 영남지방의 연접묘와의 관계에 대해서 말씀하셨는데, 영남지방의 연접묘는 애초에 연접이 남아 있는 경우가 많이 있죠. 그와 달리 영산강유역은 워낙 수직, 수평으로 확장되다 보니까 원래 모습은 찾아볼 수 없게 된다. 이런 차이점을 말씀 드릴 수 있습니다.

그 다음 2번에 대해서는 마한의 공통성이라 보고 싶습니다. 그래서 마한이라는 것은 하나의 종족을 상징하는 것이 아니라 문화적인, 환경적인 부분에 있어서 서해안에 면해 있으면서 지하묘광을 깊숙이 팠을 때 지하수위의 높음으로 인해서 물이 찬다든지 이런 문제는 공통적으로 대응할 필요가 있어서, 그래서 이것은 지역적인, 문화적인, 환경적인 그런 것에서 짧게 동시에 주구토광묘와 분구묘로 나아갈 수 있지 않았느냐 그렇게 생각합니다.

3번 같은 경우는 깔대기토기라든지 그런 중국의 것들과 유사한 토기들을 재미있게 보았습니다. 하지만 문제는 그것은 주구토광묘에서 나오는 유물이기 때문에 분구묘를 이야기할 때는 조금 달라진다는 것이죠. 그와 함께 김해를 비롯한 영남지방에서도 변한 내지 가야에서 중국이나 왜계 유물이 많이 나오기 때문에 '중서부지방의 주구토광묘에서 중국적인 유물이 나오는 것은 분구묘의 기원이 중국에 있다'라는 것을 곧바로 보장해주는 것은 아니다 라고 볼 수 있습니다.

최성락 사실 권오영 선생님은 마한의 문제라든지 분구묘와 마한의 관계라든지 이런 것에 대해 많은 얘기를 했습니다만 토론에서는 나오지 않았는데요. 뒤에서 논의될 가능성 있기 때문에 넘어가도록 하겠습니다. 조가영 선생님. 추가질문까지 필요합니까? 원칙은 추가 질문을 해야 되는데 일단은 정리하고 넘어가겠습니다. 키포인트는 아까 권오영 선생님의 발표 가운데 분구묘의 형성 과정 중에서 '자체적이냐', '외부적이냐' 그런 관점도 있고요. '주구토광묘와 분구묘의 관계' 이런 건데 나중에 성정용 선생님께서 말씀하셨기 때문에 뒤로 미루도록 하겠습니다. 두 번째는 김낙중 선생님의 발표에 대해서 오동선 선생님이 토론하도록 하겠습니다.

오동선 국립나주문화재연구소 오동선입니다. 김낙중 교수님의 주요 논지는 3세기 이후 영산강유역의 마한세력이 제형이라는 분형, 그리고 개인보다는 집단을 우선시한 장법을 채택한 것은 동시기 백제의 영향력이 증대되던 중서부지역과 차별화를 드러낸 것이라고 주요논지를 밝히고 계시고, 저도 이 견해에 큰 틀에서 동의합니다. 아울러서 제형분의 성격과 관련하여서 동일 세대의 묘역이라고 하신 부분도 동의하고 있습니다. 조금 더 쉽게 표현하면 저는 일종의 현대 개념으로 한다면 선산이라고 하면 조금 더 이해가 빠르지 않을까 싶은데, 선산이지만 친족의 범위가 넓은 선산이라고 생각하고 싶습니다. 토론요지는 김낙중 교수님의 세부 논지와 관련된 부분을 중심으로 진행하도록 하겠습니다.

총 다섯 가지 인데요. 첫 번째는 제형분의 형식분류와 관련된 내용입니다. 따라서 토론요지는 김낙중 교수님의 세부 논지와 관련된 부분을 중심으로 작성하였습니다. 장변의 길이를 속성으로 하셨는데, 장변의 길이 속성은 잔존하는 길이이고 본래의 길이로 보기는 어려운 부분이 있습니다. 그래서 저는 2011년도에 장변과 단변이 만나는 각도, 그리고 장변이 각도로 이어져서 만나는 지점을 계측하고 도면화해서 형식을 분류한 바가 있습니다. 장변 계측과 관련해서 추가로 하신 부분이 있으신지 질문 드립니다.

그리고 두 번째는 제형분 형식분류와 관련하여 나비장형을 추가하셨는데, 나비장형의 예가 많지 않기 때문에 오히려 수평확장과 관련된 예로 보는 것이 어떨까 하는 생각을 해보았습니다.

그리고 세 번째로 제형분의 성립과 관련하여 정치 · 사회적인 의미 외에 장변을 사선화시키면서 무덤 출입을 위한 통로로 변화 되면서 성립이 된 것으로 가정하셨습니다. 만약에 그렇다고 한다면 효율적인 매장시설 안치를 위해서 두부 쪽에서 통로가 있는 미부 쪽으로 매장시설 안치가 진행될 가능성이 높다고 생각을 합니다. 동일 제형분 내에서 매장시설 간 선후 관계가 혹시 확인되지 않는지 궁금합니다.

그리고 네 번째는 목관과 옹관의 성격을 성별의 차이로 말씀하셨는데 그 부분은 차치하고서라도 남녀 성별의 차로 보고자 하는 다른 이유가 있으신지 궁금한 부분이 있었습니다.

그리고 마지막으로 3세기 중 · 후반 이후의 마한사회에 일어난 정치적인 변화를 언급하셨는데 구체적으로 어떤 부분인지 언급을 하지 않으신 것 같습니다. 그래서 교수님의 고견을 듣고 싶습니다. 이상입니다.

최성락 대답해 주시기 바랍니다.

김낙중 간단하게 말씀을 드리겠습니다. 제형분의 형식분류는 참 어렵습니다. 제대로 남아 있는 경우도 없고, 그 다음에 형태가 제형이기 때문에 어떻게 계측하는가 하는 게 기준을 잡기가 어려운데 어쨌든 장변의 길이 속성은 양쪽 장변의 남아 있는 주구쪽의 길게 남아 있는 끝 부분을 계측의 기준으로 삼았습니다.

그다음에 두 번째 제형분의 형식분류와 관련해서 수평확장이 되더라도 대부분 그 분구들은 제형을 유지하는 경우가 많이 있습니다. 대부분 그렇습니다. 그럼에도 불구하고 제가 사례로든 신촌리 4호분이라든지 초분골 1호분 같은 경우는 양쪽이… 원래 제형분이 좁은 쪽에서 만나서 나비장같이 생긴 사례가 있기 때문에 하나의 형식으로 설정해도 되지 않을까 해서 한거고요.

그다음에 제형분에서 높고 넓은 쪽에 있는 매장시설을 고분축조의 계기가 된 피장자라고 생각을 하는데 거기서부터 출발을 해서 통로부 쪽으로 오는 것을 기본적으로 생각하고 있습니다. 구체적인 사례는 만가촌 13호분 같은 경우에 같은 그룹을 이루고 있는 매장시설에서 나온 토기들을 비교해봤을 때 연대차이가 난다라는 서현주선생의 연구같은 것을 보면 축조계기가 된 중심부분에서 입구쪽으로 진행될 가능성이 높지 않을까 생각을 하고요.

그다음에 옹관과 목관의 차이는 사실 만동이라든지 몇 가지 사례를 살펴보았습니다. 분명한 차이가 있습니다. 하나는 철기를 많이 부장하고 하나는 토기를 많이 부장하는데 토기자체도 목관에서는 원저계통이 많고 옹관에서는 평저계통이 많고 분명한 무언가 구별하기 위한 방식은 분명한데 그것이 피장자의 관계에서 위계적인 것이냐 아니면 사회적 성향의 차이에 따른 것이냐 여러 가지를 생각할 수 있는데 그중에서는 저는 거기에 묻히는 집단이 단위집단이 세대 또는 혈연을 기반으로 하는 세대라고 한다면 위계보다는 그 세대 내에서 어떤 사회적인 역할에 따른 차이로 보는 것이 타당하지 않을까 그렇게 생각했고요.

마지막으로 영산강유역에서만 분구묘가 갑자기 많이 만들어지는게 아니고 경기지역부터 영산강유역까지 3세기 중후엽 이후에 고분이 많이 만들어지는 것은 분명하게 백제 성장과 무관하지 않을 것이다 생각하는데 구체적으로 그것을 입증하기에는 어려운 측면이 있습니다. 이상입니다.

최성락 제형분이라고 하는 것은 아까 여러분이 보셨겠지만 만가촌유적이 대표적입니다. 임영진교수님이 발굴한 함평 만가촌유적이 발견되면서 제형분의 존재가 알려졌는데, 김낙중 선생님이 발표로 내용을 잘 설명을 했습니다만, 재미있는 것은 제형분의 매장주체는 옹관과 목관입니다. 한 가지 빠진 부분은 옹관으로만 되어 있는 데가 있고, 옹관과 목관으로 구성되어 있는 것이 있고, 목관으로만 되어 있는 것이 있습니다. 그 부분에 대한 차이는 설명이 되지 않아서, 제가 질문을 드리죠. 옹관과 목관의 기능적인 차이도 있지만 혹시 김낙중 선생님. 분포적인 차이도 보이지 않습니까?

김낙중 많은 제형분에서 목관과 옹관이 사용되는데, 일부 사례, 함평 순촌 같은 경우도 옹관만 매장시설로 사용한 제형분이 있고, 그 다음에 시기를 쭉 내려가 보면 나주 용호고분에도 그런 사례가 있고, 그 다음에 영암 와우리나 옥야리, 그 다음에 나주 화정리 마산, 그 다음에 반남 이런식으로 좁게 보면 영산강중하류 나주와 영암일대에 그런 현상이 보입니다. 그러다가 나중에 옹관만을 주매장시설로 사용하는 집단이 나주와 영암지역에서 세력을 키우면서 그것을 중요한 매장시설로 사용하였을 가능성이 크다고 생각합니다. 지역적으로 어쨌든 중하류에 편중되어 있는 양상입니다.

최성락　그 부분에 대해서 조금 견해가 달라서 제가 재차 질문해봤습니다. 오동선 선생님 더 추가질문 안 해도 되겠습니까? 그러면 다음으로 넘어가도록 하겠습니다. 세 번째 지정토론자인 한옥민 선생님 토론해주시기 바랍니다.

한옥민　네 한옥민이라고 합니다. 최근 영산강유역에서는 방대형 등의 고분 조사가 활발히 진행되면서 분구에 내재된 축조에 대한 여러 정보, 또 연구가 새롭게 진행되고 있는 상황인데요. 이와 관련한 발표 역시 의미 있고 유익하다고 생각합니다. 여기서는 발표자의 보충적인 설명을 듣고자 네 가지 정도의 질의를 하도록 하겠습니다.

첫 번째인데요, Ⅱ장 2절 분구묘 축조 기술과 관련된 것입니다. 정밀한 분구조사가 이루어졌던 영암 옥야리 방대형고분 1호분, 무안 덕암 1·2호분에서 보고자들이 사용한 '구축묘광'이라는 용어에서 적용에서 차이가 있는 듯 보이는데요. 두 고분을 성토하면서 구축묘광을 조성한다는 점이 공통되지만 세부적으로 보면 옥야리 방대형분은 석실 외부와 구축묘광을 동시에 축조하는 반면에 덕암고분은 묘광면을 먼저 성토한 후에 그 중앙에 형간을 채우는 것으로 보고서에서는 언급하고 있습니다. 따라서 발표자께서 생각하시는 구축묘광의 개념에 대한 견해를 부탁드리고, 또한 분구 축조과정에서 구축묘광을 조성하는 이유가 단지 축조공법만의 문제인지, 고분축조 의례와 같은 장제적 제도까지를 반영키 위한 것인지에 대해서도 말씀 부탁드립니다.

두 번째는 Ⅲ장 1절에 관한 나주 신흥고분을 '완성형의 방대형' 분구로 보시는데요 신흥고분은 분형 조사가 일부만 이루어져서 분형에 대해 현재는 단정 짓기는 어려운 상황입니다. 시굴조사단은 발굴조사를 진행하면서 확인된 몇 가지 사항, 즉 매장주체시설이 중앙부에서 벗어나 있고, 구획열의 중심과 방향성에서 한곳으로 집중되지 않는 점, 그리고 허리부를 형성하는 주구의 형태라는 등등을 조합하여 방대형이 아니라 '전방후원형'일 가능성에 무게를 두었습니다. 토론자 저 역시 고총고분 단계에서는 경관이 매우 중요하다는 의미를 가진다고 보는데요. 신흥고분은 마을 동산에서 내려다보았을 때의 형상이 자라와 닮았다고 하여 일찍이 자라봉이라는 지명으로 불리고 있었고, 때문에 지표조사 당시에 전방후원형일 가능성이 제기되었었습니다. 따라서 신흥고분을 '방대형'으로 구분하기에는 보완되어야할 사항이 있다고 보는데 이 부분에 대해서도 견해를 부탁드립니다.

세 번째는 Ⅲ장 2절에서 방대형고분의 출현 배경과 관련해서 발표자는 기존의 제형 분구묘에서 발전한 것으로 이해하고, 더불어 5세기 중엽경에 축조된 영암 옥야리 방대형고분 등이 정형화되어 출현했다는 점에 유념할 필요가 있다고 피력하셨는데요. 결국 이런 주장은 영산강유역 방대형의 출현의 루트가 정형화된 분구묘의 출현인 경우로 제형분에서 분구가 고대화 되는 경우로 나누어진다는 주장인 듯 보입니다. 이같이 구분되는 이유에 대해서도 견해를 밝혀주기 바랍니다.

네 번째는 Ⅳ장 2절에서 영산강유역 제 지역 집단과 외부 세력(백제)과의 관계와 관련된 것입니다. 특히 백제와의 관계를 '교류'라고 표현하신 부분인데요. 고분이 정치적인 의미가 매우 강하게 내포되었다는 것을 전제로 둔다면 영산강유역은 '백제'라는 것 보다 강한 국가와 맞닿아 있는 상황이고, 내부적으로는 영산강유역의 여러 세력 중 어느 세력도 전체를 아우르지 못한다는 한정성에 염두를 하셨으면 하는 생각입니다. 따라서 백제와의 관계를 상호 대등하다는 의미가 내포된 '교류'라는 표현으로 해석하는 것이 적절할지 의문이 듭니다. 또 이와 관련해서 고총고분의 출현이 제형분에서 점진적으로 발전된 것으로 이해하고 계시는데 그렇다면 제형분과 고총고분간의 축조 기술에서 계승적인 요소가 보이는지에 대해서도 구체인 말씀을 부탁드립니다. 이상입니다.

최성락 네 감사합니다. 최영주 선생님. 답변 부탁드립니다.

최영주 구축묘광은 일본열도에서 파행된 것입니다. 분구의 성토를 할 때 묘광을 파지 않고 내부에 매장시설을 자리를 남겨두고 분구를 쌓는 방법입니다. 이러한 고분으로 대표적인게 나라현의 메스리야마고분이나 나가노현 모리쇼군츠카고분이나 이시카와현 고쿠보야마츠카 1호분이 있는데, 매우 극소수에만 확인된 특징입니다. 이런 것을 통해 보았을 때 구축묘광은 내부시설을 안치하기 위해 분구를 성토하면서 내부시설의 자리를 남겨두고 성토하면서 묘광을 만드는 형태라고 생각합니다. 그렇기 때문에 영암 옥야리 방대형고분에서 횡구식석실을 안치하기 위해서 토괴를 이용해서 묘광의 측벽을 쌓은 형태이고 무안 덕암 1·2호분 같은 경우는 옹관을 안치하기 위해서 토괴를 구축재로 사용하면서 묘광의 바닥과 측벽을 쌓은 형태입니다. 이런 고분들은 토괴를 구축재로 사용한 점이나 토광을 파지 않고 분구를 쌓아가면서 묘광을 만드는 것으로 보아서는 만든 구축묘광의 같은 원리로 생각하고 있습니다. 그리고 토축재를 구축재로 사용하여 만든 구축묘광이라든지 분구의 성토에서 고분이 고총화되면서 나타나는 현상으로 생각됩니다. 그래서 발표자는 현재까지 이러한 기술들이 축조 의례에 관련되서 아직 파악하기는 힘들다고 생각하고 앞으로 많은 자료가 나타나면, 더 상태를 두고 볼 필요가 있다고 생각합니다.

그리고 두 번째 질문은 가흥리 신흥고분과 비슷한게 영암 옥야리 고분입니다. 남북길이가 30m, 동서길이가 26.3m가 됩니다. 매장시설은 횡구식석실, 내부 목주가 있는, 그리고 5세기 중엽경으로 편년되며 방사선의 구획성토기술이 확인됩니다. 나주 가흥리 신흥고분도 토론문을 보시면 길이가 추정원분직경 19.7m, 추정방부길이가 11.7m입니다. 총길이를 봤을 때 31.4m입니다. 거의 옥야리 방대형고분과 비슷한 크기를 보이고 있고, 매장시설도 역시 옥야리 방대형 고분과 같은 횡구식 석실, 내부 목주가 있지만, 횡구식석실로 보이고 5세기 중엽경으로 편년이 됩니다. 그리고 방사형 구획성토기술이 확인이 됩니다. 이런 것들을 봤을 때 굉장히 전체적인 양상이 비슷하다는 것을 알 수 있습니다. 그리고 한편으로 나주 가흥리 신흥고분은 전방후원형고분으로 보기에는 역시나 아직 분구의 형태자체가 모호하고, 원부로 추정되는 지점의 주구의 형태가 분명하지 않고 고분의 남쪽이나 주구 바깥에서 옹관묘가 확인된다는 점 등은 오히려 옥야리 방대형고분과 유사한 것으로 생각이 됩니다. 그래서 전체적인 양상을 봤을 때 역시 방대형으로 보는 것이 타당하다고 생각합니다. 참고로 5세기 중엽경에 전방후원형고분이 등장한 시대적인 상황은 아니라고 생각됩니다.

그리고 세 번째 질문에 대한 대답은요. 전기의 방대형분구의 출현은 기존의 제형 분구묘에서 점차적으로 방대형으로 발전하는 것으로 보고 있습니다. 이런 과정에서 아까 얘기했던 옥야리 방대형고분이나 나주 가흥리신흥고분이 5세기 중엽경에 등장합니다. 이런 등장에는 5세기 전반부터의 왜계고분의 영향 그리고 동북아 자체적인 시대적인 상황을 통해서 고분의 고총화가 이루어 진 것으로 보고 있습니다. 그래서 기존의 전통에서 제형에서 수평적, 수직적인 확장에 기반 해서 만들어지는 것으로 보는 것이 현재로서는 타당하다고 생각합니다. 하지만 과정에서의 백제의 직접적인 영향은 확인되지 않고 있습니다. 그래서 간접적인 영향이 있을 것이라고 추정은 하지만 앞으로 발굴성과를 봐야 할 것 같습니다.

그리고 네 번째 같은 경우는 이당시 백제와 영산강유역이 마한세력의 관계를 직접적으로 직접지배나 간접지배로 단순하기 이야기하기는 힘들다고 생각합니다. 왜냐하면 근초고왕 남정 이후에 백제적인 요소, 고분이나 매장형태, 철제무기나 지방편재, 군사주둔지 등 이런 것들이 명확하게 보이지 않습니다. 그리고 일각에서는 근초고왕의 남정을 일시적인 강탈로 이해하는 견해도 있습니다. 그렇기 때문에 지배의 개념으로 단순하게 이야기하는 것 보다는 백제의 영향권이라고 이해하는 것이 더 바람직하다고 생각합니다. 이런 의견들은 임영진 선생님께서 주로 피력을 하셨습니다. 본인도 영향권 아래서 영산강유역의 마한세력에는 옹관묘라는 특정묘제를 이렇게 발전시킬 수 있었다고 생각합니다. 이러한 증거로 양직공도의 방소국 내용이나 양서백제전의 22담로와 37군 관계를 봤을 때 역시 6세기 중엽 이후에 백제의 지배를 받은 것으로 판단합니다. 그렇기 때문에 영산강유역 마한 세력은 백제의 영향권 아래에서 자체적인 발전을 하였다고 생각합니다. 그래서 그러한 연장선에서, 백제와 왜의 교류관계 속에서 영산강유역의 마한세력은 중앙 기착지 역할을 하면서 성장을 도모했을 거라고 판단합니다. 그리고 분구묘의 축조기술의 기술적인 것은 앞에서 얘기 했듯이, 고총화되면서 구획성토기술이나 이런 것들 그리고, 분구묘의 매장시설, 주구, 분정면의 경사면을 통해서 알 수 있을 것 같습니다. 이상입니다.

최성락 네, 감사합니다. 마지막 네 번째 문제는 백제와 영산강유역의 관계 문제인데요. 이것은 복잡한 문제가 있어서, 여기에서 이것을 계속 논의하기는 어렵고요. 앞의 두 번째, 세 번째… 두 번째는 실제 신흥고분이 방대형분이냐 전방후원형이냐? 그것은 지금 완전 발굴이 되지 않았습니다. 실제로 보면 발굴자 이영철 선생님이 있는데 지금 얘기 하실래요? 나중에 얘기 하실래요? 이게 발굴중에 있는데, 발굴을 지켜봐야 하는 문제입니다. 최종 발굴이 끝나야 해결될 문제이고요. 세 번째는 이게 사실은 제형분으로부터 방대형으로 넘어가는 과정을 발표자인 최영주선생님은 자체적인 변화발전으로 보셨습니다만 일부 연구자들은 '백제의 영향이다', 아마 그 ppt에도 소개되었습니다만 그런 관점이 있습니다. 그런데 방대형·원형분은 발표 내용에도 나와 있습니다만 적어도 5세기 중엽에서 6세기 전반에 걸친 고분이거든요. 분구묘이거든요. 방대형이나 원대형이죠. 그래서 발표자는 이것을 마한의 분구묘로 보고 있습니다 만은 거기에 대해서는 논란의 여지가 있고 그것도 복잡하기 때문에 일단 넘어가도록 하겠습니다. 그러면 네 번째 토론인 정해준 선생님 토론해 주시기 바랍니다.

정해준 안녕하세요. 백제문화재연구원의 정해준입니다. 일단 제가 출토유물의 의미에 대해서 느낀 것은 역시 지역성과 다양성의 공존 아니겠느냐. 이런 생각을 해봤습니다. 그래서 처음에 제가 궁금했던 것은 일단 출토유물의 지역성이 너무 강하게 보인다는 것입니다. 크게 두 가지로 제가 봤는데요. 일단 분주토기와 유공광구호, 그 다음에 하나는 마구류인데요. 역시나 호남지방하고 경기충청지방에 금강을 경계로 해서 완전히 차별화가 보입니다. 그래서 분주토기와 유공광구호도 호남지방에서만 보이는 이유가 무엇인지. 그음에 또 하나 마구류 같은 경우도 아직까지 경기충청지역 분구묘에서는 마구류가 출토된바 없습니다. 그래서 호남지역 분구묘에서 이 마구류가 출토되고 있는지 발표자의 의견을 듣고 싶고요. 왜냐하면 분구묘의 입지가 대부분 해안가라든지 또는 해안가 지근거리에 자리 잡고 있다는 일부연구자들은 분구묘 주요 집단을 해양세력과도 연관시켜보고 있거든요. 그런데 토론자는 마구류와 해양세력간의 서로 결부시키기에는 약간 모순점이 있지 않을까 하는 그런 궁금점이 또 하나 있고요. 그다음에 하나는 연기 대평리유적을 언급하시면서 매장주체부에 무기류가 거의 없고 농공구류가 있다고 그래서 집단을 거의 농경종사집단의 집단묘지군으로 보고 있습니다. 그런데 사실 연기 대평리유적에서도 철모와 철촉의 조금 약간의 무기류와 마형대구처럼 어느 정도 위계가 있는 부장유물도 2점이 출토 되고 있습니다. 그리고 다른 분구묘 유적에서도 사실 환두대도가 공반되지만 많은 농공구류가 같이 공반되고 있고요. 그렇기 때문에 저는 이와 같은 연기 대평리유적을 과연 농경종사집단으로 볼 수 있을지 의문이 듭니다. 그래서 이런 연기 대평리유적처럼 농경종사집단의 집단묘지군으로 볼 수 있는 유적이 조금 더 있는지 그것을 여쭤보고 싶고요.

그다음에 마지막으로 나주지역의 금동품을 백제에서 부여된 것으로 보시면서 비록 토기양식은 독자적인 양식을 가지고 있다할지라도 이 지역 정치체의 성격이 어느 정도 독자성을 띠고 있는 것으로 간주하기는 어려울 것이라고 보고 있습니다. 그렇지만 이쪽 지역의 대부분의 연구자들은 백제와의 안정적 동맹관계라고 김낙중 선생님은 보고계시고, 그다음에 이정호 선생은 반독립적, 그다음에 임영진 선생님은 반독자적으로 파악하고 계십니다. 저, 토론자도 사실 분구묘라는 묘제와 유물의 전통성이나 분포수, 그다음에 백제로부터 위세품의 사여, 그다음에 백제가 남천이라는 정치적 위기를 고려할 때 나주지역 정치체가 어느 정도 독자성을 띠고 있는 것으로 보는 것이 타당하지 않을까 생각됩니다. 이렇게 세가지 정도로 해서 질문을 드리고 싶습니다.

최성락 네, 성정용 선생님 답변해주시기 바랍니다.

성정용 네, 다시 한번 정말 감사드립니다. 첫 번째 지역성과 다양성에 대해서 분주토기나 유공광구호가 이쪽 호남지역에서 조금 더 많이 보이는 이유를 말씀해주셨는데 저는 마한문화는 다르리라고 저는 생각하지 않습니다. 지역별로도 아까 권오영 선생님이 말씀 하셨습니다만은 환경적인, 문화적인 다양성이 있기 때문에 그 지역에 자리잡은 다양성을 얼마 정도 발전시켜 나가는 것이고, 이것을 꼭 정치와 연결해서 해석할 필요는 없다는 생각이 하나 있고요. 마구의 문제 같은 경우에는 시간적인 문제가 있을 것 같습니다. 중부지역의 대부분의 분묘들에게는 3세기부터 마구가 유입되기 시작하는데 물론 지금 저희가 흔히 분구묘라고 하는 것이 나온 유적들에서는 금강 이북지역에서 마구가 나오지 않았습니다. 그것은 약간 다르게 생각할 수 있기는 합니다만 상운리 같은 경우는 이미 백제화된 이후에 나오는 마구이기 때문에 아마 다른게 이해해야 되지 않을까 생각을 합니다.

연기 대평리유적같은 경우 일반적으로 저의 다른 논문에서 얘기한 적은 있습니다만은 보통 25~35% 정도 평균적으로 대부분 분묘군에서 무기나 그런 것들을 소유한 집단들이 그 정도 비율로 나오고 있습니다. 그런데 연기 대평리 유적같은 경우에는 굉장히 많은 기수가 조사되었음에도 불구하고 대부분 농경구만 대체로 보여주고 있더라고요. 무기류같은 유물은 굉장히 희소했습니다. 그래서 다른 유적들과 상당히 차별화되는 것이 아닌가했고 그것이 시간적으로도 원삼국단계보다 백제화 된 이후까지 지속되고 있기 때문에 아마 그런 금강유역, 특히 연기 공주일대 그런 백제의 지배와 관련 되서 현지집단들의 성격을 보여 준게 아닌가… 물론 마형대구가 있고 당연히 무기류를 꼭 갖고 있는 집단이 있습니다만, 농경과 관련된다고 해서 전혀 내부에서도 계층화가 안 되었다고 할 수 없겠죠. 그런데 전체적인 집단의 성격이 가까운 것이 아닌가 그리고 이러한 성격을 가지고 있는 집단들은 사실은 지금까지 많이 조사된 적은 없는 것 같습니다.

그리고 영산강유역의 경우에는 시간의 차이일수 있겠습니다만은 큰 틀에서 지역적 시간적 발전적 추이를 봤을 때 영산강유역이 물론 문화독자성이 다른 지역보다 많이 보이는 것은 분명합니다마는 과연 그러한 문화적 독자성이 정치적인 것과 얼마나 연관되어 해석될 수 있을까라고 했을 때 시간적인 그런 앞선 시기의 백제 한성기 때의 모습과 이어지면서 서로 맥락이 맞닿아있는 것이 아닌가… 하는 생각입니다. 그래서 저는 오히려 정치적 측면에서 독자성을 너무 강하게 강조하는 것보다 상호 연결성을 봐야 된다고 생각합니다.

최성락 네, 크게 세 가지 질문을 했는데요. 세 번째는 역시 또 이쪽 지역과 백제와의 관계와 관련된 얘기이고요. 첫 번째 질문 중에 분주토기 질문을 했었고 질문서에 보면 용어통일 이야기가 나오는데 거기에 대해서 제가 최근에 원통형토기(분주토기) 학술대회 결과를 말씀드리면 그때도 제가 좌장을 했습니다만 분주토기가 맞느냐 원통형토기가 맞느냐 그것은 지금 결정할 문제는 아니고 최근의 연구 성과를 하나 말씀드리면 과거의 분주토기도 원통형토기가 일본과의 관계만 생각했는데 최근 연구동향은 이 영산강유역에서 보이는 호남에서 보이는 원통형토기의 조형이, 일부형식의 조형이 아산 천안지역에 있는 원통형토기와 연결된다라는 인식이 확산되고 있습니다. 그래서 이쪽 지역에서만 나오는 것은 아니다라는 점 말씀드리겠습니다.

자 그러면 지정토론이 끝났는데 사실은 오늘 주제토론의 대상은 분구묘, 마한 분구묘의 기원과 발전이기 때문에 사실은 키포인트가 마한 분구묘라는 것이 무엇이고 그것이 어떻게 시작되고, 어떻게 변천 되었느냐라는 것에 포인트가 맞춰져야 되는데, 지금토론에서는 지정토론에서는 그런 얘기가 나오지 못했습니다. 그래서 토론자 여러분들이 그런 부분을 의견이 있으면 제시해 주시고요. 외국에서 오신 두 분이 계십니다. 지정토론자가 없습니다만 그냥 넘어가면 섭섭하기 때문에 혹시 중국 연구자 임유근 선생님께 질문 주실 분 한분이라도 질문을 해주고 넘어갔으면 합니다. 혹시 발표문 내용을 보고 궁금한 것 있으면 한분만 손들어 주시죠 없으면 나중에 할까요? 아니면 일본 연구자 나까무라 선생님께 질문 없습니까? 최완규 선생님 어떤 분에게 질문 입니까?

최완규 임유근 선생님께 질문 드리겠습니다. 안녕하세요. 저는 최완규입니다. 제가 질문하는 이유는 중국 토돈묘 양자강 이남지역의 묘제와 한반도의 분구묘의 관계를 한국학자들의 논거를 들어 상당히 강력하게 얘기 하고 있습니다. 그런데 제가 발굴한 것 중에 오련관이라고 하는 것이 있습니다. 오련관, 중국말로하면 우리엔관입니다. 그런게 있고요 그런데 그것이 양자강 이남지역에서는 초창기에는 이것이 동오시대에 있던 오련관이라고 하다가 나중 혼병으로 바뀐다든지 퇴소관으로 이름이 바뀌어나갑니다. 그런데 그것이 지금 한반도의 서남부 중에 제가 발굴한 것 중에 나왔거든요. 그렇다면 그런 유물과 또는 그런 지역에서 나오는 묘제의 관계는 혹시 이쪽 분구묘에 대해서 자료를 검토하였을 것이지만 그런 측면에서 보면 혹시 중국에 그러한 장제 이런 것들이 이쪽에 들어왔을 가능성은 없는지요?

최성락 그러면 오련관이 토돈묘와 관계되는 것입니까?

최완규 그쪽 지역에서 많이 나오는 우리 분구묘 같은 시기의 것들입니다. 고창 봉덕리에서 나온 것이 그것이거든요. 그것이 일본에 가면 자지부라고 하지요. 말이 이상합니다만, 중국에서는 처음에 오련관으로 출발합니다. 그러다 점차 시기가 가면서 혼병으로 바뀌거든요. 그러다 퇴소관으로 바뀌어버리거든요. 그래서 그것이 거기 나왔기 때문에… 그러면 결국 혼병이라는 것이 혼을 담았다는 것이거든요. 그것은 장제와 관련된 그런 것들을 발견할 수 있는 것이거든요.

최성락 그러면 통역 시간이 필요하니까 조금 이따 대답하는 것으로 하죠. 그렇게 하고 넘어가도록 하겠습니다. 혹시 일본 나까무라 선생님께 질문 없습니까? 없으면 제가 간단한 질문을 하나 던지죠. 아까 발표문을 들어보면 야요이시대의 분구묘까지만 이야기를 하는데 그러면 고분시대에서는 그런 특징이 분구묘라는 용어를 전혀 쓰지 않습니까? 그것도 지상식인데요? 대답해주시기 바랍니다.

中村大介 일본에서는 고분시대로 들어가면서 분구묘라는 용어 자체를 안 쓰는 경향이 있습니다. 그래서 고분시대에 만들어진 분구묘도 전부다 고분에 포함되어 인식이 되고 있습니다.

최성락 두 번째 질문은 발표문 내용에 보면 한국의 분구묘에 관한 얘기를 하면서 일본 주구묘와 관계되면서 지석묘 얘기를 하고 청동기시대의 주구묘 이야기를 하는데, 이 서남부지역에 보이는 주구묘 내지 분구묘와는 관계가 없다고 보십니까?

中村大介 호남지역에서 확인되고 있는 주구묘라든지 분구묘들은 우리 일본에서 확인되는 주구묘나 분구묘들보다 시기적으로 떨어지기 때문에 그것에 대한 관계에서는 관계가 없다고 생각하고 있습니다.

최성락 중국분의 대답은 준비가 될 때 하기로 하고요. 시간이 아깝기 때문에 계속진행을 하겠습니다. 이제 지정토론은 마치고요. 종합토론으로 넘어가서 토론자들은 발표자에게 질의도 좋고요. 오늘 학술대회에서 느낀 점을 말씀해주시면 좋은데 두서없이 얘기하면 안 되기 때문에 제가 나름대로 분류를 해봤습니다. 각 지역에서 온 순서대로, 예를 들면 경기, 충청, 호남, 영남 이렇게 순서를 한번 정해봤습니다. 그래야 각 지역마다 인식이 다르다는 것을 인식하기 때문에, 다를 것으로 보기 때문에 그렇게 순서를 정하고요 다만, 오늘 학술대회 이전에도 우리나라 분구묘 학술대회, 분구묘와 관련된 학술대회가 서너 차례가 있었습니다. 그 시작이 아마 2002년도에 전남대학에서 학술대회가 열었고요. 2006년도에는 한국고고학대회에서도 이뤄졌습니다. 분구묘라는 개념을 처음 만든 것은 이성주 선생님이시지만은 실제로 호남지역에서 분구묘에 대한 연구를 쓴 것은 1996년에 최완규 선생님이 먼저 쓰기 시작했죠. 그래서 오늘은 다른 토론에 앞서서 최완규 선생님의 분구묘 학술대회에 대한 의미라든지 그런 것을 한번애기해주시고 넘어갔으면 좋겠습니다.

최완규 다시 또 얘기를 하게 되었네요. 사실은 제가 1996년도에 익산 영등동 조사를 하고나서 논문을 쓸 즈음에는 사실 매장주체부를 우리가 알 수가 없었습니다. 아까 성정용 선생님께서 KM437호 관창리의 거기 나오는 지금으로 보면 아마 석개토광묘 아니면 적석목곽묘쯤 되지 않을까 싶습니다. 점토대토기가 나온다든지, 토기들 흑도장경호가 나오는 것을 보면 아마 그럴꺼에요. 그래서 그것이 KM437호의 올바른 매장주체부냐 아니냐하는 굉장히 논란이 많았습니다. 그것을 빼고 나면 관창리에서 나오는 99기의 매장주체부를 확인할 수 없었어요. 제가 영등동에서 조사할 때 한기에서 매장주체부가 나왔는데 여러분 발굴해봐서 잘 아시겠지만 성토위에 되팠기 때문에 그 아웃라인을 잡기가 굉장히 힘들었습니다. 그래서 감각적으로 잡아봤는데 그 속에서 도자편하고 철부가 나왔어요. 아! 이게 매장주제부구나 하고 생각을 했었습니다만 확신은 못했습니다. 그래서 그 당시 명칭을 주구묘라고 하는… 매장주체부를 알았다면 아마도 매장주체부를 함유하는 명칭을 썼을 수 있겠죠. 그런데 그런 단계에 일본에서는 이미 1960년대부터 동경에서 주구묘 발굴이 시작되거든요. 근데 일본도 우리와 같은 똑같은 착각을 겪었어요. 그게 묘일까 아닐까 문제에서 오오바선생이 거기서 나오는 유리제품을 봐서 묘로 했죠. 그래서 그 당시 주구묘라고 하는 묘를 썼고, 그러다가 거기에서 나온, 지금으로 보면 아마 주구내에 나오는 옹관편들이 있죠… 그것은 제사유적과 관련된다고 판단되는데 대형옹관편들이 있음을 제가 확인했습니다. 그러한 것들이 그 뒤에 나오는 서천 당정리 조사가 있었죠. 그러면서 이게 영산강유역의 대형 옹관고분, 당시의 이런 것들과 아마 연결되겠구나 하는 추론을 하게 되었습니다. 그래서 그 이듬해 한국고고학대회 주제발표에서 분구묘라는 용어를 쓰면서, 아마 이렇게 이렇게 변천과정을 겪었을 것이다라고… 다시말하면 우리가 그 당시 주구묘가 나오면 최병현 선생님께서 저분구묘라는 명칭을 쓰셨죠. 그러한 것들이 점차 오늘날로 보면 수직적 확장, 수평적 확장 이런걸 통해서 이제 영산강유역의 대형 고총고분으로 가는 그런 얘기를 하게 되었습니다. 그래서 큰 의미에서 보면 이러한 주구묘도 이러한 분구묘에 포함 시키는 것이 좋겠다 다만, 그런 과정속에서 발달과정을 겪으면서 변화되는 이러한 문제들 논의했으면 좋겠다하는 그런 측면이 강했던거죠.

하나만 더 덧붙이겠습니다. 나중에 나올 건데… 청주 송절동이라든지 공주 하봉리 일대에서 나오는 소위 주구토광묘라는 것이 있었습니다. 그런데 이미 그것에 대해서는 강인구 선생님이 그 명칭을 주구토광묘라고 명명을 하고 계셨었어요. 그런데 그 당시 보니까 주구묘하고 주구토광묘하는 굉장히 속성상의 다르다는 것을 나름대로 판단을 했습니다. 그래서 이 두 묘제는 아마 계통 다를 것으로 판단을 했죠. 그러다 그 뒤에 문헌자료를 검토하다보니 거기에 나오는 소위 심볼 유물 중에 바클들있죠. 마형대구 또는 곡봉형대구 이런 것들이 원천을 찾다보니까 중국 진대에 시작 되었고 또 진한에 나오는 문헌사의 삼국지 위서동이전에 나오는 것 이런 것 등등해서 나름의 기본 문제를 논의를 했고, 근본적으로는 두 묘제가 다르다. 최근에 이제 그러한 것들이 송현리유적이라든지 연기 응암리라든지 보면은 주구토광묘는 나름의 그 나름의 변천 과정을 거치면 서 5세기까지 연장되고 있다는 생각을 가지게 되었지요. 그래서 그런 묘제라고 하는 것들은 전통을 가지고 서로 다르게 가긴 가는구나. 그런데 어느 점에서 보면 약간씩 주고받을 수는 있겠죠 그러나 메인 스트림이 무엇이냐 하는 문제를 논의하지 않으면 안되겠다… 이런 정도로 하겠습니다.

최성락 네 감사합니다. 그러니까 처음 주구묘와 분구묘를 최완규 선생님이 쓰시면서 만들고 쓰면서 그때 주구묘와 주구토광묘의 관계를 구분했습니다. 그것이 나중에 주구묘가 분구묘가 되면서 분구묘와 주구토광묘의 관계가 서로 다른 것으로 지금까지 남아있는데 일부 연구자들은 그것이 크게 차이가 없다 인식하는 하는 연구자도 있다는 점 말씀드리고 가겠습니다. 지금부터 이제 종합토론입니다. 먼저 경기중부권에서 오신 김기옥 선생님 토론해주십시오.

김기옥 한강문화재연구원의 김기옥입니다. 저도 김포 운양동유적을 발굴하기 전까지 주구토광묘와 분구묘에 대해서 정확한 인식이 없어서 초반에 저도 굉장히 혼란을 겪었었는데요. 일단 지금 말씀드리고 싶은 것은 저는 분구묘가 분포범위도 넓고 각 지역별로 나타나는 양상도 굉장히 다르다는 것도 지금 인식 하고 계신데, 예를 들면 경기지역에서는 5세기대까지도 분구묘라고 하는 것들이 계속 방형의 성토분구묘라고 생각되는 것들이 계속 유지가 되고 있기 때문에 백제의 고총고분이 나타나는 그 시기까지도 분구묘가 계속 유지되고 있는 그런 것들이 있고, 충청지역하고 전라도지역하고도 구별이 된다는 것은 있는데 어쨌거나 이 모든 것을 통일해서 보려면 무언가 일관된 편년체계라든지 그런 것이 반드시 있어야 된다고 생각이 됩니다. 그런데 제가 꼭 어느 분께 질문을 해야 된다고 하면은 경기지역에 대해서 발표하신 권오영 교수님께 질문을 하고 싶은데요.

제가 개인적으로 봤을 때는 삼한지역의 여태까지 출토된 유물들이 지역별로 있었지만은 최근에 출토유물을 봤을 때 철제무기에 있어서는 어느 정도 공통성을 보이고 있지 않나 생각이 됩니다. 예를 들면 환두대도나 철촉이나 그런 삼한의 무장체계는 거의 같은 궤를 가지고 발전해 간다고 생각이 되는데 그러면은 마한의 초기 분구묘를 연속선상에 구별을 하고 주구토광묘와도 관계를 볼 때 철기유물을 공통적으로 보고 지역적으로 편년체계를 수립할 수 있으면 그것이 약간 정리가 될 것 이라고 생각이 들거든요. 그래서 그러니까 지금 예를 들면 김포운양동이나 오산 궐동 이런데서 나타나는 모든 철제무기들이 영남지역의 곽묘단계, 원삼국시대 후기단계에 나오는 철제무기랑 동일한 양상을 띠고 있기 때문에 영남지역의 원삼국시대 토기의 무기 편년과 지금 마한 초기 분구묘에서 나타나는 원삼국 후기라 판단되는 철제무기의 편년을 동일시기로 보는 것에 대해서 어떻게 생각하시는지에 대해서 질문을 드리고 싶습니다.

최성락 철기편년이니까 성정용 선생님이 얘기해야 되는 것입니까? 권오영 선생님이 얘기해야 됩니까? 간단하게 성정용 선생님 먼저 대답해주시죠.

성정용 여기에서 자세하게 얘기할 수는 없을 것 같고요. 오히려 김기옥 선생님이 말씀해주신 철기를 통한 편년이 필요하다는 점을 저는 인정하고 싶습니다. 왜냐면 토기가 훨씬 더 사실은 편년에 유용하다는 것은 사실들 잘 알고 있습니다만은 이 지역의 원삼국시대 토기들이 워낙 다 따로따로라는 것은 더 잘 알고 계실 것 입니다. 그래서 각지 사회 비교에 토기가 훨씬 더 어려운 점이 많은 것 같습니다. 오히려 영남지역 보다 토기가 각 지역을 일괄하는 편년도 구로 활용되기는 어렵다. 오히려 철기가 시간적인 변화의 폭은 깁니다만은 공통적인 편년체계속에 긴 시간을 갖고 있을지라도 훨씬 더 좋겠다라는 생각을 합니다.

최성락 김기옥 선생님이 중요한 말씀을 하셨는데 사실은 분구묘에 대한 연구가 제대로 될려면 탄탄한 편년이 이루어져야 됩니다. 그래야 그것을 가지고 중국하고 비교하고 일본하고 비교하는데, 아까도 발표문에 나와 있습니다만 연구자들마다 연대관이 조금 다르다보니까 문제가 있는데요. 마침 잘 됐어요. 다음 토론자가 이남규 선생님이니까 철기와 관련되서 말씀해주시죠.

이남규 주구묘나 분구묘를 위한 토론을 하는데 있어서 전제조건으로 제가 말씀드리고 싶은 것은 기원전 1세기에 주구묘가 제시되기는 했지만 전반적으로 기원전 1~2세기의 유적이 없는 상태에 대한 논의를 안하고 시작한 자체가 문제가 있고요. 그것을 있을 거라고 생각하고. 토기라든지 다른 유물들로 편년 체계를 만들려고 하니까 또 무리가 오고, 그런 것 같습니다. 그래서 이것은 상당히 우리가 단순하게 분묘라든지 이것 자체만 봐서는 안 되고 당시 동아시아에 있어서의 낙랑과 소위 한지역의 마한지역에 있어서의 낙랑 설치 이후의 변화라든가 소위 중국적 세계지배질서 속에서 마한지역이 어떻게 편제되었고 한군현에 의해서 어떻게 좌지우지되면서 한족의 역사가 전개되느냐는 것을 먼저 살펴야 된다고 생각합니다. 저는 한군현의 심리적 세계라는 것은… 대부분 초토화 작전이라고 하면 될까요. 그 정도까지를… 가변하는 속에서 한반도의 서부지역도 그런 가능성도 있다. 유적이 안 나오는 경우 그런 해석도 할 수 있지 않겠느냐라는 생각을 합니다. 그러고 나서 그렇다하더라도 이 본진지역은 여전히 왜와 연결되는 교역루트항이 있었고 한중교류에 있어서 동북아지역의 지배 질서를 유지해나갔던 그 속에서 일단 상당기간 공백 기간이 존재할 수밖에 없었던 지역에 언젠가부터 새롭게 이 고분문화가 들어오게 되었고 정착을 하면서 갑자기 또 발전하는 2세기… 올려봐야 2세기 중후반에서 3세기 들어서 이제 팽창하지 않습니까? 그런 가운데 중요한 역할을 했던 유물이 철기라고 생각하죠.

그래서 그러한 종합적인 상황을 형태학의 논리라든가. 무슨 비교론적인 것만 가지고해서는 안되고 고고학대회에서 말씀드렸지만은 이런 문제는 홀리스틱어프로치 즉, 변화 동인이 외부에서 이런 것만이 아니라 내적 발전은 뭐냐, 외부와의 상관관계는 뭐냐라는 동시적 다발적인 다각적인 해석을 해야지만이 해석이 되는게 아니냐는 생각을 해봅니다.

그래서 그랬을 때 이제 저에게 철기에 대한 질문에 대한 답변을 말씀하셨는데 일단 운곡동이라든가 김포 운천 쪽에서 낙랑과 가까운 지역에 있어서는 철기문화의 수혜는 먼저 받는 것 같습니다. 그 다음에 아산만지역에 밝지므레라든가 그 다음에 금강유역권에서는 부분적으로 집단적인 3세기 단계에서 철기문화가 무장화가 되지만은 아까 성정용 선생님이 지적 하셨지만은 전라도지역 전북지역까지 상류정도까지는 무장화가 되지만 전남지역은 상당히 철제무장화에 있어서는 지역차가 보이고 그 가운데서도 철기에 철부라는 그런 군곡리에서 나오는 것들이, 김포 쪽에서 변형되어 나오는 농공구에서 유사성을 보이면서 그런 굉장히 복합적인 변화들이 서로 상이성이 전개되는 아주 복잡한 양상이기 때문에 이것을 어떻게 풀어나갈지가 굉장히 관건입니다.

지금 논쟁이 되고 있는 것이 주구묘든 분구묘든 기원을 중국 쪽에 직접적인 관련성 이겠지만은 권오영 선생님께서는 낙랑 쪽과의 관계를 말씀하시는 것 같습니다. 그래서 그런 낙랑 쪽에 방대형고분이라고 하는 그런 고분들에 대한 인식을 미리하고 있었던 그런 차에 그런 분묘로의 전환도 생각해 볼 필요가 있지 않나 생각이 됩니다. 그래서 두서없이 말씀드렸는데, 그런 문제에 있어서 혹시 내적 발전에 대한 얘기를 해야 되지 않는가.

그리고 또 한 가지가 마지막 제가 안타까운 것은 역사교과서를 검토하는 교과서편집위원을 하면서 지금 교과서에 실려 있는 고고학적인 국가 형성기의 문제라든가 삼국시대도 마찬가지지만은 학생들이 배우는 그런 교과서에서는 고고학적인 새로운 자료들이 거의 들어가 있지 않고 저희들이 옛날의 구태의연한 문헌 중심의 역사교과서가 성행되고 있는데 그것 중에서 가장 심각하고 중요하다고 생각되는 부분은 이 부분이 아닌가. 마한과 백제의 국가형성에 있어서의 새로운 엄청난 일들이 정리가 되어가고 있는 과정인데 학생들이라든가 국민교육에 있어서의 그런 부분들이 단절되어 있는 그런 부분에 대한 것들을 어떻게 해결해야 되는 것이냐 하는 문제에 대해서도 같이 얘기했으면 좋겠습니다.

최성락 네, 교과서 문제는 본인들 관심이니까 별도로 또 다루기로 하고요. 좋습니다. 앞으로 이게 분구묘 연구가 진행되고 편년이 더 잘 되면 그 분구묘를 만들었던 사회의 어떤 내적발전 이런 것까지 연구가 가능하다라고 보고요 다음은 충청지역에 두 분이 오셨는데요. 이훈 선생님하고 조상기 선생님 누가 먼저 하시겠습니까. 자유스럽게 먼저 두 분…

조상기 중앙문화재연구원 조상기입니다. 저는 질문보다는 용어 정리 때문에 제가 주로 발굴한 청주지역 세종 이쪽에 대해서 설명 드리겠습니다. 제가 주로 발굴했던 충청도지역에서는 아마 선매장주체부가 만들어지고 후에 봉토가 조성된 경우가 많습니다. 아까 발표자 성정용 선생님께서 대평리 얘기를 하셨는데 거기는 충적지, 지금 현재 논에서 6m 아래에 있습니다. 다른 쪽에 능선을 갖고 있는 곳에서는. 아마 개인적으로 주구토광묘로 저는 하고 있습니다. 분구묘는 아니라고 저는 보고 있습니다. 금강 상류쪽에서는 대평리 외에 대평리도 분구묘인지 주구토광묘인지 후대에 밝혀지겠지만 그런 상태 있습니다. 그리고 아마 2세기대의 유적으로서는 연기 용호리에서 있었고, 법동 조금 내려오겠지만 청주 봉산리에서도 이 지역 일대의 토기가 나오고 있습니다. 그래서 봉산리유적의 위 지점에 구획된 주구토광묘군이 있지만 그 아래쪽에서는 충적지와 가까운 곳에서는 2세기대에 대부호들이 나오고 있는데, 그 대부호들이 나오고 있는 토광묘들이 전부 주구를 가지고 있는 토광묘입니다. 이상입니다.

최성락 네. 감사합니다. 충청지역의 그 양상을 말씀해주셨고요. 이훈 선생님 계속 얘기해주시죠.

이 훈 네. 공주대학교 이훈입니다. 저는 '주구토광묘 소고'라는 글을 예전에 쓴 적도 있었고, 최근에 발굴한 것이 서산 부장리라든지, 서천 봉선리 몇 군데 있어서… 제가 아는 부분에 있어서 혹시 도움이 될까하는 부분을 말씀드리도록 하겠습니다.

저는 여기서 용어는… 자꾸 용어를 만드는 것보다는 크게 분구묘라는 범주에서 주구토광묘나 주구묘 이런 부분도 분구묘 범위에 포함시켜서 드리고자 합니다. 충청지역에서 사실 분구묘라는 그런 특징적인 것은 경기도에서 보면은 제가 개별적으로 보면은 대부분은 다 주구토광묘입니다. 분구묘라고 우리가 부를 수 있는 것, 수평확장이나 수직확장을 통해 다장 해서 높게 고총고분을 만든 것은 사실은 기지리하고 부장리 밖에 없어요. 우리가 이제 분구묘라다 부르니까, 주구토광묘나 주구묘를 분구묘의 큰 범주에서 부르니까 모두가 분구묘가 엄청 많은 것 같은데 충청지역에서 제가 경기지역에서 마찬가지로 대부분 기지리하고 부장리에서 밖에 볼 수 없다… 보고서를 보시면 아시겠지만 저는 그래서 서천지역에서 분구묘의 발달과정을 살펴 본다면은 아까 사진으로, 그림으로 다 보셨을 텐데 제일 첫 단계가 저는 예천동으로 보고 있습니다. 예천동 같은 경우는 1인 1장, 쉽게 말하면 주구 내에 한기 내지는 합장 이런 스타일이 1세기에서 3세기 정도로, 지금 보고서상에 편년이 되고 있고 두 번째 단계가 기지리 단계인데, 기지리 단계에는 3세기에서 4세기를 중심연대로 보고 있습니다. 아까 사진에서 보셨듯이 하나의 주구로 이루어진 한 장의 그런 분묘 옆에 연결 되서 확대해서 하나고 두장이든 세장이든 이렇게 확대, 장방형으로 확대되는 그런 모습이 3~4세기에서 서산에서는 기지리에서 보이고 있거든요. 그런데 그런 것이 전부 종합된 것이 사실은 부장리입니다. 부장리에서는 1인 1장의 그런 주구로 둘러진 주구토광묘부터 근데 거기에서 보이는 것을 발굴해본 결과는 제1피장자였던 주체부를 생토를 파고 피장자를 안치한 뒤에 주구를 돌려서 그 부분을 봉토를 덮고 그리고 그것과 관련된 부부나 가족이나 근친의 그런 혈연관계들이 그 주변에 펼쳐지는 것 그것이 두 번째 단계인데 그 구획 내에서 다음단계는 구획을 또 넓힙니다. 어디 있냐면은 기지리처럼, 기지리처럼 넓혀서 그 앞에 있었던 주구의 한면을 덮어버리고 확대되어 장방형으로 그것이 3단계까지도 갈수가 있습니다. 그런데 부장리에서 3단계 이후에는 수평으로만 확장되는 것만은 아니고 맨 처음에 주 피장자의 맨 생토 밑에 있으면 바로 그 위에 10cm, 20cm 바로 그 위에 두 번째 단계, 세 번재 아파트식으로 층층이 있어서 고총이 되는 그런 단계가 5세기 중엽까지 사실 나타납니다. 그런 부분들이 가다가는 결국에는 5세기 중엽이후에 금동관이 나오는 1기만이 거기에서 1인 1장으로 따로 독자적으로 나오면서 거기는

5세기 후반정도에는 서산지역에서는 그 이후에 그런 다장, 하나의 주구 내에 펼쳐지는 다장의 그러한 요소는 사라지거든요. 그래서 이게 이렇게 보다 보면 충청지역에 분구묘하고 주구토광묘가 엄청 많은 것 같은데 사실 이런 모든 종합적인 것이 나타나는 것이 4세기에서 5세기 후엽까지 결정되는 서산 부장리에서 정점을 찍고… 거기에서는 사라져 버립니다. 근데 거기에서 6세기 초엽 어디서 나타나냐 하면은, 보령에서 횡혈식석실분에 주구가 돌아간 이런 스타일이 펼쳐집니다. 그것은 청양 장성리같은 경우에서는 7세기 대까지 횡혈식석실에 주구가 돌아갑니다. 그니까 충청도에서는 아마 횡혈식석실분의 등장하고 웅진 천도나 이런 큰 정치적인 부분 때문에 분구묘라고 하는 것이 부장리에서 정점을 찍고서는 사라져버리고 금강유역에라든지 이런부분, 쉽게말하면 천안에서 아산 밖지므레, 천안 청담동에서 천안지역 성남의 문전리를 통해서 세종으로 통해서 그쪽에서 공주로 흘러내려오는 그런 부분에는 주구토광묘가 화홍리까지… 그런데 서해안쪽은 주구묘라는 아까 이제는 최영주 선생님이 말한 주구묘라는 그런 당청리나 관청리, 이런데서 보이는 스타일하고 이런 주구토광묘가 같이 연결되서 이렇게 보이는… 서산쪽은 지금… 서산을 강조하는 이유는… 서산은 저평한 구릉속에 리아스식해안처럼, 지금이야 다 메꿔졌지만 해미까지 물이 들어오는 그런 시기였었는데 거기만 유독 말무덤이라든지 아마 발굴했으면 더 많은 것이 있겠지만은 이러한 전체적인 스타일들이 거기에 있었고, 전 그래서 아까 김낙중 선생님께는 예천동의 그런 부분들이 제 형으로 바뀌지 않는가 하는데… 저는 예천동스타일하고 기지리에서 평면스타일들이 평면으로 수평확장되는 것이 아마 전라도지역에서 5세기 중후엽이라고 연결되지 않을까 저는 생각하고 부장리에서 정점을 이루는 것은 아마 복암리가 아닐까… 부장리에서 고총고분은 아마 복암리에서 보여지는 것입니다. 그렇게 생각합니다. 혹시 참고가 될까 말씀드렸습니다.

최성락 네, 지금 말씀하신 것을 정리해보면, 분구묘라는 개념을 넓은 의미로 분구묘는 상당히 많은데, 지금 이훈 선생님은 다장이 이루어지는 좁은 의미의 분구묘를 얘기하시는 것 같아요. 그래서 단장이 이루어지는 것은 주구묘나 주구토광묘로 보고 다장을 분구묘로 보는 것이 어떻겠느냐. 이런 현상은 사실은 중국이나 일본에서도 나타나는 것 같아요. 일본에서도 주구묘는 단장 쪽이고 그게 발달되면 야요이 분구묘가 된다는 거고요. 중국에서 보면 단장이 먼저고 다장이 나중인. 그런 현상이 똑같이 나타나지 않나 싶습니다. 네 감사합니다. 그 다음에 이제 호남지역으로 와서요. 성낙준 선생님 토론해 주시기 바랍니다.

성낙준 오늘 하루 종일 열심히 공부하고 많은 것을 배웠습니다. 우선 몇 가지 연구하시는데 참고가 될 만한 부분들을 간단하게 말씀을 드리고 싶은 게, 초분골 1호분을 제가 발굴을 했는데요. 그때만 해도 예산문제라든지 이런 것 때문에 전체 가장자리 쪽에 트렌치조사를 통해서 간단하게 조사를 하긴 했지 전반적인 조사는 못한 상황이었는데 제 발굴 기억으로 봤을 때는 그것은 이미 기획축조로 만들어진 고분이다. 그러니까 조금 전에 아까 그 김낙중 선생님의 경우에 제형분과 관련해서 말씀을 하시던데 그것은 오히려 한쪽은 둥글고 한쪽은 직선으로 떨어지는, 그래서 제형으로 보기에는 다소 무리가 있다 오히려 장고형에 가까운 그런 형태라는 것을 말씀을 드리고요.

그 다음에 지금 제형분 얘기할 때 복합제형분 얘기를 하셨는데 이 부분은 용어를 조금 더 다듬어야 되지 않느냐는 생각을 했습니다. 왜냐하면 복합제형 하니까 제형을 어떻게 복합으로 수식을 해버리니까 문제가 있지 않겠냐는 생각이 됩니다. 그래서 가령 예를 든다면 제형 복장분이라 할지 또는 복장제형분이라 할지 이런 쪽으로 가면 오히려 개념을 명확하게 해줄 수 있지 않겠느냐 그런 생각을 했고요. 그 다음에 지금 신촌리 9호분 같은 경우는 굉장히 드물게 재발굴된 사례라고 생각이 됩니다. 일제강점기에 발굴을 하면서 발굴도면만 간략하게 냈기 때문에 초창기 발굴을 자세히 알 수는 없지만 도면을 보면 옹관과 유기된 토기들이 조금 있습니다. 3기 정도가 되는데, 그 3기 정도가 토광묘가 아닐까라는 생각을 이전에 발표 한 적이 있습니다만, 그래서 신촌리 9호분에는 옹관만 있다는 인식을 확대해서 토광도 공존하고 있다는 쪽으로 아마 검토를 해봤으면 하는 그런 생각을 가지고 있습니다. 그 다음에 최영주 선생님이 발표하실 때, 방대형분 얘기하실 때 제가 생각 할 때는 방대형분의 완성형은 나주 반남면에 있는 대안리 9호분이 아닐까 생각을 합니다. 물론 대안리고분도 발굴이 일제강점기에 이루어진 것이기 때문에 발굴 내용들을 자세히 검토하셔서 보시면 좋지 않을까 생각을 합니다. 다만 대안리고분의 경우에는 고분정비를 하는 과정에서 학술조사를 통하지 않고 정비를 했기 때문에 많은 정보가 일정 부분 이미 잃어버린 아쉬움이 그런 부분이 있기는 합니다만 방대형분을 얘기 할 때는 반드시 가장 기본적인 대안리고분을 언급을 해야 하지 않을까 생각을 해봤습니다. 이상입니다.

최성락 네. 감사합니다. 혹시 신촌리 9호분에 대해서 김낙중 선생님 말씀 하실 것 있으십니까?

김낙중 없습니다.

최성락 그러면 박중환 관장님 토론해 주시기 바랍니다.

박중환 저도 들으면서 두 가지 정도 느낀 점을 말씀드리는 것으로 하겠습니다. 첫 번째는 권오영 선생님께서 발표하신 내용 중에서 늘 거론되는 관점입니다만은 마한 실체와 관련된 것인데요. 마한의 묘제가 왜 이렇게 다양한가에 대한 문제 의식을 가지고 두 가지 정도 가능성을 얘기했습니다.

한 가지는 마한의 실체가 자꾸 바뀌기 때문에 이런 거 아닌가. 또 하나는 마한의 실체가 고정적이지 않아서 중국의 사서 편찬자들이 자기 나름의 기준으로 묘사를 했기 때문에 이런 현상이 나타난다. 이런 얘기를 해주셨는데 사실 그 부분은 제 생각으로는 그것을 서술하고 설명을 한다면 마한의 실체가 고정적이지 않아서라기 보다는 마한의 실체 자체를 부인하기는 어렵다고 생각합니다. 그런데 마한의 실체를 전해 듣는 그 기록자들의 위치가 한반도에서 멀리 떨어져있는 전언으로 들었기 때문에, 기록자들의 마한에 대한 인식이 곧 일치되지 않고 시각이 다양했기 때문에 그랬던 것이라고 생각되지 않은가 싶고요. 그래서 아마 여기서 거론하신 삼국지라든지, 후한서라든가, 진서라든가, 송서에 나오는 마한의 실체는 선생님께서 이야기 하신대로 정말로 고정적이지 않은 실체 모호하고 일치되지 않은 모습을 그리고 있지만, 그렇지만 우리 초기에 나와 있는 삼국사기의 신라본기의 초기기록이라든가 백제본기 기록에 나오는 마한과 백제와의 교섭내용이라든가 마한과 신라의 교섭내용은 사실은 모호하다든가 고정적이지 않다고 보기 어려운 상당히 실제성이 있는 모습으로 그려지고 있기 때문에 그렇게 본다면 접근이라든가 인식을 그런 방향으로 하는 것이 필요하지 않을까 싶고요. 한 가지는 아까 김낙중 선생님이 말씀하신 발표하신 왜계형고분이 탄생하게 되었는가에 대한 배경을 말씀하셨는데 그 하나로 입구부분이 확장되었다. 왜 확장되는가. 한 가지 가능성으로는 제사를 얘기를 하셨고요. 또 한가지 가능성은 추가장 얘기를 하셨어요. 그런데 물론 추가장의 가능성으로… 아까 성낙준 선생님은 축조기획이 있었기 때문에 그렇게 접근하기는 어렵다는 의견을 피력하셨는데 추가장의 가능성으로 확장되었을 가능성은 충분히 있다고 생각되는데 제사 쪽은 글쎄요. 조금 제가 보기에는 원래 제사라고 하는 것은 고분을 만들 때 여러 단계가 있기 때문에 먼저 대지를 닦을 때부터 토지신에 대한 제사부터 시작해서 분구를 조성할 때 그리고 묻고 나서 평토제라든가 나중에 주구 밖에서 지낸 제사라든가 여러 단계의 제사가 있기 때문에 주구를 만들 때 그런 여러 가지 제사를 감안하지 않고 주구를 판다고 하는 논리적인 문제가 남지 않겠는가 싶고, 그리고 추가장 때문에 이것이 넓어졌다고 그래도 왜 굳이 세장한 방향으로 넓어졌는가에 대한 설명은 결국은 또 문제로 또 남지 않는가 싶습니다. 제 생각으로는 저도 구체적으로는 잘 모르겠지만 이것은 혹시 지형과의 관련으로 이해할 수 있는 그런 가능성은 없을까 그런 생각이 듭니다. 그러니까 등고선방향과 제형고분의 확장방향이 어떻겠느냐. 이런 것들도 좀 주의 깊게 볼 필요가 있지 않은가 그런 생각을 해보았습니다. 이상입니다.

최성락 네, 감사합니다. 거기에 대해서 권오영 선생님 말씀 하실 것 없습니까? 네, 좋습니다. 자 이제 한분 남았네요. 문안식 선생님 토론해주시죠.

문안식 다 고고학을 전공하시는데, 저 혼자 문헌사를 하는 것 같습니다. 한 가지만 말씀드리고자 합니다. 오늘 분구묘의 기원과 관련해서 내재적 발전이나 외재적 측면에 대해서 말씀 많이 들었습니다. 여러 가지 루트를 통한 외재적 측면을 거론해주셨는데, 저는 해로 문제 하나만 말씀 드리고자 합니다. 설사 분구묘의 기원이 오월 토돈묘에 있고 그것이 산둥반도에서 황해의 횡단 항로를 거쳐서 서해안 방면으로 와가지고 서남해안으로 내려왔을 가능성도 있다고 생각합니다. 다만 우리가 해로개척과정에서 노철산항로나 횡단항로나 백제의 사단항로 개척인데, 전에는 장고보시대에 사단항로가 개척됐다고 일반적으로 인식해 왔지만 요즘은 사단항로개척을 조금 더 일찍 내려볼 수 있지 않을까 생각이 듭니다. 즉 동성왕과 무령왕대에 남중국과 다양한 교섭활동이 이루어졌는데 어쩌면 그때 서남해 흑산도항로를 활용한 그런 사단항로가 충분히 개척 가능성이 있고요. 그 역방향으로 중국에서 한반도로 들어오는 문화유입은 그것이 쌍방왕래라고 하면 문제가 있겠지만은 우연한 계기, 일시적계기, 조류의 흐름에 의한 그러한 우연한 계기로 문화가 유입 되었다면 그러한 백제가 사단항로를 통해서 절강방향으로 가는 훨씬 이전부터 신석기 청동기 시대부터 그런 흔적이 보이니까요 저는 전혀 모르겠지만은 오월방면에서 그런 분구묘의 흐름이 들어온다면 혹여 그런 사단 항로를 통해서 서남해 방면으로 일찍 들어왔을 가능성도 높지 않겠는가. 이 문제를 한번 생각해보고요. 그러한 분구묘 외에 여러 가지 중국 방면에서 문화의 흐름도 서남해 방향을 거쳐서 혹여 중서부로 올라갈 가능성은 없겠는가. 이런 문제이고요, 역시 동남아 방향에서 유리나 또는 소왕을 통한 남방불교의 유입 가능성 이런 여러 가지 문제를 둘 때 그런 남중국과 서남해의 그러한 해로 문제도 염두를 뒀으면 좋겠다. 이 한 가지만 말씀드리고자 합니다.

최성락 네, 감사합니다. 그러면 분구묘, 주구묘의 기원이 기원전으로 올라가는데 그때부터 사단이 가능했다고 보십니까?

문안식 백제측에서 중국으로 가는 항로는 어려웠겠지만 중국 방향에서는 얼마든지 가능성이 있다 봅니다.

최성락 그것은 아마 문안식 선생님의 주장이고 통상은 삼국시대까지 연안항로라고 보고 있는데 쌍방은 아니더라도 단편적으로 들어올 수 있다. 이렇게 말씀해 주셨습니다. 그다음에 이영철 선생님 토론해주시기 바랍니다.

이영철 다른 말씀은 안 드리겠습니다. 중간에 좌장님께서 말씀 하셨지만 제가 조사했던 유적과 관련해서 나왔기 때문에 최영주 선생님께 잠깐만 말씀 드리겠습니다. 아직 완벽한 조사가 안 되었기 때문에 분형에 대해서 논란이 있습니다. 최 선생님이 방금 답변하실 때 이런이런 근거 때문에 옥야리 방대형하고 똑같이 방대형분으로 보고싶다 이렇게 하셨는데 그렇게 되면 옥야리 1호분을 가지고 방대형 1호분을 가지고 신흥고분을 보면 규모는 30m가 아니고 60m가 나온다는 것을 참조를 해주셨으면 좋겠어요. 그래서 다시 한번 검토해주셨으면 좋겠고, 무안 덕암 1호분을 보면 이것도 저희 연구원에서 조사한 거네요. 무안 덕암 1호분을 원형으로 했죠. 그런데 보고서 내용을 자세히 읽어보시면 아시겠지만 5세기 중엽인 것은 연대는 다 동의를 하십니다. 그런데 1호분 같은 경우는 주구의 형태를 가지고 분형을 복원하자면 가리비형이 됩니다. 패형에 가깝다는 것도 참고해주셨으면 좋겠습니다.

최성락 네. 그 부분은 간단하게 끝내겠습니다. 그러면 이제 영남지역에서 두 분이 오셨는데요. 조영현 선생님하고 하승철 선생님 누가먼저 얘기 하시겠습니까?

하승철 네. 경남발전연구원의 하승철입니다. 제가 이해를 잘 못했을 수도 있는데, 최영주 선생님께 질문을 드리도록 하겠습니다. 최영주 선생님께서 분구의 고총화, 고대화 이 부분에 대해서 왜계고분과의 관련을 5세기 중엽으로 하시듯이 말씀을 하셨는데. 그 보다는 우리가 고총화, 고대화 분구라든지 봉토들이 되기 시작하는 거는 신라, 가야, 백제가 빠르면 4세기 후반부터 보통 5세기대에서 이런 것들이 유행하는 이런 배경 속에서 진행된 것이 아닌가. 그래서 왜계고분과의 관련을 가지고 고총화 고분을 이 부분을 어떻게 생각하시는지 자세히 설명 부탁드립니다.

최성락 질문 하나입니까? 소감은 없습니까? 분구묘학술대회에 와서….

하승철 제가 분구묘는 잘 모르겠지만 역시 고성쪽에 가야에서 확인된 것은 5세기 중엽에 통영 남평리 10호에서부터 분구묘가 나타나고, 고총화되는 것은 역시 5세기 후반부터 6세기 전반에 고성 송학동, 율대리, 예산리에서 집중적으로 확인됩니다. 아마 그것은 해로를 통해서 영산강하고, 영산강의 묘제를 수용해서 고성집단이 자체적으로 분구묘를 고대하게 만들었을, 아마 영산강-소가야-큐슈쪽으로 독립감, 유대감을 강화하기 위한 일이라고 생각됩니다.

최성락 조금 소개해드리면 최영주 선생님의 발표하고 하승철 선생님의 인식이 조금 다릅니다. 최영주 선생님은 남해안에 있는 5세기대 고분을 왜와 밀접한 관계가 있다고 보는 반면에 하승철 선생은 영산강유역과 관계있다. 이렇게 보시죠?

하승철 저도 왜하고 관련이 있다고 보고 있습니다. 거기 묘제 자체들이 영산강-소가야-왜 이런 관련 속에서….

최성락 고분의 주인공도 왜계라고 보십니까?

하승철 고분 주인공은 왜인도 있고 재지인도 있다고 생각하고 있습니다.

최성락 싸움을 붙이려고 했더니 잘 안되네요. 최영주 선생님 답변해 주시죠.

최영주 한반도 전체적으로 봤을 때 4세기 후반이나 5세기대에 고총화되는 것은 맞습니다. 그런데 영산강유역에서 이 시기대에 보면 방형의 형태들이 일부 보이지만 기본적으로 이렇게 제형분에서 수평적으로 횡적이나 이런 방향으로 주로 확장해 나가고 있습니다. 그런데 5세기 중엽경이 되면 역시 영암 옥야리나 5세기 후엽이 되면 나주 복암리나 신촌리 9호분처럼 고총화되는 이유는 역시나 현재까지 상황으로 봤을 때는 왜계고분들이 나타나는 현상 즉 왜인들이 직접적으로 큐슈세력이 확대가 되면서 그러한 영향들이 굉장히 이 지역에 영향을 많이 미쳤기 때문에 내제적인 발전과정에서 그런 것들이 고총화를 보이지 않았을까 그렇게 생각을 하고 있습니다. 현 상황에서…

최성락 네, 거기에 대해서는 결국 5세기대의 영산강 유역의 고분의 변화 원인이 무엇이냐 인데요. 최근에 5세기대 고분이 많이 조사되면서 여러 가지 해석이 나올 수도 있습니다. 연구의 시작단계라고 생각을 하고요 다음으로 넘어가죠. 조영현 선생님 토론해주시죠

조영현 먼저 영남지방에서 작업하는 사람으로서 느낄 때 굉장히 부러운 것은 영남지방에서는 소위 목곽묘기, 고총단계 이전에서는 나지막하나마 성토부분이 남아 있는 부분이 없었습니다. 앞으로도 없을 거라고 생각해서 그것을 충분히 조사할 수 있는 이 지역은 정말 부럽다고 생각합니다. 그리고 질문이라기보다는 한 가지 쫌 발굴하시는 분에게 부탁은 분구묘 보고서는 반드시 칼라로 내주시기 바랍니다. 흑백은 도저히 모르는 부분이 너무 많아서 반드시 칼라로 내주시기 바랍니다. 그다음에 또 하나 느끼는 것은 축조기법이라든지

소위 기술문제, 방식, 방법 이런 것에 관심이 많기 때문에 중국에서도 보고 이 지역에서도 보고, 영남지역에서도 보고, 일본지역에서도 봤던 공통적인 느낌은 꼭 이런 정보들이 공유해야 되겠다. 발굴에 대한 소위 토층이라든지 조사에 대한 결과, 반드시 세 개 지역, 세 개 나라가 공통으로 같이 봐야 되겠다하는 거하고, 마지막에 토낭문제입니다. 제가 몇 번 강조하고 책에도 써놨는데 많은 분들이 지금까지 토괴라는 아주 두리뭉실한 용어를 계속 쓰십니다. 토괴와 토낭은 사실은, 용어상에서 토괴는 포괄할 수 있는 용어는 되지 만은 사실 자세히 보면 토괴는 완전히 다릅니다. 왜 토낭이냐 하면은 오래전부터 성산동 이후에 둥굴게 나오는 이 실체를 무엇이냐고 궁금해 했는데 마침 일본에서 나와서 이 토낭의 실체가 밝혀졌기 때문에, 분명해졌습니다. 그래서 그 후에 대부분의 고분에는 토낭을 사용합니다. 고분에 사용하기 위해서 토낭을 만든 것이 아니고, 그 당시의 여러 가지 임시제방이라든지 여러 가지 작업을 할 때 필요해서 토낭을 사용했던 것을 고분에 적용했다고 생각하는데요. 그것을 몇 차례 실험을 했습니다. 둥글게 성토 중에 남아 있는 것은 외피를 씌워서 흙을 감싸지 않으면 둥글게 남아 있을 수 없습니다. 아시다시피 성토를 하면 다지는데요. 판축기법이 아직 고분에 적용된 적은 없습니다만은 그것을 굉장히 시루떡처럼 다지는 경우도 있고 여러 가지 경우가 있는데, 그럴 경우에 토괴는 일반흙과 마찬가지가 됩니다. 다 퍼져버리고 반드시 그것은 다져야 될 부분에서 들어가 둥글게 남아 있는 것은 뭔가 외피로 싸고 유기질로 싸는 것입니다. 자세히 들여다 보면은 그 중에서 일부는 외피가 유기질이 남아 있습니다. 그 증거가 있고요.

두 번째는 아까 구축묘광을 얘기하셨는데 구축묘광을 할려면 돌이나 토광이 들어가지 않으면 안 됩니다. 토괴는 쓸 수가 없어요. 뭐냐면은 묘광을 남겨놓고 주변을 먼저 성토해야하기 때문에 남겨두고 있는 부분을 축대모양으로 유지 시켜야 된다. 안에서 밟을려면은… 그럴려면은 토낭으로 축대 쌓듯이 견고하게 쌓아야 됩니다. 한층 한층 올릴 때마다 제방 쌓듯이, 그렇지 않으면 돌을 쌓아야 되는데 돌의 대표적인 예가 아까 언급을 하셨죠. 나가노현에 있는 그것이 대표적인 예고 토낭의 대표적인 예는 우리 옥야리 방대형분이라고 생각합니다. 오히려 옥야리 방대형분은 정말 국제적으로 뛰어난 고분입니다. 제가 보기에는요. 그런 구체적인 방대형의 원형의 다중으로 열을 이루면서 방사상으로 구축묘광이 되어 있는 그런 예는 저도 일본의 웬만한 고분은 가본 곳도 못 가본 곳도 많지만은 그런 예는 많이 보지를 못했습니다. 보고서에도 그런 사례는 없고, 그래서 그런 점에서는 토낭의 하나가 굉장히 중요한 것은 있습니다. 토괴라고 표현하시면 계속 처음에 한번은 몰라도 자꾸 그렇게 표현하시면… 수많은 밟아다지는 연속 끝에 분명한 실체이기 때문에 둥글게 나온다든지, 안 그러면 쭈그렁하게 나온다든지, 밟은 흔적이 있다든지, 그런데 그 형태는 가에 돌아가는 둥글게 보이는 것은 그것은 토낭입니다. 이상입니다.

최성락 그런데 토낭하고 토괴가 어떻게 다릅니까?

조영현 토괴는 포괄적인 개념으로 일반 성토시는 층이 나오는데, 토괴는 흙덩어리라는 단순한 표현입니다. 그것이 애매하니까 토괴로 통상 이야기하는데, 오늘 자세히 이야기하면 복잡해지기 때문에….

최성락 토낭이라는 것은 무엇인가로 쌌다는 말이죠? 최완규 선생님 말씀하실게 있습니까?

최완규 그 문제에 대해서 말씀드리겠습니다. 아까 토낭, 토괴인데요. 사전적 의미로 보면 토낭이라고 하는 것은 어떠한 풀같은거 있죠, 초본류라든지 이런 것을 통해서 흙을 집어 넣는 것을 토낭으로 되어 있습니다. 이것이 사전적 의미에요. 그런데 우리가 일반적인 다른 사전을 찾아보면 금낭이라는 말을 쓰죠. 비단으로 만든 주머니라는 말입니다. 근데 아까 제가 주목을 했는데 최영주 선생님 발표 중에 그런 것들이 일본에서 왔을 가능성이 언급이 되더라고요. 제가 최근에 김제 벽골제를 조사하고 있습니다. 여기에는 지금 말씀하시는 토낭, 토괴 다 나옵니다. 그래서 제가 먼저 용어정리부터하면, 처음에 저도 토낭이라는 표현을 썼어요. 근데 그것을 C14데이팅을 1975년 윤무병 선생님 이래 제가 몇 사례했습니다. 역시 330년에 초축 연대에 맞고 있습니다. 여러 가지가지 조사를 해보고 그러다가 최근에 중간 부분에서 남쪽으로 치우친 부분에서 기록을 보면 790년 원상왕때 크게 수리한 기록이 있거든요. 그런데 거기에서 보면 짚있죠. 볏짚. 볏짚으로 낭을 만들었어요. 그 안에 흙을 집어넣습니다. 그리고 그것을 오늘날 섶있죠. 섶이라고 하는 것처럼 얽었어요. 그래서 그것을 어쩔 수 없이 초낭으로 불렀습니다. 그런데 그것을 처음 조사를 했을 때는 그런 지금 말씀하시는 흙에 이를테면 덩어리있죠. 거기에 초본류로 쌓았던 이런 것을 발견할 수 없었어요. 그래서 지금 제가 고민을 하고 있는 것이 이건 초낭으로 부르고 그전에 토낭으로 불렀던 것을 토괴로 부르면 어떨까 지금 고민을 하고 있습니다. 마침 그 얘기가 나와서 그렇고요.

그리고 아까 말씀 중에 이미 마한의 그러한 옥야리에서 보였던 그러한 수법들은 330년에 초축 되었던 벽골제에 이미 예가 있다. 그래서 그러한 것들이 일본에서 보면 5세기대에 카메이유적이라든지에 다카노유키라고 하는 유적에서 보면 그러한 똑같은 초낭 형태의 것들이 조사되고 있어요. 그렇기 때문에 아마도 마한 분구묘에 그와 같은 소위 토낭이 되었든 토괴가 되었든 앞으로 그 문제는 논의가 되어야 되겠지만, 하는 것들은 이미 마한 사람들이 이미 흙을 다루는 수법에서 아마 얘기가 되고 있어요. 여기에 하나 덧붙이면 지금까지는 벽골제를 풍납토성과 연결을 시켰잖아요. 왜냐하면 국가단계에서 이렇게 큰 것이 있을 수 있기 때문에 벽골제도 아마 국가권력이 쌓았을 것이다라는 것인데, 최근의 발굴결과를 따르면 두 유적은 축조수법에 있어서 전혀 다르다라는 점입니다. 그리고 마한 분구묘에 나오는 그러한 토낭, 초낭 이러한 것들을 사용하고 있는 것이 벽골제의 절대연대에 문헌기록이 맞아떨어지고 있다는 것입니다. 아울러 부언해드립니다.

최성락 박수 필요하지 않습니까? 아주 좋은 정보를 말씀해주셨습니다. 아마 이게 토괴, 토낭의 문제이기는 하지만 영산강유역에서 고분을 축조하는 과정에서 기술적으로 자생할 수 있는 가능성을 제시되었다고 보고요. 아까 옥야리 방대형고분이 나왔는데 사실은 옥야리 방대형분을 발굴이 나주연구소에서 아주 정밀한 학술발굴을 잘했기 때문에 아주 좋은 자료를 제공해주었고요. 또 조영현 선생님이 아까 말한 것 중에 재미있는 것은 이제 영남지역에서 2세기 중엽이면 목관이 목곽으로 바뀌죠. 이쪽도 곽은 나타나지만은 목관이 늦게까지 나오는 점이 지역적인 차이라고 생각합니다. 이제 종합토론이 되었고요. 아까 그 중국 연구자분께 질문한 것은 대답이 준비가 되었습니까?

최완규 나중에 따로 별도로 이야기 하도록 하겠습니다.

최성락 그럼 그렇게 해주시고요. 제가 밀어 붙여서 여러분이 재미있었는지 모르지만 그래도 시간을 5~10분 벌었습니다. 혹시 여기와 계신분들 중에 오늘 토론을 들어보고 질문이거나 소감이 있으면 말씀해 주시면 좋겠습니다. 마무리 짓기 전에 여러분한테… 여기 보면 전공자들도 많이 있으니까요. 질문 할 것 없니까? 혹시 이해가 안 되는 부분이라든지 발표 내용 중에… 그럼 여러분이 미진했다고 생각하는 분은 한 두분 더 얘기할 수 있는 시간이 있습니다. 아직 제가 빨리 밀어붙여서 마무리하기에는 시간이 꽤 있으니까 아까 토론자분들 중에 조금더 얘기하실 분 빠진 것 있으면 이 기회를 이용해서 말씀해주시죠. 네 이남규 선생님.

이남규 제가 분묘를 중심으로 마한을 보고 있는데, 제 관심은 분묘에 있어서 계급분화라든가, 계층화라든가, 성장 발전해가는 과정, 그것과 또 한가지가 취락에서 위계화라든가 영남지방에서 전북지방, 이쪽을 포함해서 사실 같이 동반 되서 고분의 관점과 취락의 관점이 같이 가야되는데, 이쪽 부분에 대한 부분들은 정리가 어떻게 되어가고 있는지, 예를 들어서 4~5세기 단계에서 변화라든지… 앞으로 연구과제가 아닌가 생각해서 제가 질문을 드린 겁니다.

최성락 그에 대해서는 이영철 선생님이 정리하고 계신데, 이영철 선생님 대답해주실 수 있습니까? 백제와 영산강유역의 관계는 무덤만 가지고 할 수는 없고요. 무덤, 주거지, 유물 복합적으로 봐야 되기 때문에, 아까 그런 관계는 토론을 안했는데 지금 말씀하신 것과 같이 주거지도 보고 유물도 보고 같이 논의해야 되고요. 문헌기록도 보고 해야 됩니다. 주거지쪽에도 상당히 연구가 되고 있습니다. 오늘 토론의 대상이 아니기 때문에…

이남규 플로어에서 질문은 안하셨기 때문에 질문 드린겁니다. 이영철 선생님 혹시 거기에 대한 코멘트를 부탁 드리면 어떨까 싶어서 말씀 드린겁니다.

최성락 이영철 선생님. 얘기해 주십시요.

이영철 네. 코멘트라고 하기에는 좀 그렇고요… 분명한 것은 그런 것 같습니다. 오늘 분구묘에 대해서 주로 분형별로 제형분에서, 방형, 원형 이렇게 다루었습니다만은 방대형의 고총화되는 고총고분이 출현하는 시점이 지금 영산강유역같은 경우는 5세기 중엽으로 어느 정도 합의는 되는 것 같은데, 취락자료도 역시 그 시점에 그 즈음에 기존 취락과 완전히 달라진 구조가 확인됩니다. 특히 상류쪽에서 많이 확인이 되고 있죠. 제가 볼 때는 고분의 변화와 취락 내부구조의 변화가 같이 연동 되서 간다라고 보고 싶고요. 그 시점이 주로 5세기 중엽 정도로 생각을 합니다. 그래서 별개로 보기보다는 이남규 선생님이 말씀 하신 것처럼 그것을 같이 본다면 당시 사회를 복원하는 데는 가장 적절한 선택이 아닐까 생각합니다.

최성락 최근에 영산강유역에서 5세기 고분도 많이 조사됩니다만 5세기가 사회적인 변화가 많이 일어나고 고분도 고총화되고 또 문화도 다양합니다. 저도 영산강유역에서 30년 공부합니다만, 영산강유역에서 고대문화가 가장 착안 했던 때가 언제냐 물으면 바로 5세기에서 6세기 전반까지거든요. 다양한 문화가 보이고 대외적인 교류도 활발했고요. 오히려 백제가 직접적으로 지배했던 6세기 중엽이 되면 오히려 단순화되는데 그 이전에 다양하고 독특한 면이 많이 보이고 있습니다. 여러분이 질문 안 해주시면 제가 마무리를 해야 될 것 같습니다. 오늘 아침부터 쭉 들어주신 학술원회원인 최병현 선생님께서 전체적인 강평을 해주시겠습니다.

최병현 최병현입니다. 책에 보면 저보고 강평이라고 써 있는데요. 송구스럽습니다. 지난 11월초에 중앙박물관에서 고고학대회 이틀째 날에 분구묘 섹션이 있어서 거기 듣고 나서 임영진교수님보고 앞으로 분구묘에 대한 학술토론회가 있으면 쫌 연락을 부탁한다. 특별한 임무를 맡기보다는 귀동냥을 하겠다는 뜻으로 했어요. 그랬더니, 역시 나이 먹으면 불편한게 이런 것들인데 자꾸 신경 쓰셔가지고 사람을 총평으로 역할을 어떻게 하느냐 하시더라고요. 기어코 책에다가, 참 송구스럽습니다. 제가 학술모임에 날짜만이라도 알려 달라. 자발적으로 참여하겠다. 이런 뜻이었는데 잘 아시는 대로 저는 지금까지 공부해온 분야가 신라쪽 고분이죠. 신라토기, 신라고분을 해왔는데 그렇지만 이게 이제 저에게 남은 제 여생에 가능할지는 모르겠지만 나름대로 한국 고분에 대해 정리한 것은 머릿속에 갖고는 있습니다. 거기에 대한 글을 쓸 수 있을지 말지는 모르겠습니다만 그런 것을 갖고 있어서, 고분 연구에 대한 다른 지역의 연구라든지, 동향을 떨어지지 않으려는 그런 일환으로 이렇게 나오게 된 것입니다.

사실 지나 놓고 보니까 주구묘 또는 분구묘의 논의에 제가 참여도 했고, 아까 발표자들께서도 중간 중간에 몇 분이 거론 했지만 용어정리에도 조금 관여를 한 적이 있어요. 잘 아시는대로 제가 분구묘, 한국의 고분을 분구묘, 봉토묘 가려서 첫 번째 논문을 쓴 것은 이성주 선생이셨는데, 그것이 우리 학계에 반향을 일으키면서 최완규 교수가 영등동 발굴하시고 이를 주구묘, 율촌리 발굴하시고 분구묘, 두 개를 나눠썼지요. 그것을 2002년도 인가요? 2002년도 호남고고학회 발표 때 영등동은 금방 아까 말씀 하셨듯이 매장주체부가 지상에 있었다. 영등동고분은 윗부분이 다 날아가고 율촌리는 남은거니까. 그리고 그게 그거 아니냐. 이렇게 얘기한 적이 있습니다. 그 뒤로 아마 분구묘라는 말로 통일이 되었는데 그러다 보니까 그때 그러면서 그 토론에 참여한 제가 그때 분구묘, 봉토묘 한국의 고분은 두 가지 길이 있는 것 같다. 이것이 결과적으로는 고총으로 발달을 하는데 고총발달하기 이전에 얕은 낮은 상태의 분구묘, 봉토묘는 고총과 구분해서 이름을 지어야 하지 않느냐 해서 저분구묘, 저분구묘 이러게 했지요. 그래서 저분구묘, 저봉토가 이제 분구식인 고총, 봉토식의 고총으로 간다. 이 용어를 하나 만들어 낸 적이 있어요. 그런데 그 뒤에 학계에서 금방에도 토론이 나왔습니다만 일본의 경우 야요이시대는 마운드가 낮은 것, 상당히 높은 것, 오늘 나까무라 선생은 저총묘, 고총묘 이런 용어를 썼어요. 그니까 새로운 용어가 등장해서 나와서 관심 있게 봤는데, 저총묘, 고총묘는 아직 고분시대 이전이라는 뜻으로 쓰고 있는 것 같아요. 고분시대에는 고총고분 하지만 그 앞에 것은 우리 개념으로는 아주 높은 고분도 분구묘 이렇게 쓴단 말이에요. 그런데 이제 아까 말한대로 저분구묘, 고총 이러다보니까 학계에서는 결국 우리는 고분이라는 용어 자체를 잃어버린게 아니냐. 안 쓰는게 아니냐. 이렇게 되면 고분이라는 단어 속에 사회발전이라는 개념이 포함되어 있는 것인데, 한국에서 사용할 때는 어떻게 표현 할려고 고분이라는 말이 지양되느냐. 이런 비판들이 있었어요. 솔직히 말하면 그 선봉장이 계시는데, 오늘 사회 보신 최성락 교수인데 마침 그러다가 제가 2006년, 2007년 고고학회 회장을 할 때 역사학대회 고고학분야의 주제를 분구묘로 정해서 최완규 선생한테 총정리는 부탁을 하고 그때 책의 제목을 무엇으로 할까 하다가, 분구묘 하다가, 다시 붙은 것이 분구묘·분구식고분, 사실 분구식고분이라는 표현이 책의 표지에 들어가버렸기 때문에 누가 정했는지 여러분 모르지요? 제가 그냥 책 제목으로 쓴 것입니다. 고분이라는 용어가 그렇게 우리 학계에 필요하다면 또 전체 고분이라는 개념 속에 분구식고분, 봉토식고분 상관없다. 그것이 저분구식고분, 저분구묘부터 분구식고총으로 가는거고 저봉토식고분 또는 저봉토묘 이런 것이 봉토식고총으로 간단 이렇게 하면 되겠다 했는데 봉토식고분이라는 말은 우리가 주로 가령 분구식고분, 분구식고총 이런말은 주로 쓰는, 따라 쓰는 분은 여기 권오영 선생님 밖에 없더라고요. 다른 분은 안 쓰던데… 다들 그렇게됐고요.

제가 오늘 말씀드릴 것은, 오늘 강평이라기보다는 그동안에 제가 나름대로 정리하면서 이런 학술대회를 다니면서, 그리고 글로 몇 번 쓴 적은 없지만 정리한 내용, 오늘 들으면서 공부한 내용을 종합해서 제 의견을 말씀드리는 것으로 그렇게 하겠습니다. 오늘 임영진 선생님께서 주관하시는 마한연구원이죠. 마한연구원의 마한 분구묘의 기원과 발전 이런 주제로 국제학술대회를 열어서 또 한번 상당히 많은 부분이 정리가 이루어진 것 같습니다. 구체적인 내용을 제가 일일이 다 구분할 필요는 없을 것 같은데요. 아까 말씀드린데로 제가 느낀바 몇 가지 말씀을 드리면, 우선 기원 관련 문제인데 토론에서 잘 안 다뤄 졌습니다만은 여기 임영진 선생님은 토돈묘 관련해서 기원을 제기하셨고, 최완규 교수는 예전에 위구묘 관련설을 내고 계신데, 제 입장은 이성주 선생님이 처음에 분구묘 봉토묘를 가릴 때 그분이 제시한 안이 있어요. 뭐냐면 '분구묘는 예맥계다' 그 다음에 봉토묘는 중국과 관련이 있는 '중국 낙랑계 일꺼다' 이렇게 구분을 지은 적이 있는데, 요즘의 상황을 보면 자꾸 오히려 그쪽으로 가지 않나 생각을 합니다. 무슨 말씀이냐면, 한반도 남부지역에서 1~2세기 영남지역을 제외하고는 경상도를 제외하면 경기도, 충청도, 전라도 AD 1~2세기 고분의 거의 없어요. 아주 없는 것은 아니지만 거의 없습니다. 그리고 보통 우리가 말하는 분구묘다 주구토광묘다 하는 것은 대체로 빨리 보면 2세기 후반이지만, 어째든 3세기이지요 이것들의 연원을 따지고 올라가자면 저는 분구묘, 예전에 주구묘라고 불렸던 것들이 이전에 우리가 인식하고 있었던 가장 빠른 것은 영광 군동에서 시작했다 이렇게 봤는데 군동에 지상마운드가 있었냐 없었냐 그것은 별개로 치더라도, 일단 기원을 거기서 잡았는데 이 당시에는 군동이 하늘에서 떨어진 것처럼 달랑 하나가 나왔어요. 근데 요즘에 나온 상황보니까 가장 중요한게 곡성 대평리유적인데, 이걸 통해서 군동까지는 쭉 연결되거든요. 그것은 빈틈이 없다고 생각이 되고. 또 하나를 거론하면 주구가 돌아가고 석관이 있는 이게 천전리에서 나온 이런 것들이죠. 이것을 자꾸… 석관이 있고, 토광만 있는 것이 있기 때문에 이걸 우리가 지금까지 관행대로 부르는대로 주구석관묘, 주구토광묘 이렇게 부르면 3세기 이후의 주구토광묘하고 혼동이 되 버리기 때문에, 이름을 거꾸로 붙여 부르겠습니다. 석관주구묘, 토광주구묘 이렇게 불러 볼게요. 이런 것들이 중부지방 같은 경우는 석관주구묘가 쭉해서 아마 어느 단계까지 와서 서천 오석리든가요. 거기까지 연결이 되는 것 같고요. 그렇게 보면 우리가 보령 관창리에서 석관들어가있는 것도 주구와 관계없다고 생각 했던 것도 한번 재검토해볼 필요가 있겠다라는 생각을 합니다. 이렇게 토광주구묘도 대평리유적에서 군동까지 연결이 되죠. 그것이 아마 기원후로 내려오면, 딱 이어지지는 않지만 아까 봤던 서산 예천동의 예가 단독으로 분포하면서 점선으로 점으로 연결되다가 중부지방에서는 운양동 같은 경우라든지 이렇게 연결이 된다면, 결국 그 기원은 중국 토돈이나 위구보다는 우리 청동기시대부터 시작하는 것으로 이렇게 연결이 되지 않을까 그렇게 보면 아마 일본의 히라노모꼬유적에서 유사 송국리형토기가 나온것도 그런 연결을 잘 시키신 것 같아요. 그 다음에 봉토묘는 어떻게 봐야 될거냐. 이 봉토묘는 아까 말씀드린대로 3세기 후반 넘는 것은 송절동 여러 유적이 있자나요. 앞으로 올라가면, 기원전으로 올라가면 무엇부터 연원을 따져야 되느냐 생각을 해보면, 저는 그렇게 생각을 해요 완주, 전주일대의 세형동검 나오는 토광목관묘 이걸로 보거든요… 중간에 비었지요? 중간에 비어서 기원후로 넘어가면 오산 궐동, 아산 진터 이것은 주구가 안돌아가는 무덤들입니다. 그것들이 약간, 진터라든지, 궐동이 나온 다음에 오산 수청동, 아산 밖지므레로 가면 주구가 돌아가요. 그래서 이런 주구묘, 저는 처음에는요. 아까도 좌석에서 잠깐 얘기 했는데 말을 너무 길게 해서 미안합니다. 송절동의 주구토광묘라고 하는 것은 낙랑 무덤하고 똑같다. 주구 빼놓고나면 똑같다. 이렇게 생각해서 우리가 낙랑의 토기 무덤 양상을 잘 알수가 없지만 혹시 낙랑것도 주구가 있지 않았을까 북한의 발굴이 워낙 거칠어서 못 밝혀내고 있지만, 있지 않을까를 계속 주시를 하고 있는데, 어쩌면 이런 생각이 들어요. 아마도 궐동, 수청동, 진터, 밖지므레 이렇게 들면 결국은 세형동검단계, 이것들이 혹시 기원후로 넘어가면 점점점점 이어지다가 궐동이나 진터같이 주구가 안돌아간 토광묘, 거기에 주구가 포함되는 것이 낙랑 방향이 아닌 오히려 꺼꾸로 주구묘, 분구묘에 채용되지 않았을까 하는 생각도 합니다. 이렇게 보면 결국은 역시 이성주선생이 처음 얘기 했던대로 분구묘든 주구묘든 청동시기대부터 이어지는 그런 토착계라도 한다면 아마도 궐동 이렇게 이어지는 그 다음에 주구토광묘로 이어지는 것은 역시 요동 중국계라할까 낙랑계라할까 그렇게 관련시키는 것이 옳지 않나 이게 제 개인 생각이기 때문에 참고로 들으시라는 말씀입니다. 저는 그런 생각을 한다는 거고요.

그 다음에 또 한가지는 고총화 문제인데 저는 경주이외 다른 지역에 대해서는 별로 글은 안 썼지만은 영남지방에서는 분명히 4세기 후엽 경주에서 고총화가 먼저 이루어지거든요. 그 다음에 아마 영남지역에서 가장 빠른 곳이 결국 고령 지산동일 텐데 그것은 5세기 넘어가면서 되었지요. 지금도 제가 갖고 있는 숙제가 있어요. 아마 잘 하시겠지만 제가 경주에서 고총의 출현을 예전에는 하도 이게 돌발적으로 출현한다고 봐서 시베리아 폭탄설을 제기했다가 혼난 일이 있는데, 지금은 폭탄관련설은 안 할려고 하지만 어쨌든 갑작스럽게 고총화가 일어났을까 하는 것을 일반적인 역사학자가 설명하기는 분명히 튼실해지니까 무덤을 키웠다 그렇게 설명하기에는 너무나 해결이 안 되는 대목이 있거든요. 그래서 일본에서는 이걸 고총 출현을 어떻게 해석하는가 봤더니 츠데히로시 선생같은 경우도 전방후원형 형태는 야요이 분구묘에서 나오지만 고총화 되는 것은 중국의 삼단축성과 관련해가지고 중국의 전국시대 고총이

지요. 이것의 문화 충격을 받았을 것이다. 이런 해석을 하는 것으로 알고 있는데 아마도 저도 아마 신라에서 보면 요즘 신라 조기에서 3~4세기에 대해서 정리하고 있습니다만 고총이라는 것이 저봉토에서 점차 커가지고 고총으로 이렇게 커지는게 아니고 물론 목관묘, 토광묘 단계에서 마운드가 약간 커지기는 합니다. 그러다가 경주에서 4세기 후엽쯤에 돌발적으로 커져버리는 현상, 이걸 어떻게 설명할지 모르겠어요. 이런 생각을 하다가 제가 과거에 전남의 나주 반남을 갔었죠. 가야지역에서는 5세기 전반이 되면 대부분 고총이 나타나는데 여기는 그때 편년으로 5세기 후엽 말이 되서 나타난단 말이이에요, 그러면서 전방후원분이 같이 있어서 제가 어느 글에선가 영산강유역의 고총 출현은 영산강유역 전방후원분의 출현과 관련시켜서 일본의 영향도 이제는 자유롭게 얘기를 해야 되겠다고 쓴 적이 있는데, 오늘 발표 보니까 5세기 중엽쯤에 방대형고총이 나온다 이렇게 되있단 말이죠. 사실은 잘 아시는대로 백제가 고총문화가 제일 발달 안했지요. 아마 한성기의 고총이라고 한다면 지금은 다 없어져버린 적석총, 기단 적석총 밖에는 고총이 없다고 생각을 하는데 그 영향이 일부는 지방에 내려갔다고 생각을 해요. 예컨대 이훈선생이 얘기한 서산 부장리 1호분같은 경우는 분명히 고총화 현상이 보입니다. 그런 고총화 현상. 분구묘에서 고총화 현상이 어떻게 해서 났을까 하면은 부장리 같은 곳은 제는 인제 석총동에 나타나는 기단 적석총 고총이 거기 쓰여지는데 여기는 분구묘 전통이지만 그것이 고총화하는 그런 영향을 입었을 거다 이랬는데 영산강유역의 방대형이 먼저 고총화가 된다. 저런 현상이 나타났단 말이죠. 밝혀졌단 말이죠. 이것을 아까 발표자께서는 역시 일본 왜계고분과의 관련성을 강조를 하셨는데 과연 정말 이게 왜계 영향도 판단해야 되겠지만, 한성백제와는 관련이 없을까, 부장리와 같은 현상과 관련이 없을까 저는 이런 생각을 한다는 말씀을 드립니다. 한 가지 빼먹었던 것이 있는데 참고로 말씀드리겠습니다. 아까 권오영선생 발표 중에 기지리 같은 경우의 예를… 이것이 분구묘인지 주구토광묘인지 구분이 잘 안 된다 이런 말씀을 하셨는데 한번 그것을 꼬집기 위해서가 아니라, 생각을 이렇게 바꿀 필요는 있겠다. 여기 김기옥 선생님이 발굴하신 운양동 고분은 제가 지도위원으로 불려 다녀서 발굴과정을 쭉 지켜봤는데요. 그때 마침 중심부를 안파고 있어서, 이것을 내가 봤거든요. 내가 마운드가 남아 있는 것 같아서 그 묘광 부분 좀 잘 좀 파라 이게 아마 학계에 중요한 포인트가 될거다 강조했던 적이 있는데 예를 들면 우리가 운양동 6호분, 6호분 이외 나머지는 마운드가 다 사라지고 없었어요. 지하묘광만 남아 있습니다. 운양동의 얕게 남아 있는 마운드를 팠더니 지하로 약간 내려갔고 지상의 성토 부분에 구축묘광인지 되 파기 묘광인지 일부가 남은거에요. 그러면 운양동 6호분도 성토 부분이 싹 달아나 버렸으면 뭐가 남겠습니까. 그러면 예천도동이랄지 기지리랄지 상태로 남을 수밖에 없는거에요. 봉토묘하고 분구묘의 차이가 뭐냐 하면, 남아 있는 상태로는 구분이 안 되지만, 우리가 주구묘로, 분구묘로 분류를 할 수 있는 것은 묘광이 지하묘광이 깊게 남았든 얕게 남았든 지상에 다만 얼마간이라도 구축 또는 되 파기 위한 묘광이 있었을 거다. 그래서 그렇게 보면 결국에는 묘광의 구축방법이다. 봉토묘는 지하에 묘광이 있고, 봉토묘 중에서도 묘광이 아주 얕은 것이 많지요. 그러나 지상에 묘광을 만들었다는 것은 없습니다. 특히 고총에서는, 영남지방에서도 지상화된 적석목곽분, 지상화된 수혈식석곽분, 지상화된 횡구식석곽분, 지상묘가 하나도 없어요. 이것이 아마 기본 기준이 될 거다. 그래서 나중에 제가 이 관계에 대해 글을 쓰게되면 결국은 이게 지상식 구축묘광 또는 되파기묘광 이것이 가장 기준이되지 않겠나… 물론 유적에선 남아 있는 현상으로 구분하기 어렵지만, 분묘 축조과정에서 그것이 기본이 될거다라는 생각을 한다는 말씀을 하나 드리고요.

오늘 드리려고 하는 것은 사실 직접적인 관련은 없는 얘기지만 언제 이런 기회가 있을지 몰라서 영산강유역의 정치적인 변동이랄까 관련되는 얘기를 한 가지만 드릴까 해요. 사실은 신공기 기록 때문에 과거에 문헌사 하시는 분은 369년 이후 백제의 직접지배로 봤다 이렇게 연구되어오던 것을 분위기를 바꾼 것이 우리 임영진 선생이지요. 분구묘가 백제의 중심묘제와 근본적으로 다른 묘제가 발달한 것을 보면 한성기백제의 직접적인 지배를 받았다고 하는 것은 어렵지 않느냐, 그렇게 해서 상당히 독립성이 강한 정치체의 본질을 부각시킨 것이 임영진 선생님입니다. 그러다보니까 직접지배냐 간접지배냐, 동맹이냐 여러 가지 견해가 나왔어요. 제가 이 부분을 한 번도 표출한 적이 없는데 오늘 얘기해 볼려고 합니다. 최근에 신라 3~4세기 토기, 무덤을 정리하다 보니까 옥전의 23호분이라는 굉장히 중요한 고분입니다. 아까도 그건 누가 거론 했지요. 거기에서 금동관이 나왔는데 백제계, 사실 백제계라고 하지만 백제로 묶어야 됩니다. 또 신발도 마찬가지고 거기 등자 나온 것도 역시 백제계 등자로, 그러니까 쉽게 말하면 백제계 위세품들이 들어가 있는 것이지요. 그런데 편년관 때문에 왔다 갔다 했는데요. 화성 요리하고 똑같은 금동관 똑같은 식리가 나와 버렸어요 등자까지 똑같아요. 이러니까 이게 굉장히 중요한 의미를 갖게 됐다. 해석도 여러 가지 다양한 해석이 가능해졌는데, 무슨 얘기냐면은 옥전 23호분이라는 고분이 재미있는 거데요. 백제계 유물만 있는 게 아니고요. 신라토기, 고려토기가 다 들어가 있습니다. 그런데 그 당시 신라토기가 거기서 만든 것이 아니고 경주토기가 이입된 것 같아요. 그런데 그것이 제 편년으로는 380년대쯤 되는 토기라고 판단 되요. 4세기 후엽이죠. 이 연대문제와 관련 되가지고는, 편년기준에 대해 관련 되가지고 영남지역에서는 결국 광개토왕남정 4백년대를 따르냐 안 따르냐에 따라 50년이 왔다갔다하는데 일본의 스에끼 관련해 가지고 재미있는 해석을 우리 경북대의 이희준 교수가 논문을 하나 보내와서 아직 다 못 읽고 앞에 부분만 좀 읽다보니까 아 이렇게 생각할 수 있구나 생각을 했어요. 잘 아시는대로 일본의 스에끼라고 하는 토기 발생을 부산대 이쪽에서는 400년 남정을 기점으로 금관가야의 주력 세력이 일본열도로 건너가서 만들어지니까 400년 이후에 발생했다. 이렇게 주장해서 한국 고분도 거기에 맞춰서 편년해 50년으로 내려가는데요. 일본에서 연륜연대라해서 나이테연대가 2개가 나왔잖아요. 412년 짜리 하나하고 389년대가 나왔단 말이죠. 이러니까 여러가지 견해 차이가 생겼고, 이 문제를 해석하는 재미있는 얘기가 최근에 이희준 교수가 썼더라고요. 일본 스에끼 발생이 왜 400년 남정이냐 369년 신공기 기록 때문이냐고 물어보면 한성백제의 영산강유역에 대한 정치적 충격 이것을 통해서 일부 사람이 건너가면서 그때부터 스에끼가 생겨났을 수 있다. 이렇게 쓴걸 보고 아차 이 생각을 왜 못했나 했는데요. 제가 사실은 과거에 제가 쓴 글 중에서 아무도 안 거들떠보는 글이 하나있습니다. 한 번도 누가 인용한 것을 못 봤어요. 제가 일본 스에끼 발생에 대해서 한번 쓴 적이 있어요. 한국미술사학회에서 신라 미술의 대외 교섭이라는 주제로 불려가 쓴 적이 있는데 제가 거기다 쓴 내용이 이겁니다. 잘 아시는대로 일본의 스에키 발생이 오바데라 그 다음에 TK73 이렇게 넘어간다고 보고 있는데, 그 앞에 출하기라고 있어요. 대아이라고 가마가 발굴된게 있는데 이것은 백제계 가마거든요. 처음 일본에서의 스에키 발생은 거기서부터 잡아야 된다. 그리고 오바데라만 해도 고배나 기대나 이런 것들은 영남계가 맞습니다. 근데 그거는 분명히 하소가 들어가 있습니다. 그 당시 사실은 일본에 하소가 나오는데, 낙동강유역에는 하소가 있냐? 하소가 없어요. 근데 오바데라 이전에 일본에 백제쪽이나 영산강쪽에 뭔가 토기가 건너 갔다로 봤던 거고 그전에 있는 것은 TK73에 오면 제가 보기에는 영남계보다는 백제쪽의 색깔이 훨씬 강해지거든요. 개배같은 것은 뚜껑없는 무뉴계로 자꾸 바뀌버려요. 하소도 달라져버리고, 이래서 이제 일본의 스에끼 발생이 대아이에서부터 시작되고 그 다음에 영남

토기 바로 오바데라, 성격이 합쳐지고, 오히려 시간이 가면 영남계보다는 영산강, 백제계가 더 주류가 되어 간다. 이런 내용을 쓴 논문을 쓴적이 있는데 아무도, 한번도 언급한 것을 못봤습니다. 근데 이희준선생이 보내온 글의 369년을 거론해 이걸 일본의 스에끼 발생으로 잡으면 389년 연륜연대로 412년 연륜연대도 다 정상으로 보인다. 이런 해석을 보고 다시 한번 공부해야 되겠다 이런 생각을 했어요. 이 얘기를 왜 꺼냈냐면 아까 옥전 24호 이거하고 왜 연결이 되냐면, 역시 제가 보기에 영남쪽에서 3세기 중엽부터 신라 조기라고 보는데 신라 조기 토기가 낙동강 동쪽에만 있는 것이 아니고 서쪽까지 갔거든요. 함안 같은 데를 경주보다 빠르다고 보는데 그것은 제가 보기에는 굉장히 잘못 본거거든요. 여러분이 이해하기 쉽게 말하면 고식토기 단계라는거가 함안이 빠르지 않아요. 대체로 3세기 중엽에 김해, 경주에서 발생하는데 4세기가 넘어가면서 낙동강 서쪽까지 간다고 그러다가 4세기 후엽 옥전 24호분 나오는 단계쯤 되면 낙동강을 경계로 이쪽은 신라, 저쪽은 가야가 되버려요. 딱 갈라려 버립니다. 이런 현상이 왜 왔을까. 결국 한성백제의 정치적 영향력이 전라남도를 넘어서 낙미쳐오면서 그런 현상이 오지 않았을까 제 판단을 하게 됩니다. 이렇게 보면 영산강유역에서 고분의 고총화 현상도 백제의 영남지역과 같은 해석을 하자면 간접지배 하에 들어가면서 고총화 현상이 두드러지게 나오고 또 일본과 관련되면서 이런 현상이 아마 더 시너지 효과를 내지 않았을까 이렇게 해석하는 것이 오히려 좀 합리적이지 않을까라는 저는 생각을 한다는 말씀을 끝으로 너무 장시간 얘기해서 대단히 죄송합니다. 여러분 공부하는데 조금이라도 도움이 되었다면 저는 오늘 들으면서 많이 공부했는데 제 이야기도 여러분에게 조금이라도 도움이 된다면 대단히 고맙게 생각하겠습니다. 이상입니다.

최성락 감사합니다. 총평을 들어야 되는데 제가 계산을 조금 잘못한 것 같습니다. 이제 마치기 전에 마지막으로 임영진 선생님 오늘 대회를 끝내면서 말씀해주시기 바랍니다.

임영진 감사합니다. 토론 시작할 때 좌장께서 최병현 선생님 강평 뒤에 저에게 코멘트 할 기회를 주신다고 말씀하셔서 아마도 이번 학술대회를 주관하는 입장에서 여러분께 감사의 말씀을 드릴 기회를 주신 게 아닌가 생각을 하였습니다. 다시 한 번 온 종일 늦은 시간까지 함께 하여 주신 발표자, 토론자분들과 청중석에 계신 여러분께 감사 말씀을 드립니다.

제가 근자에 들어서 마한을 주제로 해서 학술대회를 몇 차례 열고 있는데 한쪽에서는 왜 자꾸 마한만 부각하고 백제하고 다른 구도로 갈려고 하느냐 하는 우려를 표하는 분들이 없지 않으십니다. 그런데 다들 잘 아시겠지만 백제 문제는 한성백제, 웅진백제, 사비백제를 중심으로 학술회의들이 열리고 있고, 최근에는 익산백제라는 표현이 가능할지는 모르겠으나, 익산에서도 백제와 관련해서 대대적인 학술회의들이 열리고 있거든요. 그러나 마한을 주제로 하는 학술회의는 사실 그동안 거의 없었다고 할 수 있습니다. 마한은 기껏해야 백제를 논의하는 가운데 일부 언급될 정도일 뿐이었기 때문에 마한에 대한 새로운 인식과 여러 가지 새로운 연구가 필요하다면 어디선가 해야 된다고 봅니다. 그래서 나주를 중심으로 한 영산강유역권에서 마한 문제에 대해서 천착해 나갈 필요가 있지 않을까. 그런 생각에서 몇 차례 학술회의를 했던 것입니다.

학술회의 때마다 항상 느끼지만 주제가 너무 방대하면은 결국은 핵심을 잃고 산만해질 뿐이기 때문에 가능하면 주제를 좁혀서 뭐든지 좀 집약될 수 있는 학술회의가 필요하지 않겠는가 하는 생각을 하고 있습니다. 앞으로도 기회가 된다면 그런 방향에서 가능한 한 자주 하도록 하겠습니다. 크든 작든 규모는 차치하고 가능한 한 많은 기회를 만드는 것이 필요하다고 봅니다. 오늘도 여러분께서 줄곧 들으셨지만 마한 분구묘의 발전에 대해서는, 백제하고의 관계 문제에 있어 앞으로도 연계해서 논의가 이루어질 기회가 많을 것이지만, 정작 그런 문제를 이해하는데 중요한 기반이 될 수 있는 마한 분구묘의 기원에 관한 문제에 대해서는 조금 언급만 하고 서로서로 피하고 말았습니다. 그 이유는, 그 문제에 대해 구체적으로 논의하기에 자료가 부족한 점이 있기 때문이고, 우리가 중국, 일본까지 포괄하는 동북아시아의 시각에서 비교연구를 진행하는 것이 쉬운 일이 아니기 때문이 아닌가 싶기도 하고, 대개 토론회를 보면 새로운 견해를 수용하기 보다는 본인의 기존 견해를 유지해나가는 경향이 있는 것도 다른 이유가 될지도 모르겠습니다. 물리학에서 이야기하는 관성의 법칙이라는 것이 고고학 연구에서도 적용되고 있는 것이 아닌가 싶은데요. 관성의 법칙이 옳은 방향으로 적용된다면 연구가 진행될수록 중요한 논쟁점들이 해결되어 나가겠지만 조금 어긋난 방향으로 관성이 붙어버리면 누가 붙들지 않으면 영 다른 방향으로 나가고 말게 됩니다. 그래서 자꾸 이런 학술대회를 통해서 서로 다른 견해가 의되고 그러면서 본인이 혹시 잘못 생각하는 것이 있는가를 되돌아 볼 수 있게 되고, 그래서 궤도 수정할 기회도 생기는 것이고, 그런 관점에서 앞으로도 기회가 된다면 이런 자리를 계속 마련해 나가 보겠다는 생각을 합니다. 그때도 지금과 다름없이, 여러 선생님들께서 계속 관심을 가져주시고 바쁘시겠지만 많이 참여 해주실 것을 부탁드립니다. 다시 한 번 감사 말씀을 드립니다.

최성락 자 마무리 짓는데 특별 요청이 들어왔습니다. 최완규 선생님 딱 1분 드리겠습니다.

최완규 네, 최병현 선생님이 말씀을 잘못하셔서요. 아주 중요한 문제입니다. 선생님께 주구묘의 기원을 진의 위구묘에 있다고 말한 적은 없습니다. 무슨 말이냐면 주구묘와 주구토광묘를 나누어 봤어요. 그리고 주구묘의 기원은 일본의 히가시무코유적 등등을 들어서 송국리문화와 관련이 있고, 그리고 주구토광묘라는 것이 있죠. 문헌이나 거기에 나오는 문헌을 들고, 묘제의 속성을 통해서 그것은 진나라 유이민계에 나오는 문헌기록과 일치한다. 이런 견해입니다. 네 이상입니다.

최성락 오늘 아침부터 지금까지 제가 원래 시간을 잘 지킵니다만 오늘은 조금 초과되었습니다. 여러분 오늘 재미있게 들었습니까? 사실은 아까 권오영 선생님이 지적했습니다만 분구묘를 가장 반대하는 사람이 저인데 오늘 사회를 보면서 긍정적인 부분을 많이 봤습니다. 만약 분구묘가 없으면 한·중·일 국제학술대회를 열 수 있었겠습니까. 그리고 비교할 수 없다는 것이죠. 그래서 부정적인 면만 있는 것이 아니고 긍정적인 면이 있다는 것을 새삼 느꼈고요. 이 분구묘라는 것은 결국 외형적인 것이니까 앞으로 외형적인 것과 매장주체, 출토유물 이런 것을 종합적으로 연구하면 좋은 연구가 나오지 않을까 생각합니다. 이렇게 개인 소감을 말씀드리면서 이상 토론을 마치겠습니다.

ㄱ

ㅂ